Grundlagen der Kontrabass-Tech

Principles of Double Bass Techni...

Michael Barry Wolf

Grundlagen der Kontrabass-Technik
Principles of Double Bass Technique

Illustriert vom Verfasser
Illustrated by the author

SCHOTT

Mainz · London · Berlin · Madrid · New York · Paris · Prague · Tokyo · Toronto

Zum Andenken an Nat Gangursky
In memory of Nat Gangursky

Bibliografische Information der Deutschen Bibliothek
Die Deutsche Bibliothek verzeichnet diese Publikation in der Deutschen Nationalbibliografie;
detaillierte bibliografische Daten sind im Internet über http://dnb.ddb.de abrufbar

Bestellnummer ED 8732
ISBN 978-3-7957-8732-5

© 2007, 2011 Schott Music GmbH & Co. KG, Mainz

www.schott-music.com
www.schott-buch.de

Die erste Fassung dieses Buches ist im Verlag Die Blaue Eule, Essen 1991 erschienen.

Paul Hindemith: Sonate für Kontrabass und Klavier © 1950 Schott & Co. Ltd., London · © 1978
renewed Schott Music GmbH & Co. KG, Mainz, Notenbeispiel S. 120 Nr. 4

Satz: Peteratzinger-Publishing, Hünfelden
Druck und Bindung: freiburger graphische betriebe, GmbH & Co. KG
Lektorat: Wiebke Alf
Cover: Monika Rittershaus

Printed in Germany · BSS 52352

Studienbuch Musik

Inhalt

(Table of Contents on page 8)

Table of Contents

Vorwort
Foreword

Die wesentlichen Eigenschaften, die man zum Musizieren braucht, sind meistens intuitiv. Technik allein genügt nicht für eine überzeugende Aufführung, wenn der Musiker nicht aufgrund eines angeborenen, zutiefst persönlichen und von ihm selbst empfundenen Bedürfnisses über diese Eigenschaften verfügt. Dies ist jedoch für den einzelnen Musikstudenten von geringem Interesse, da er nicht hoffen kann, seine angeborenen Eigenschaften zu verändern. Für ihn stellt sich vielmehr die Frage: „Wenn ich diesen Klang erzeugen will, und es nicht kann, was soll ich dann tun?"

Die vorliegende Arbeit versucht daher, ein detailliertes, umfassendes Programm aufzustellen, anhand dessen der Schüler schnell die rein technischen Elemente erlernen kann, die für den künstlerischen Ausdruck unerlässlich sind. Infolgedessen setzt sich das Werk aus Grundstudien der physikalischen Natur des Körpers und des Instruments zusammen, die wiederum in ein immer komplexer werdendes System integriert werden, das alle technischen und geistigen Aspekte der Tonbildung mit einbezieht. Obwohl viele Techniken dieser Methode einen

Most of the essential qualities for making music are intuitive. Technique alone cannot result in a convincing performance if these qualities are not present due to an innate and deeply personal need expressed by the musician him- or herself. This is, however, basically of little interest to the individual music student, who cannot hope to change his „innate" qualities anyway, and, for whom it is much more relevant to ask, "If I want to produce this sound and can't, what should I do?"

The following work then addresses this need for a detailed and comprehensive program for the rapid acquisition of the pure technical elements, the indispensable tools of artistic expression. To this end, it builds upon basic studies in the physical nature of both the body and the instrument, and progressively integrates them into an increasingly complex system which includes all technical and mental aspects of sound production. Although many of the techniques introduced in this method represent a radical departure from tradition, the fundamentals of each section can also be freely applied to a variety of double bass schools, such as

radikalen Bruch der Tradition bedeuten, gelten die gesamten Grundlagen ohne Weiteres auch für andere Schulen des Kontrabass-Spiels, etwa für solche, wo die französische Bogenhaltung, die sitzende Spielhaltung bzw. das traditionelle Drei-Finger-System verwendet werden.

Michael B. Wolf

those which employ the French bow, a seated playing position, or the traditional three-finger system.

Michael B. Wolf

Abschnitt Eins: Gewicht und Haltung
Section one: Weight and posture

1.1 Veränderung des effektiven Gewichts

Eine der wesentlichen Voraussetzungen für die Erzeugung eines erstklassigen Tones ist die Fähigkeit, das Gewicht des Bogens auf der Saite stabil und genau zu halten – etwa vergleichbar mit dem Tonarm eines Plattenspielers. Es dürfte klar sein, dass diese Genauigkeit nicht durch Druckausübung möglich ist; seinen völlig entspannten Arm auf eine Tischoberfläche zu legen, ohne das Gewicht auch nur um ein Gramm zu verändern, stellt kein Problem dar – mit der gleichen Kraft und Genauigkeit auf die Tischplatte zu drücken, ist dagegen praktisch unmöglich.

Die zwei Möglichkeiten, das Gewicht des Bogens auf die Saite, d. h. das effektive Gewicht, zu kontrollieren, sind Veränderungen des Neigungswinkels (Richtung) des den Bogen führenden Armes und dessen effektive Länge. Die erste Möglichkeit bedeutet lediglich, dass das effektive Gewicht eines Armteils, das senkrecht nach unten hängt, gleich Null ist, während sein maximales Gewicht erst erreicht wird, wenn der Arm waagerecht gehalten wird. Eine Veränderung der effektiven Länge des Arms ist komplizierter und erfordert die Fähigkeit benachbarte Muskelpaare gleichzeitig anzuspannen und zu lockern. Wenn beispielsweise der Arm

1.1 Varying the Effective Weight

One of the basic requirements for the production of a superior tone is the ability to control the weight of the bow on the string with a stability and precision comparable to that of the tone arm of a record player. That this precision is not possible through pressure should be obvious; resting one's fully relaxed arm on a table for several minutes without varying the weight exerted upon the tabletop by even one gram presents no difficulty whatsoever, whereas pushing downwards on the tabletop with exactly the same force and precision would be virtually impossible.

The two possibilities for controlling the weight brought to bear upon the string, or effective weight, are through changes in the bow arm's angle of inclination (orientation) and in its effective length. The former simply means that when a segment of the arm is hanging perpendicularly to the floor, its effective weight will be zero, its maximum weight not being reached until it is parallel to the floor. Altering the effective length of the arm is somewhat more complicated and involves the ability to simultaneously sustain tension and relaxation in neighbouring muscle pairs. If, for example,

bewegungslos ausgestreckt ist – wie etwa beim Händereichen – wird sein Gewicht durch die Tätigkeit der Muskulatur des Arms und der Schulter als Muskelunterstützung gehalten, und sein effektives Gewicht ist gleich Null. Lässt man nun entweder die Hand oder den Unterarm fallen, ohne dass dabei die Muskelspannung des Oberarms verändert wird, wirken nur noch das Gewicht der Hand oder des Unterarms. Obwohl Muskelunterstützung immer dazu führt, dass zumindest ein Teil einer Gelenkverbindung eliminiert wird, schließt sie jedoch nicht von vornherein aus, dass die betroffenen Gelenke ihre Flexibilität und Fähigkeit zur passiven Reaktion behalten.

Muskelunterstützung unterscheidet sich insofern von Druck, als die Kraft des Bogens, die auf die Saite wirkt, weiterhin wie das Gewicht eines freihängenden Körpers funktioniert. Die relative Instabilität, die durch den gezielten Einsatz von Muskelspannung in dieses System eingebracht wird, wird durch die stabilisierende Wirkung des freihängenden Gewichts kompensiert – wie etwa der Tonarm des Plattenspielers ein gleichbleibendes Gewicht auf eine Platte ausübt, selbst wenn diese gewellt ist.

1.2 Verlauf der Muskelunterstützung vom Rücken zum Arm

Das volle Gewicht des entspannten Arms frei hängen lassen. Eine Hilfsperson kann dies durch langsames Anheben Ihres Arms überprüfen; ein völlig entspannter Arm

the arm is held out motionless, as if to shake hands, its weight is supported by the upward pull, or muscular support, of the arm and shoulder muscles and its effective weight is zero. When either the hand or lower arm is then allowed to fall freely without affecting the muscular support of the upper arm, one is left solely with hand or lower arm weight, respectively. Although muscular support always results in the elimination of at least one degree of articulation, it does not preclude the affected joints from remaining flexible and capable of a passive response.

Muscular support differs from pressure in that the force of the bow against the string remains the function of the weight of a freely-hanging body. The relative instability introduced to the system due to the purposeful use of muscular tension is more than compensated for by the stabilizing effect of the freely-hanging weight (just as a tone arm can continue to apply a precise weight to a record even when the record is warped.)

1.2 Progression of Muscular Support from Back to Arm

Allow the full weight of the relaxed arm to hang freely. A second person can verify this by slowly lifting your arm; a completely relaxed arm should offer no resistance to any motion, being rather heavy (around 6 pounds) when fully extended (see fig. 1a) and considerably lighter when the upper arm is hanging vertically (see fig. 1b). If the person

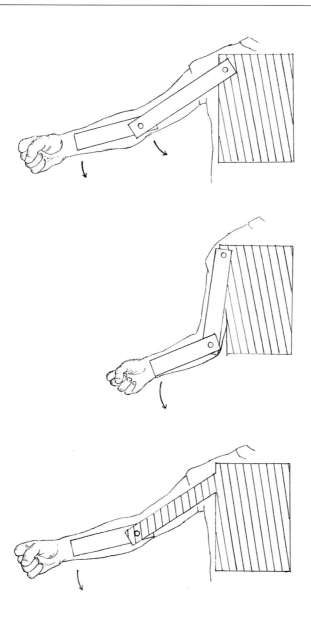

Abb. 1a–c: Volles Ober- und Unterarmgewicht (oben) und Unterarmgewicht allein infolge der senkrechten Orientierung (Mitte) und Muskelunterstützung des Oberarms (unten)

Figs. 1a–c: Full upper and lower arm weight (above) and lower arm weight alone, due to vertical orientation of upper arm (middle) and muscular support of the upper arm (below)

setzt jeglicher Bewegung keinen Widerstand entgegen, ist in völlig ausgestrecktem Zustand (s. Abb. 1a) ziemlich schwer (ca. 3Kg) und erheblich leichter, wenn der Oberarm nach unten hängt (s. Abb. 1b). Legt die Hilfsperson Ihren Ellbogen auf eine Tischoberfläche, kann derselbe Test mit erheblich weniger Gewicht des Unterarms wiederholt werden. Versuchen Sie nun, dieses Gefühl des Unterarmgewichts hervorzurufen, während der Oberarm in halber Höhe gestützt wird – nicht durch die Tischoberfläche, sondern durch die Muskelunterstützung von Rücken und Schulter wie in Abb. 1c dargestellt.

Die Übung mit ausgestrecktem Arm wiederholen (Muskelunterstützung vom Rücken, Schulter, Ober- und Unterarm); nur die Hand frei hängen lassen, wie bei einem kraftlosen Händeschütteln. (Es ist natürlich auch möglich, die Muskelunterstützung der Hand während des Spiels einzubringen, infolgedessen wirkt lediglich das Gewicht des Bogens auf die Saite.)

Vergleichen Sie die vielfältigen Möglichkeiten des effektiven Gewichts durch den Verlauf der Muskelunterstützung vom Rücken zur Hand mit denen, die durch eine Änderung des Neigungswinkels des Arms erreicht werden können (durch Vorbeugen, Armbeugen, etc.)

1.3 Verlauf der Muskelunterstützung von Hand zu Arm

Muskelunterstützung durch Hand und Unterarm ist nicht nur nötig, um zu verhindern, dass der Bogen auf den Boden

assisting you then rests your elbow on a tabletop, they can repeat the same test for the now considerably smaller weight of the lower arm. Attempt now to duplicate this sensation of lower arm weight with the upper arm supported in mid-air, not by the tabletop, but rather by the muscular support of the back and shoulder, as in fig. 1c.

Next, repeat with the arm extended (muscular support of the back, shoulder, upper and lower arm), allowing only the hand to hang freely, as if giving a "limp" handshake. (It is, of course, also possible to include muscular support of the hand while playing, using only the weight of the bow on the string.)

Compare the variety of effective weight available through the progression of muscular support from the back to the hand with that made possible through changes in the angle of inclination of the arm (by leaning forward, bending the arm, etc.)

1.3 Progression of Muscular Support from Hand to Arm

Muscular support by the hand and lower arm is necessary, not merely to prevent the bow from falling to the floor, but also for the considerable task of directing the combined weight of the arm and shoulder onto the string.

Allow the right arm to hang freely at your side. Now hold a small object, such as a pencil, between the fingertips and thumb while the arm remains completely relaxed. Have a second person slowly

16

fällt, sondern auch für die wichtige Aufgabe, das kombinierte Gewicht von Arm und Schulter auf den Bogen zu übertragen.

Rechten Arm frei hängen lassen. Jetzt einen kleinen Gegenstand, wie etwa einen Bleistift, zwischen Fingerspitzen und Daumen halten, während der Arm völlig entspannt bleibt. Durch eine Hilfsperson den Gegenstand langsam anheben lassen, so dass das Gesamtgewicht des Arms nur durch die Finger gestützt wird. Falls Sie den Gegenstand loslassen, sollte Ihr Arm locker an Ihre Körperseite zurückfallen. Übung mit dem Bogen (und übliche Bogenhaltung) wiederholen.

Als nächstes den rechten Arm mit der Handfläche nach oben auf eine Tisch-oberfläche legen. Einen Kugelschreiber auf die Handfläche legen, so dass er über den 4. Finger hinausreicht (s. Abb. 1d). Den Kugelschreiber nehmen und mit lediglich einer Umdrehung des Unterarms fest gegen den Tisch drücken und den ansonsten völlig entspannten Unterarm heben. Übung mit ausgestrecktem Ellbogen wiederholen und das Gewicht des gesamtem Arms von der Tischoberfläche heben.

Die Anwendung von Muskelunterstützung und Gewicht in der Bogentechnik wird unter der Überschrift Bogenhaltung und Gewicht (Abschnitt 5.2) ausführlich behandelt.

1.4 Gewichtsveränderung durch Haltung

Obwohl das Körpergewicht während des Spiels normalerweise mehr oder weniger gleichmäßig von beiden Beinen getragen

lift the object such that the full weight of the arm is supported only by the fingers. Should they release the object, your arm should fall limply back to your side. Repeat, using the bow (and a normal bow grip).

Next, rest the right arm on a tabletop with the palm facing upwards. Lay a pen across the palm so that it extends past the 4th finger (see fig. 1d). Grasp the pen and, using only a rotating motion of the lower arm, twist the pen firmly against the table and lift the otherwise fully relaxed lower arm into the air. Repeat with the elbow held extended, lifting the

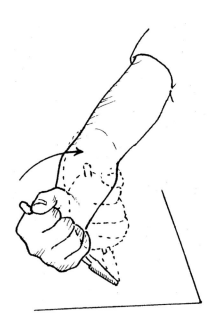

Abb. 1d: Muskelunterstützung durch die Hand

Fig. 1d: Muscular support by the hand

17

wird, sollte man sich die Fähigkeit aneignen, das Körpergewicht nach Belieben auf den rechten oder linken Fuß zu verlagern. Stehen Sie mit leicht gespreizten Beinen völlig gerade. Hüften langsam nach rechts und links bewegen, das gesamte Körpergewicht von einem Fuß auf den anderen erlagern, wobei der Kopf praktisch bewegungslos in der Mitte gehalten wird. Zu einer leicht wiegenden Bewegung übergehen. Bass aufrecht stellen, so dass die untere Zarge an der Innenseite Ihres rechten Beines und die Rückseite des Basses nahe der oberen Zarge an Ihrem Bauch anliegt. Die wiegende Bewegung Ihrer Hüften sollte das Instrument drehen lassen, ohne dass sich die Schnecke seitlich hin- und herbewegt. Wiegen weiter reduzieren bis das Körpergewicht gleichmäßig auf beide Füße verteilt ist.

Ebenso kann die Haltung verändert werden, um das effektive Gewicht der Arme während des Spiels zu beeinflussen. Änderungen, die den Neigungswinkel des Bogenarms erhöhen, (wie etwa Zurücklehnen, Armstrecken oder weiter hinter dem Instrument stehen), führen zu einer Erhöhung seines effektiven Gewichts; soll der Winkel vertikaler werden, (infolge des Vorbeugens, Armbeugens oder der Neigung des Basses nach rechts), vermindert sich das Gewicht, das auf die Saite wirkt. Beachten Sie, dass das Blicken auf das Instrument während des Spiels nicht nur die Fähigkeit, Noten zu lesen und sauber zu spielen, beeinträchtigt, sondern unabsichtlich auch das effektive Gewicht der Arme reduziert, was den Spieler dazu zwingt, Druck auszuüben. Es ist auch möglich, das Gewicht des Instruments selbst

weight of the entire arm from the table-top.

The application of muscular support and weight in bowing technique is discussed further under the heading of Bow Grip and Weight (Section 5.2).

1.4 Manipulating Weight through Posture

Although the body weight while playing is normally carried more or less evenly by both legs, one should develop the ability to redistribute one's weight at will to the left or right foot. Stand perfectly straight with the feet slightly separated. Swinging the hips slowly to the left and right, shift the entire body weight from one foot to the other, keeping the head practically motionless in the middle. Reduce to a slight swaying motion. Set the bass in an upright position with the lower rib resting against the inside of your right leg and the back of the bass near the upper rib against your stomach. The swaying of your hips should rotate the instrument without swinging the scroll from side to side. Reduce the swaying further until the body weight is evenly distributed on both feet.

Posture can also be manipulated to vary the effective weight of the arms while playing. Changes which raise the angle of inclination of the bow arm, (such as leaning back, straightening the arm or standing further behind the instrument), tend to increase its effective weight; should the angle become more vertical, (due to leaning forward, bending the arm or

zu nutzen, indem man es nach vorn neigt. Da jedoch dieses Gewicht eher durch die linke Hand als durch den Bogen gestützt wird (s. Abschnitt 6.3, Kraft der linken Hand), verringert sich durch den kleineren Neigungswinkel des rechten Arms automatisch das Gegengewicht auf den Bogen.

Gewicht sollte möglichst nicht durch Muskelunterstützung, sondern vorzugsweise durch das Skelett oder den Bass selbst abgestützt werden. So kann die körperliche Anstrengung während des Spiels durch folgende einfache Maßnahmen erheblich reduziert werden: den Bass senkrecht halten, während des Spiels nicht das Kinn vorschieben, immer Gewicht anstelle des Drucks wirken lassen und Rücken und Knie nicht übertrieben beugen.

1.5 Haltung und Bewegung

Die Haltung muss sich den eleganten und dennoch kräftigen Bewegungen des Körpers anpassen und nicht umgekehrt. Wenngleich eine einzelne Aktion, zum Beispiel ein Abstrich auf der D-Saite, sehr wohl zu einer „optimalen" Körperhaltung führt, kann jede weitere Bewegung, wie zum Beispiel ein Saitenwechsel oder ein vom Schultergürtel hervorgerufener Akzent, eine andere und vielleicht sogar gegensätzliche „optimale" Körperhaltung erforderlich machen. Andere Einschränkungen hinsichtlich der Haltung aufgrund eines Vibratos, eines Lagenwechsels oder der Veränderung des effektiven Gewichts (s. o.) führen schließlich zur Einnahme einer Kompromisshaltung,

leaning the bass to the right), then the weight on the string will decrease. Note that looking at the instrument while playing not only interferes with the ability to read music and to play in tune, but unintentionally reduces the effective weight of the arms, forcing one to rely on the use of pressure. It is also possible to make use of the weight of the instrument, itself, by leaning the instrument forward. If, however, this weight is supported by the left hand instead of by the bow, as is usually the case (see Left Hand Strength, Section 6.3), then the weight to the bow will actually tend to decrease due to the reduced angle of inclination of the right arm.

The support of weight by either the skeletal system or by the bass itself is always to be given preference over muscular support. Thus, the effort expended when playing can be drastically reduced by such simple measures as holding the bass more vertically, not sticking the chin out while playing, always using weight instead of pressure and not bending the back or knees excessively.

1.5 Posture and Motion

It is posture which must accommodate itself to the graceful, yet powerful motions of the body and not the motions, themselves, which must conform. Although an individual action, such as a down-bow on the D-string, might very well infer an "optimal" body position, each additional motion, such as a string crossing or an accent generated by the shoulder girdle,

in der keine der fünf oder sechs optimalen Körperhaltungen benutzt, aber auch keine von ihnen völlig außer Acht gelassen wird. Die optimale Haltung des rechten Arms ist im Allgemeinen der des linken vorzuziehen; die Länge des Stachels sollte beispielsweise allein durch den Berührungspunkt zwischen Bogen und Saite bestimmt werden.

Hinzu kommt, dass man normalerweise keine Zeit hat, von einer Note zur anderen die Haltung zu ändern, deshalb müssen selbst die Kompromisshaltungen noch weiter verändert und über mehrere Noten hinweg zu einem eleganten Bewegungsfluss verschmolzen werden. Bei manchen Noten kann es sogar erforderlich sein, die optimale Haltung vom Nachbarton zu „borgen", da sie selbst zu flüchtig sind, um eine eigene Haltung zu rechtfertigen.

Um dies alles auf eine praktikable Weise zu systematisieren, ist es also ratsam, zunächst eine einzige umfassende Haltung zu finden, aus der heraus es möglich sein sollte, alles zu spielen, von den höchsten bis zu den tiefsten Registern und von fortissimo bis pianissimo; hierbei dürfte es sich im Wesentlichen um die in Abschnitt 1.4 beschriebene Haltung handeln. Die Suche nach der bestmöglichen Haltung zu jedem Zeitpunkt kann dann reduziert werden auf ein maßvolle Abweichung von der umfassenden Haltung in Richtung der optimalen Haltung für eine bestimmte Note. Das heißt selbstverständlich auch, dass bei längeren Passagen in ein- und demselben Register mit ähnlichen Erfordernissen beim Streichen diese Abweichung soweit

will often have a distinct and, perhaps, even conflicting "optimal" position. Further constraints on posture due to vibrato, long shifts and the manipulation of effective weight (as described above) eventually force one to opt for a compromise posture, where none of the 5 or 6 optimal positions are actually used, but none are left at a particular disadvantage either. The optimal positions required by the right arm are generally to be given preference over those of the left; the height of the bass should be determined, for example, solely by the contact point of the bow on the string.

To further complicate matters, one normally doesn't have time to alter one's posture from note to note, and the compromise positions themselves must be further modified and merged over several notes to form a graceful flow of motion. Some notes may even have to "borrow" the optimal position from a neighbouring tone because they themselves are too fleeting to justify their own position.

In order to quantify this efficiently, it is recommended that a single comprehensive posture be found from which it would be possible to play everything, from the highest to the lowest registers and from fortissimo to pianissimo (this will basically be the body position as described above in Section 1.4). The search for the best possible posture at any given moment can then be reduced to the amount by which one may deviate from the comprehensive posture in the direction of what would have been the optimal position for that particular note. This means, of course, that for

erhöht werden kann, dass der Spieler ab einem bestimmten Punkt die optimale Haltung einnimmt. Jegliche Haltung, die so weit von der umfassenden Haltung entfernt ist, dass dadurch ein Teil des Basses unzugänglich wird, zum Beispiel wenn die linke Schulter gegen den Hals des Basses gedrückt oder das Instrument so weit nach rechts gedreht wird, dass die E-Saite nicht mehr erreicht werden kann, kann hier von vornherein ausgeschlossen werden.

Als weitere Hilfe bei der Suche nach der besten Haltung sollte immer die Richtlinie dienen, dass die Symmetrie stets der Asymmetrie vorzuziehen ist. Das führt zu einer stärkeren Beteiligung der größeren Muskeln und Gelenke und entspricht der natürlichen Einstellung eines Menschen, der eine Handlung ausführt, die sowohl Kraft als auch Ausdauer erfordert, wie zum Beispiel beim Heben einer schweren Last. Die daraus folgende Reduzierung der Belastung führt zur vollständigen Vermeidung von Schmerzen und Muskelermüdung, selbst nach mehrstündigem Spiel. Das heißt, dass ein gleichmäßiges Zusammenziehen und Auseinanderdrücken der Schulterblätter einem Verdrehen des Rückens vorzuziehen ist. Ebenso ist auf gleiche Höhe der Schultern zu achten und eine Neigung der rechten Schulter zu vermeiden, etc.

Eine durch schlechte Haltung hervorgerufene Anspannung im Körper äußert sich meist in der Atmung. Die folgenden Atmungsrhythmen sollten benutzt werden, um die Atmung vom Rhythmus der Arme zu lösen und eine Entspannung der größeren Muskelpartien in Rücken,

longer passages in the same register and with similar bowing requirements, this deviation can be increased until, at some point, the optimal posture, itself, predominates. Any position lying so far removed from the comprehensive position that it renders any part of the bass utterly inaccessible (such as when pressing the left shoulder against the neck of the bass or turning the instrument so far to the right that the E-string cannot be reached) can be eliminated out of hand.

An additional guideline which must always be considered in the search for the best posture is that symmetry must always be given preference over asymmetry. This will tend to increase the involvement of the larger muscles and joints and is the natural attitude adopted by one engaged in an act requiring both power and endurance (as in lifting a heavy weight). The subsequent reduction of strain, most notably in the back, results in the complete elimination of pain and muscular fatigue even after many hours of playing. This means that twisting the back is to be rejected in favor of evenly pulling the shoulder blades apart and together, a lowered right shoulder in favor of level shoulders, etc.

Tension from poor posture tends to manifest itself in one's breathing. The following breathing patterns should be used not only to free the rhythm of the breath from the motions of the arms, but also to promote relaxation in the larger muscles of the back, rib cage and stomach. Regulate the tempo to match your normal rate of respiration while

Brustkorb und Bauch zu fördern. Das Tempo so regulieren, dass es dem normalen Atmungstempo nahe kommt, an den durch Pfeile gekennzeichneten Stellen sanft ein- und ausatmen.

gently breathing in and out at the points indicated by the arrows.

1

simile

2

simile

3

simile

4

simile

Abschnitt zwei: Bewegungsanalyse
Section two: Motion analysis

2.1 Bewegungsarten

Das Vorhandensein eines einzigen aktiven Muskelpaars, dessen einer Teil ein Gliedmaß streckt (der Strecker) und dessen anderer Teil dasselbe Gliedmaß beugt (der Beuger), ist das kennzeichnende Merkmal einer einfacher Bewegung. Das Adjektiv „einfach" beschreibt hierbei die grundlegende Art der Bewegung, nicht die Komplexität ihrer Ausführung. Zwei oder mehrere einfache Bewegungen können gleichzeitig in einer komplexen Bewegung oder abwechselnd in konsekutiven Bewegungen ausgeführt werden.

2.1 Types of Motion

The presence of only one functional muscle pair, one member of which acts to straighten a joint (the extensor) and the other to bend it (the flexor), is the distinguishing feature of a simple motion. Here, the adjective "simple" is used to connote the fundamental nature of the motion and is not meant in any way to describe the difficulty of its execution. Two or more simple motions can be simultaneously executed to form a single complex motion or made to alternate in succession to produce a consecutive motion.

2.2 Wahl des Drehpunktes und Eigenfrequenz

Aus der Vielfalt der mechanischen Möglichkeiten zur Erzeugung von Bewegungen wird nur eine einzige vom menschlichen Körper genutzt, um sein Skelett mit lebendiger Bewegung zu erfüllen: die Pendelbewegung. Alle Bewegungen bestehen, ungeachtet ihrer Komplexität, aus einfachen pendelartigen Bewegungen, bei denen das eine Ende eines Gliedes den Drehpunkt bildet, während das andere Ende schwingt oder sich dreht. Sie alle haben folgende Eigenschaften gemeinsam: alle Bewegungen sind

2.2 Fulcrum Placement and Inherent Frequency

Of all the varieties of mechanical means for producing motion, only one is used by the human body to animate its skeletal system: the pendulum. All motions, no matter how complex, consist of simple pendulum-like units in which one end of a limb pivots and the other is allowed to swing or twist. They all have the following properties in common: all motions swing freely, they all possess a fulcrum and an inherent frequency and each can be executed in either an active or passive mode.

freischwingend, alle besitzen einen Drehpunkt und eine Eigenfrequenz und alle können sowohl aktiv als auch passiv ausgeführt werden.

Ein Pendel schwingt immer mit der gleichen Schwingungszahl oder Eigenfrequenz, unabhängig von der Stärke des Anstoßes oder der Auslenkung. Es kann sogar nur unter erheblichem Energieaufwand dazu gezwungen werden, mit einer anderen Frequenz zu schwingen. Wenn dagegen die Länge des Pendels verändert wird, ändert sich dadurch auch die Eigenfrequenz. Im Allgemeinen wird die Bewegung schneller, wenn sich der Drehpunkt zur Mitte des Gliedes hin bewegt und dadurch die effektive Länge des Pendels

A pendulum will always swing at the same rate, or inherent frequency, no matter how hard it is pushed, which is to say, its periodicity is independent of whether its swing covers a large or small angle. It is, in fact, only at a great expense of energy that it can be forced to swing at any other frequency. If, however, the length of the pendulum is altered, then the inherent frequency will also be changed. In general, a motion will become faster as the fulcrum is moved towards the middle of a limb (thereby shortening the effective length of the pendulum) and slower as it approaches the joint (see fig. 2a, b). Trying to force the execution of a motion while it has an inappropriate fulcrum

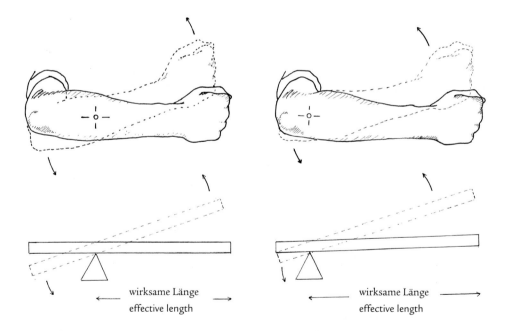

wirksame Länge
effective length

wirksame Länge
effective length

Abb. 2a, b: Verlagerung des Drehpunktes, die zu höheren (links) und niedrigeren (rechts) Eigenfrequenzen führt

Figs. 2a, b: Fulcrum placement resulting in faster (left) and slower (right) inherent frequencies

verkürzt wird, und langsamer, je weiter sich der Drehpunkt dem Gelenk nähert (s. Abb. 2a, b). Versucht man, eine Bewegung mit Gewalt auszuführen, wenn der Drehpunkt ungünstig liegt, kann das betreffende Glied nicht frei schwingen, was in den meisten Fällen zu starker Muskelermüdung führt.

2.3 Aktive und passive Bewegungsarten

Eine aktive Bewegung dient zur Ausübung einer Kraft. Sie entsteht aus der unmittelbaren Versorgung eines Muskelpaars mit Energie. Eine passive Bewegung ist das Ergebnis einer elastischen Reaktion auf eine äußere aktive Bewegung. Optisch ist es jedoch nahezu unmöglich, zu unterscheiden, welche Teile einer komplizierten Bewegung aktiv und welche passiv sind. Darüber hinaus sind beide Bewegungsarten die Endpunkte eines einzigen Kontinuums, und jegliche Bewegung kann zudem variierende Anteile aktiver und passiver Bewegung haben.

Das Timing des passiven Elementes bestimmt, ob die passive Bewegung die aktive verstärkt oder dämpft, das heißt, ob die daraus resultierende Amplitude größer oder kleiner ist, als sie wäre, wenn die aktive Bewegung sie allein erzeugt hätte. Diese Eigenschaft kann am besten durch ein Kind auf einer Schaukel veranschaulicht werden. Allein die aktive Bewegung seiner Beine würde die Schaukel nicht notwendigerweise in Bewegung versetzen, sie könnte sogar durchaus eine bereits schwingende Schaukel bremsen.

placement will prevent it from swinging freely and is a major cause of undue muscular exertion.

2.3 Active and Passive Modes

An active motion serves as a power source; it results from the direct energetic involvement of a muscle pair. A passive motion is an elastic response to a remote active motion. Confusion can arise due to the fact that it is virtually impossible to distinguish by sight alone which parts of a complicated motion are active and which are passive. The two types of motion are, furthermore, end points of a single continuum and all movement can have varying degrees of active and passive components.

The timing of the passive element determines whether it will tend to amplify or to dampen, inducing a motion either greater or smaller in amplitude than the active motion alone would have produced. This property can best be illustrated by a child in a swing. The active motion of her legs alone won't necessarily set the swing into motion; it could even conceivably cause one already swinging to stop. Similarly, the flexible and "relaxed" nature of the swing's ropes is not enough to assist the child who, having observed her friends swinging, attempts for the first time to bring the swing into motion by thrashing her legs about uncontrollably. It is solely through the appropriate timing of the active motions that the passive motion of the swing can amplify the small thrusts of the child's legs, propelling her in an

Ebenso reicht die flexible und „entspannte" Natur der Seile nicht aus, dem Kind zu helfen, das vielleicht seine Spielkameraden beim Schaukeln beobachtet hat und nun zum ersten Mal versucht, durch unkontrolliertes Schlagen mit den Beinen die Schaukel in Bewegung zu versetzen. Nur durch das zeitlich richtige Einsetzen der aktiven Bewegungen kann die passive Bewegung der Schaukel den geringen Anstoß durch die Beine des Kindes verstärken und das Kind in weitem, elegantem Schwung durch die Luft bewegen. Anhand dieser Analogie ist zu erkennen, dass man nicht einfach von einem Spielen mit „entspanntem" Handgelenk oder Ellbogen sprechen kann, ohne auch auf das geeignete Timing der Bewegung einzugehen.

2.4 Äußerer und innerer Widerstand

Äußerer Widerstand ist das Hemmen einer Bewegung aufgrund von äußeren Ursachen auf den Körper, wie etwa die Kraft, die dem Ziehen des Bogens entgegenwirkt. Diese Kraft ist das Resultat der mechanischen Energie des Arms, die durch den Bass in akustische Energie umgewandelt wird. Da dieser Widerstand das direkte Ergebnis der Energieumwandlung ist, ist er ein eindeutiger und wichtiger Maßstab bei der Kontrolle einer effizienten Tonerzeugung (s. Tonbildung, Abschnitt 5.3).

Innerer Widerstand ist das Ergebnis von Kräften innerhalb des Körpers, die dazu neigen, freie und elegante

enormous and graceful arc through the air. This analogy suggests how talk of playing with a "relaxed" wrist or elbow without reference to the proper timing of its motion.

2.4 External and Internal Resistance

External resistance is the restraint of any motion due to causes external to the body, such as the force opposing the pull of the bow as a consequence of the mechanical energy from the arm being converted to acoustical energy by the bass. Because it is a direct result of this energy conversion, such resistance is an unambiguous and highly potent guiding sign in controlling the efficiency of sound production (see Tone Production, Section 5.3).

Internal resistance, on the other hand, is a result of forces within the body which tend to hinder free and graceful motions. It is primarily due to uncoordinated interaction within a muscle pair and can rapidly result in levels of strain that are so high that all motion is rendered impossible. Ideally, each member of an opposing muscle pair should relax while the opposite side is contracting (see figs. 2c–e). Concurrent internal resistance results when each member fails to relax completely and the pair pulls from both sides at the same time. Sequential internal resistance is caused by a temporal overlapping of the bending and extending phases, resulting in a portion of each cycle being spent with both muscles pulling uselessly against one another.

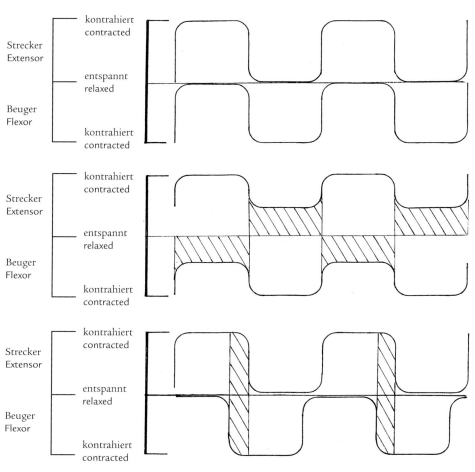

Bewegungen zu verhinden. Er ist in erster Linie auf eine unkoordinierte Interaktion innerhalb eines Muskelpaares zurückzuführen und kann schnell zu derart hohen Belastungen führen, dass jegliche Bewegung unmöglich wird. Im Idealfall sollte sich ein Muskel eines Muskelpaares entspannen, während der gegenüberliegende kontrahiert (s. Abb. 2c–e).

Gleichzeitiger innerer Widerstand ergibt sich, wenn sich die Muskeln nicht völlig entspannen und das Muskelpaar

Abb. 2c–e: Ungehinderte Bewegung (oben), gleichzeitiger innerer Widerstand (schattierter Bereich, Mitte) und konsekutiver innerer Widerstand (schattierter Bereich, unten)

Figs. 2c–e: Unimpeded motion (above), concurrent internal resistance (shaded area, middle) and sequential internal resistance (shaded area, below)

27

von beiden Seiten gleichzeitig zieht. Konsekutiver innerer Widerstand entsteht durch eine zeitweilige Überlappung von Beuge- und Entspannungsphase. Dies führt dazu, dass ein Teil jeder Phase darauf entfällt, dass der betreffende Muskel unnötigerweise gegen den anderen arbeitet.

2.5 Sensorisches Training

Alle Bewegungen, auch die passiven, müssen als aktive Bewegungen gelernt werden; dies erlaubt nicht nur einen flüssigen Übergang von der aktiven zur passiven Bewegungsart, sondern verhindert, dass die kleinen aktiven Anteile an passiver Bewegung das glatte und kontrollierte Schwingen des Arms beeinflussen. Um aber eine aktive Bewegung mit Genauigkeit durchzuführen, müssen die motorischen Zentren in Gehirn und Rückenmark genau „wissen", wo sich der Arm zu jeder Zeit befindet und in welche Richtung er sich bewegt. Diese Richtungsinformation kann zum Beispiel akustisch sein; man hört, dass ein Ton eine bestimmte Lautstärke oder Klangfarbe hat und von einer bestimmten Saite kommt, folglich ist man in der Lage, die Bewegung des Bogens zu kontrollieren. Ein Nachteil, sich nur auf akustische Signale zu verlassen, besteht darin, dass die Bewegung erst kontrolliert werden kann, nachdem der Ton erklingt; alle vorbereitenden Bewegungen sind im Wesentlichen dem Zufall überlassen und Korrekturen können erst hinterher vorgenommen werden. Daher muss die Bewegungsinformation

2.5 Sensory Training

All movements, even the passive ones, must be learned as active motions; this not only allows a fluid transition from the active to passive mode, but, also, prevents the small active components in virtually every passive motion from interfering with the smooth and controlled swinging of the arm. But, in order to perform an active motion with precision, the motor centers in the brain and spinal chord must "know" exactly where the arm is at all times and precisely in which direction it is heading. This orientation information could be acoustic; one hears that a tone is a certain volume or color and from a particular string, and can thereby control the movement of the bow. The disadvantage of relying solely on acoustical cues is that the motion can only be controlled after the tone has begun; all preparatory motions are left essentially to chance and corrections are made "after the fact". The orientation information must, therefore, also be provided by stretch receptors in the muscles themselves, which indicate position independently of any external events.

Sensory training is a means of improving one's tactile sense of orientation and promoting the degeneration of the motor centers in the spinal chord which are responsible for unwanted motions (see Physiological Basis of Learning, Section 12.1). It includes the use of silent exercises which are to be practiced using the following guidelines:

auch von Streckrezeptoren in den Muskeln selbst gegeben werden, die unabhängig von äußeren Einflüssen die Position angeben.

Sensorisches Training dient zur Verbesserung des Tast- und Orientierungssinns und fördert die Degenerierung der motorischen Zentren im Rückenmark, die für ungewollte Bewegungen verantwortlich sind (s. Physiologische Lernbasis, Abschnitt 12.1). Es besteht vor allem aus „lautlosen" Übungen, die anhand der folgenden Richtlinien durchgeführt werden sollen:

1. Alle Bewegungen in kleinstmöglichem Maßstab ausführen
Die betreffende Bewegung soweit reduzieren, bis sie kaum noch wahrzunehmen ist. Sie sollte stets glatt und sinusförmig verlaufen und niemals ruckartig oder unsymmetrisch werden. Es ist nicht das Ziel der Übung, die gewünschte Bewegung um jeden Preis zu erreichen, sondern, die Fähigkeit der Streckrezeptoren in den Muskeln zu erhöhen, immer feiner werdende Bewegungen bewusst spüren zu können.

2. Immer ein Metronom verwenden
Die Erhöhung der Feinfühligkeit der Streckrezeptoren hängt vom Verändern der Übertragungsrate ab, mit der sie an den synaptischen Spalten Signale in das Rückenmark senden (s. Abschnitt 12.1). Dies bedeutet eine physische Strukturveränderung des Nervennetzes, die die absolute Vermeidung auch nur gelegentlicher Wiederholungen alter, unerwünschter sensorischer und motorischer Muster

1. Execute all motions on the smallest possible scale.
Reduce the motion being practiced in size until it can barely be perceived. It should also remain smooth and sinusoidal, never being allowed to become jerky or unsymmetrical. The goal of the exercise is not to produce the required motion at any cost, but to increase the sensitivity of the stretch receptors in the muscles to ever finer and more precise movement.

2. Always use a metronome.
Enhancing the sensitivity of the stretch receptors is dependent on changing the firing rate that they induce at the synaptic connections in the spinal chord (see Section 12.1). This involves a physical change in structure which strictly demands the absolute avoidance of even an occasional repetition of the old, unwanted sensory and motor patterns. Since even small variations in tempo can introduce a substantial loss of muscular control, it is extremely important to strictly regulate the speed of the silent exercises with a metronome.

3. Temporary assistance from external cues
The acquisition of new sensory and motor patterns can be greatly hastened by involving as many different centers of the brain as possible. Thus, the initial attempt to produce an uncompromisingly small, smooth and accurate motion at a specific tempo is made possible by temporarily relying on signals external to the stretch receptors. These include visual (watching in a mirror), acoustic (tapping lightly with

29

unbedingt erforderlich macht. Da selbst geringe Veränderungen des Tempos zu einem erheblichen Verlust der Kontrolle über die Muskulatur führen können, ist es besonders wichtig, die Geschwindigkeit der lautlosen Übungen mit einem Metronom strikt zu regulieren.

3. Vorübergehende Orientierungshilfen

Das Erlernen neuer sensorischer und motorischer Muster kann durch das Hinzuziehen möglichst vieler unterschiedlicher Gehirnzentren erheblich beschleunigt werden. Der anfängliche Versuch, eine ganz kleine, völlig glatte und genaue Bewegung innerhalb eines bestimmten Tempos hervorzubringen, wird dadurch möglich, indem man sich vorübergehend auf Signale außerhalb der Streckrezeptoren stützt. Diese beinhalten optische (Beobachten im Spiegel), akustische (leichtes Tippen mit einem Bleistift auf eine harte Oberfläche) und taktile Stimuli (gleichzeitige, spiegelverkehrte Bewegung des anderen Arms). Natürlich gibt es noch viele andere Beispiele und man braucht Phantasie, um neue und individuell hilfreiche zu entdecken. Die einzigen Einschränkungen sind: (1) Sie dürfen die Ausführung der gewünschten Bewegung nicht behindern (so starkes Klopfen, dass das Abbremsen der Bewegung das Geräusch als Zeichen ersetzt; den Arm verbiegen, um ihn beobachten zu können, etc.), (2) sie dürfen nur im Rahmen der lautlosen Übungen verwendet werden, und müssen (3) mit zunehmender Sensitivität der Streckrezeptoren nach und nach eingestellt werden.

a pencil on a hard surface) and tactile stimuli (moving the other arm simultaneously in a mirror-image pattern). There are, of course, many other examples of these external cues and one must exercise a great deal of fantasy in discovering new and personally helpful ones. The only restrictions are: (1) that they may not interfere with the execution of the desired motion (tapping so firmly that the braking of the motion replaces the sound as the cue, bending the arm in order to watch it, etc.), (2) that they are not to be used outside the context of the silent exercises, and (3) that, as the stretch receptors become more sensitive, the cues are to be gradually eliminated.

2.6 Kompromisse

Im Fall, dass eine völlige Kontrolle über die Grundbewegungen fehlt, muss einer der nachstehenden Kompromisse eingegangen werden:

1. Erhöhung der sensorischen Eingabe
Es mag möglich sein, eine anders nicht kontrollierbare Bewegung dadurch auszuführen, dass man ihre Größe übertreibt oder indem man sie steif oder ruckartig ausführt. Dies reduziert nicht nur die Tonqualität und das Durchhaltevermögen beim Spielen, sondern beschränkt die Bewegung auch oft auf eine einzige Geschwindigkeit oder Dynamik und zeigt nur für sehr kurze Passagen die gewünschte Wirkung.

Anfängliche Versuche, auf diese Erhöhung der sensorischen Eingabe durch Verspannung zu verzichten, gehen unweigerlich einher mit einem deutlichen, unangenehmen Verlust der räumlichen Orientierung; dies wird jedoch schnell nachlassen, wenn die Streckrezeptoren, die die Bewegung kontrollieren, empfindlicher werden.

2. Kompensation
Das Problem, eine nicht kontrollierbare Bewegung zu beherrschen, kann dadurch umgangen werden, dass man sie durch eine nicht verwandte Bewegung ersetzt. So können beispielsweise (1) die Finger der linken Hand auch durch Drehen des Unterarms gehoben werden, (2) verschiedene Bewegungen des Armes mit einem steifen Arm und einem schnellen Schulterstrich imitiert werden und (3) die

2.6 Compromises

In the event that full control over one of the basic motions is lacking, one of the following compromises must be made:

1. Increase in sensory input
It may be possible to execute an otherwise uncontrollable motion by exaggerating its size or by introducing rigidity and jerkiness. Besides reducing the sound quality and endurance, this also tends to restrict the motion to a single speed or dynamic and is typically effective only for very short passages.

Initial attempts to forgo using tension to increase sensory input are invariably accompanied by a pronounced and unpleasant loss of spatial orientation; this will, however, quickly subside when the stretch receptors monitoring the motion become more sensitive.

2. Compensation
The need to master an uncontrollable motion can be circumvented altogether by substituting an unrelated motion. For example, (1) the left hand fingers can also be lifted by twisting the forearm, (2) various motions of the arm can be imitated with a rigid arm and a fast shoulder stroke, and (3) the problematic angles of the upper arm/lower arm stroke (see Section 4.2) can be avoided by raising or lowering the right elbow with every string crossing or by pulling it in close to one's waist. Although this form of compromise can, at times, be a legitimate means of obtaining quick results, it often

problematischen Winkel beim Oberarm/ Unterarm (s. Abschnitt 4.2) vermieden werden, indem man den rechten Ellbogen mit jedem Saitenwechsel hebt bzw. senkt oder ihn eng an die Taille zieht. Obwohl diese Form des Kompromisses gelegentlich als legitimes Mittel zum schnellen Erzielen des Ergebnisses eingesetzt werden kann, wird dadurch oft das Spiel beeinträchtigt oder weniger flexibel gemacht.

3. Künstlerischer Kompromiss
Eine technische Lücke, die durch eine unkontrollierbare Bewegung erzeugt wird, kann dadurch geschlossen werden, dass man diejenigen Passagen, in denen sie aufgetreten wäre, kategorisch vermeidet oder abändert.

introduces a technically limiting or inflexible aspect to one's playing.

3. Artistic Compromise
The technical gap created by an uncontrollable motion may be met by categorically avoiding or changing those passages in which it would have appeared.

Abschnitt drei: Einfache Bewegungen
Section three: Simple motions

3.1 Schultergürtel

Der einzige Drehpunkt des Schultergürtels ist das Ende des Schlüsselbeins am Hals; alle übrigen Teile der Schulter und der Schulterblätter werden lediglich durch die größeren Muskelpartien des Rückens und der Brust unterstützt, wodurch sich ihre Stärke und Beweglichkeit erklärt.

Der Schultergürtel kennt die beiden folgenden Bewegungsarten:

1. Vertikal
Diese Bewegungsart, bei der die Schulter etwa wie beim Achselzucken gehoben wird, ist beim Kontrabassspiel im Allgemeinen nicht verwendbar; sie ist gewöhnlich ein Anzeichen von Spannung.

2. Transversal (von vorn nach hinten)
Die zwei Hauptmerkmale der Bewegung des Schultergürtels sind erstens ihr begrenzter Umfang (nur ca. 10 cm) und zweitens ihre außerordentliche Kraft. Die Bewegungen des Rückens dürfen nicht mit denen des Oberarms verwechselt werden (jede Bewegung des Bogens, die über 10 cm hinausgeht, kann nicht ausschließlich vom Schultergürtel ausgegangen sein). Strecken Sie für diese Bewegung Ihre Arme aus und legen Sie Ihre Handflächen zusammen. Ziehen Sie nun

3.1 Pectoral Girdle

The only pivoting joint of the pectoral girdle is located at the end of the collar bone next to the neck; all remaining structures of the shoulder and shoulder blade are supported solely by the larger muscles of the back and breast, which accounts for their strength and flexibility of movement.

The pectoral girdle has two modes of articulation, as follows:

1. Vertical
This motion, in which the shoulder is raised as in shrugging, is generally superfluous to double bass technique; it is commonly a sign of tension.

2. Transverse (from front to back)
The two main features of the transverse pectoral girdle motion are its limited breadth (only about 10 cm) and its strength. Care must be taken not to confuse the motions of the back with those of the upper arm (any movement of the bow exceeding 10 cm cannot be exclusively due to the pectoral girdle). To produce this motion, place your palms together with your arms outstretched and move your hands towards and away from your breast while allowing both shoulder blades to slide across your back (see fig. 3a). Repeat the motion with each arm

Ihre Hände zur Brust hin und wieder weg, damit die Schulterblätter sich über den Rücken bewegen (s. Abb. 3a). Wiederholen Sie diese Bewegung mit jedem einzelnen Arm. Dabei sollten Sie es vermeiden, den Rücken zu drehen, eine Schulter zu senken oder sich nach vorne zu lehnen.

Nehmen Sie den Bass, setzen sie den Bogen wenige Zentimeter vom Frosch entfernt auf die Saite und entspannen Sie den rechten Arm völlig, damit das ganze Gewicht des Arms und der Schulter auf der Saite ruht. Die Schulterblätter auseinander ziehen und dabei den Bogen mit lediglich einer transversalen Bewegung der Schulter in Richtung Frosch schieben. Ziehen Sie nun den Bogen wieder weg vom Frosch, indem Sie Ihre Schulterblätter zusammenziehen (der Bogen sollte sich nicht mehr als 10 cm bewegen). Es ist wichtig, sich ständig des äußeren Widerstandes der Saite (s. Abschnitt 2.4) bewusst zu sein, wenn die größeren Muskeln eingesetzt werden. Vergleichen Sie die Bewegungen beispielsweise mit Schwimmen in kaltem Honig oder mit Abschleifen einer hölzernen Tischplatte. Wie zuvor sollten die Bewegungen symmetrisch bleiben, ohne die Schulter zu heben, den Rücken zu drehen, sich auf eine Seite zu lehnen oder das Kinn vorzuschieben.

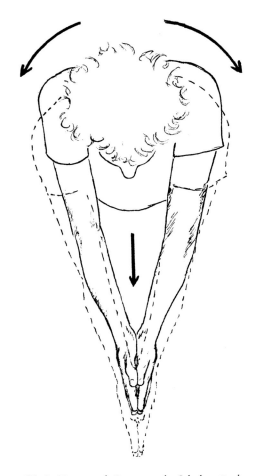

Abb. 3a: Transversale Bewegung des Schultergürtels

Fig. 3a: Transverse motion of the pectoral girdle

separately, avoiding twisting the back, lowering one shoulder or leaning forward.

Taking the bass, set the bow on the string a few centimeters from the frog and relax the right arm completely, allowing the full weight of the arm and shoulder to rest on the string. Pull the shoulder blades apart, pushing the bow towards the frog using only a transverse motion

3.2 Oberarm

Aufgrund ihres Kugelgelenks ist die Schulter in der Lage, die drei nachstehenden, verschiedenen Bewegungsarten auszuführen:

1. Transversal
Bewegung von vorn nach hinten.

2. Lateral
Seitliches Heben der Arme, so dass sich, von vorn gesehen, der Winkel zwischen Körper und Armen vergrößert. Transversale und laterale Bewegungen stellen normalerweise kein Problem dar und werden im Allgemeinen eher zu häufig verwendet. Beim Ausführen einer dieser Bewegungsarten ist ein Heben der Schulter (vertikale Bewegung des Schultergürtels) zu vermeiden.

3. Rotationsbewegungen
Drehen des Oberarms im Schultergelenk. Den Arm am Ellbogen um 90° beugen und dabei eine Faust machen, bei der die Fingernägel nach oben zeigen. Den Ellbogen unverändert bei 90° lassen, die Faust zur Seite schwingen lassen, wobei der Drehpunkt zwischen der Mitte des Unterarms und dem Ellbogen liegen sollte (s. Abb. 3b). Wenn die Bewegung schneller wird, verschiebt sich der Drehpunkt weiter vom Ellbogen weg (s. Abschnitt 2.1, Wahl des Drehpunktes und Eigenfrequenz).

Diese Bewegung sollte lautlos geübt werden, wie beschrieben unter Abschnitt 2.5, Sensorisches Training, dabei anfangs den Ellbogen nahe an der Taille halten

of the shoulder. Now pull the bow back away from the frog by bringing the shoulder blades together (the bow should still move no more than 10 cm). It is important to be constantly aware of the external resistance of the string (see Section 2.4) when using the larger muscles, comparing their motions, for example, with swimming in cold honey or sanding a wooden tabletop. As before, the motions should remain symmetrical, avoiding raising the shoulders, twisting the back, leaning to one side or sticking out the chin.

3.2 Upper Arm

Due to its ball and socket joint, the shoulder is capable of three modes of articulation, as follows:

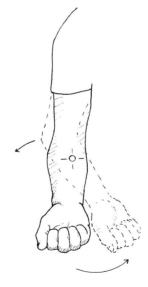

Abb. 3b: Oberarm-Rotationsbewegung

Fig. 3b: Upper arm rotation

35

und ihn später, wie beim Vibrato in den tieferen Registern, seitlich vom Körper abheben. Die Bewegung der Faust in einem Spiegel beobachten und darauf achten, dass sie linear und nicht kreisförmig ist. Die Übung auch mit nach oben zeigendem Daumennagel wiederholen.

3.3 Unterarm

Der Ellbogen kennt die beiden folgenden Bewegungsarten:

1. Streckung
Diese Bewegung hat zwei Drehpunkte; einer liegt zwischen dem Ellbogen und der Mitte des Unterarms, der andere am Schultergelenk (s. Abb. 3c). Der zweite ist das Ergebnis der passiven Bewegung des Oberarms, und führt dazu, dass sich der Ellbogen beim Strecken nach vorn

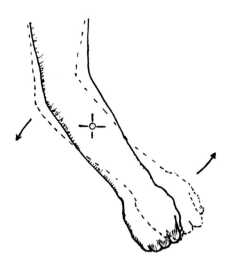

Abb. 3c: Streckung des Unterarms

Fig. 3c: Lower arm extension

1. Transverse
Motion from front to back.

2. Lateral
Raising of the arms away from one's sides (such that the angle between the arm and body changes when viewed from the front). Lateral motion, together with transverse motion, is generally not problematic and is, in fact, more typically prone to be overused. Avoid raising the shoulder (vertical motion of the pectoral girdle) when using either one.

3. Rotational
Twisting of the upper arm in the shoulder joint. Bend the arm at the elbow 90°, making a fist with the fingernails facing upwards. Swing the fist sideways with the elbow remaining inarticulate (at 90°), with the fulcrum lying between the middle of the lower arm and the elbow (see fig. 3b). When the motion becomes faster, the fulcrum moves farther away from the elbow (see Fulcrum Placement and Inherent Frequency, Section 2.1).

Practice this motion silently as described under Sensory Training (Section 2.5), at first with the elbow held near the waist and later, raised laterally away from the body (as in vibrato in the lower registers). Check the motion of the fist in a mirror, being certain that it is straight, not circular. Also repeat with the thumbnail facing upwards.

und beim Beugen nach hinten bewegt. Der untere Drehpunkt muss so nahe wie möglich beim Ellbogen bleiben, um eine maximale Verschiebung der Hand und eine minimale Verschiebung des Ellbogens zu erreichen. Eine im Wesentlichen senkrechte Bewegung der Hand ist zu vermeiden.

Mit nur leicht gebeugtem Arm, wie in Abschnitt 2.5 beschrieben, lautlos üben. Einen Bleistift lose in der Hand halten und leicht von oben bzw. von unten gegen eine Tischfläche tippen. In einem Spiegel darauf achten, dass die Bewegung geradlinig ist. Die Übung mit leicht angehobenem Arm – etwa wie beim Händeschütteln – und ebenso mit um 90° gebeugtem Arm wiederholen.

2. Rotationsbewegungen
Den Arm um 90° beugen, so dass die Fingerknöchel nach oben zeigen. Die Faust ohne Anwinkeln des Handgelenks drehen, bis die Fingernägel nach oben zeigen (s. Abb. 3d). Diese Übung bis auf eine sanft wiegenden Bewegung reduzieren.

Lautlos üben, indem man sich das Bild eines drehenden Schraubenziehers oder das Bild der gleitenden „Blöcke" in Abb. 3e vorstellt. Auf diese Weise wird sichergestellt, dass auf der gesamten Oberfläche des Arms kein Punkt unbewegt bleibt. (Man darf aber nicht daraus schließen, dass die Bewegung im Rahmen der Kontrabass-Technik ausnahmslos symmetrisch sein muss.) Diese Übung auch mit einem schräg über die Saiten gelegten Bogen wiederholen, wobei die Stange leicht auf die Saiten tippt (s. Abschnitt 4.3, Unterarm-Streckung und Rotation).

3.3 Lower Arm

The elbow has two modes of articulation, as follows:

1. Extension
This motion has two fulcrums; one is between the elbow and middle of the lower arm and the other is at the shoulder joint (see fig. 3c). The second is the result of the passive motion of the upper arm, causing the elbow to move forward when the arm is extended and backwards when it's bent. The lower fulcrum must stay as near to the elbow as possible for the maximum hand and minimum elbow displacement. Avoid moving the hand principally in a vertical path (directly towards the shoulder).

Practice silently as described in Section 2.5 with the arm only slightly bent. Hold a pencil loosely in the hand and tap lightly

Abb. 3d: Unterarm-Rotationsbewegung

Fig. 3d: Lower arm rotation

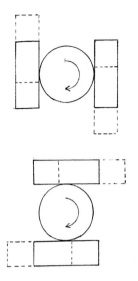

Abb. 3e: Modell der „gleitenden Blöcke", um Symmetrie der Unterarm-Rotationsbewegung zu kontrollieren

Fig. 3e: "Sliding block" model for lower arm rotation to assure symmetry

3.4 Handgelenk

Das Handgelenk kennt die beiden folgenden Bewegungsarten:

1. Lateral
Den Unterarm mit ausgestreckten Fingern - wie beim Händeschütteln - auf eine Tischplatte legen. Die Hand heben und senken, dabei mit der Handkante leicht auf die Tischplatte schlagen (s. Abb. 3f). Den Unterarm auf die Tischkante aufstützen und dieselbe Bewegung mit der Hand in halber Höhe wiederholen, als würde man „einer Maus die Hand geben".

Diese Bewegung des deutschen Bogenspielers entspricht der „winkenden"

on the surface and under the edge of a table. Check in a mirror that the motion is straight. Repeat with the arm somewhat raised, as in shaking hands, and also with the arm bent 90° at the elbow.

2. Rotational
Bend the arm 90° with the knuckles facing upwards. Turn the fist without bending the wrist until the fingernails are facing upwards (see fig. 3d). Reduce this movement to a slight rocking motion.

Practice silently. Use the image of a twisting screwdriver or of the sliding blocks illustrated in fig. 3e as a model, to assure that no point along the surface of the arm remains motionless (which is not meant to imply that, within the context of double bass technique, the motion must always be symmetrical). Also repeat while holding the bow slanted across the strings, allowing the stick to tap against the strings (see lower arm/wrist Motion, Section 4.3).

3.4 Wrist

The wrist has two modes of articulation, as follows:

1. Lateral
Lay the lower arm on a tabletop with the fingers extended as if to shake hands. Raise and lower the hand, making smooth chopping motions on the tabletop (see fig.3f). Supporting the lower arm on the edge of the table, make the same motion in mid-air, as if "shaking hands with a mouse".

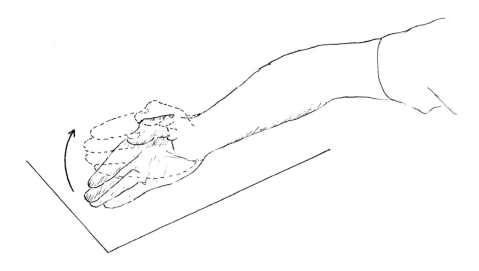

Abb. 3f: Laterale Handgelenkbewegung

Fig. 3f: Lateral wrist motion

Bewegung des Handgelenks, die französische Bogenspieler beim Saitenwechsel ausführen. Dadurch ist es möglich, den Bogen schnell und mühelos über die Saiten zu führen.

2. Transversal
Diese Bewegung verläuft senkrecht zur Handfläche, etwa wie beim Winken, und muss bei der deutschen Bogenhaltung immer von einer zweiten Bewegung in den größeren Fingergelenken begleitet werden. Da diese beiden Komponenten untrennbar sind, wird diese Bewegung im Abschnitt Komplexe Bewegungen (s. Abschnitt 4.4, Handgelenk/Finger) detailliert behandelt.

This motion is the German bow player's equivalent of the "waving" motion of the wrist used by French bow players to change strings. It is capable of rocking the bow quickly and effortlessly over the strings.

2. Transverse
This motion of the hand is perpendicular to the palm, as in waving, and, with the German-style bow, must always be accompanied by a second motion in the larger finger joints. Due to the inseparable nature of its components, it will be treated in detail under Complex Motions (see Wrist/Fingers in Section 4.4).

39

Abschnitt vier: Komplexe Bewegungen
Section four: Complex motions

4.1 Schultergürtel/Oberarm

4.1 Pectoral Girdle/Upper Arm

Der anfängliche Impuls für den Detaché-Strich (s. Abschnitt 5.10, Stricharten), der sich dann über den Arm zum Bogen fortsetzt, ist eine kombinierte Bewegung des Schultergürtels und transversaler und lateraler Oberarmbewegungen (s. Abschnitte 3.1 und 3.2). Das folgende Beispiel illustriert das Timing der Bewegungen. Wenn diese Bewegungen flüssiger werden, sollten sie nach und nach ineinander verschmelzen, so dass jegliche erkennbaren Übergänge von einer Bewegung zur nächsten verschwinden.

The initiating impulse for the detaché stroke (see Bowings, Section 5.10) which subsequently travels down the arm to the bow is a combination of the pectoral girdle, transverse and lateral upper arm motions (see Sections 3.1 and 3.2). The following example illustrates the timing of the motions; as they become more fluid, they should be allowed to subtly "fuse" into one another, eliminating any distinct transitions from one motion to the next.

A

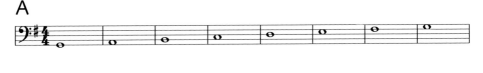

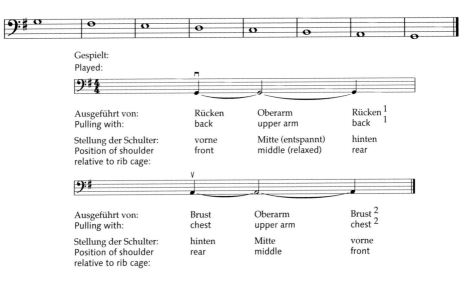

| Gespielt: | | | |
| Played: | | | |

Ausgeführt von:	Rücken	Oberarm	Rücken [1]
Pulling with:	back	upper arm	back [1]
Stellung der Schulter:	vorne	Mitte (entspannt)	hinten
Position of shoulder	front	middle (relaxed)	rear
relative to rib cage:			

Ausgeführt von:	Brust	Oberarm	Brust [2]
Pulling with:	chest	upper arm	chest [2]
Stellung der Schulter:	hinten	Mitte	vorne
Position of shoulder	rear	middle	front
relative to rib cage:			

B

Gespielt:
Played:

Ausgeführt von:	Rücken	Oberarm	Rücken [1]
Pulling with:	back	upper arm	back [1]
Stellung der Schulter:	vorne	Mitte (entspannt)	hinten
Position of shoulder relative to rib cage:	front	middle (relaxed)	rear

Ausgeführt von:	Brust	Oberarm	Brust [2]
Pulling with:	chest	upper arm	chest [2]
Stellung der Schulter:	hinten	Mitte	vorne
Position of shoulder relative to rib cage:	rear	middle	front

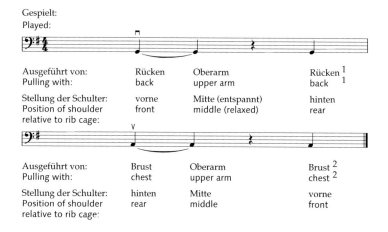

1 = Brustmuskel ausdehnen / stretch chest muscles
2 = Rückenmuskel ausdehnen / stretch back muscles

4.2 Oberarm/Unterarm

Die Fähigkeit des Unterarms, in jeder beliebigen Richtung schwingen zu können, resultiert nicht allein aus der Bewegungsfähigkeit des Ellbogens, sondern aus dem kombinierten Einsatz von Ellbogen (s. Abschnitt 3.3, Unterarmstreckung) und Schulter (s. Abschnitt 3.2, Rotationsbewegung, Oberarm). In der folgenden Übung handelt es sich um die Koordinierung dieser beiden Bewegungen.

Eine Uhr so auf einen Stuhl stellen, dass das Zifferblatt deutlich sichtbar ist. Die Faust mit dem Daumennagel nach oben bei leicht angewinkeltem Arm vor die Uhr halten. Die lautlose Streckübung für den Unterarm aus Abschnitt 3.3 wiederholen, dabei den Daumennagel langsam zwischen „12 und 6 Uhr" drehen lassen (s. Abb. 4a). Den Daumennagel weiter nach oben zeigen lassen und die Faust zwischen den Ziffern 1 und 7 schwingen lassen. Sie sollte immer noch in geradliniger Bewegung schwingen, wobei der Drehpunkt im Unterarm unverändert bleibt. Dabei sollte sich der Ellbogen leicht nach links drehen, wenn die Hand nach rechts schwingt. Die Übung zwischen 2 und 8 fortsetzen. Zwischen 3 und 9 sollte die Bewegung einer reiner Oberarmdrehung gleichen (s. Abschnitt 3.2). Die Übung immer wieder um eine „Stunde" weiterdrehen und solange fortsetzen, bis man wieder zwischen 12 und 6 angelangt ist. Dann die Übung auch in umgekehrtem Drehsinn ausführen. Die Übung in Triolenrhythmen wiederholen.

4.2 Upper Arm/Lower Arm

The ability of the lower arm to swing in two dimensions is not due to the articulation at the elbow alone, but is, in fact, the concerted efforts of both the elbow (see lower arm extension, Section 3.3) and the shoulder (see upper arm rotation, Section 3.2). The coordination of these two motions is addressed in the following exercise, which is to be practiced using the guidelines in Sensory Training (Section 2.5).

Set a clock on a chair so that its face is clearly visible. Hold your fist, thumbnail pointing upwards and arm slightly bent, in front of the clock. Repeat the silent lower arm extension exercise described in Section 3.3, allowing the thumbnail to slowly swing between 12 and 6 "o'clock" (see fig. 4a). Leaving the thumbnail pointing upwards, swing your fist between the numbers 1 and 7. It should still be swinging in a straight line and the fulcrum in the lower arm should remain unchanged, with the elbow moving slightly to the left when the hand swings to the right. Continue on to 2 and 8. Between 3 and 9, the motion should resemble a pure upper arm rotation (as described in Section 3.2). Continue advancing "one hour" until back to 12 and 6. This should also be practiced by changing the angle in a counter-clockwise direction. Steadily increase tempo, also using triplet rhythms.

Variations:
1. Place a mirror at an angle on the floor. Tape four pieces of masking tape about

Variationen:

1. Einen Spiegel schräg auf dem Fußboden aufstellen. Vier Streifen Klebeband im Abstand von etwa 10 cm bei 3, 6, 9 und 12 Uhr auf den Spiegel kleben und anhand dieser Streifen die Bewegung der Faust kontrollieren.

2. Einen langen Bleistift lose zwischen zwei Fingern halten und an jedem Endpunkt der Drehung leicht gegen einen festen Gegenstand tippen. Das Antippen des Bleistifts darf dabei allerdings nicht das freie Schwingen des Arms behindern (s. Abschnitt 2.5, Sensorisches Training).

3. Bei jedem vierten Klicken des Metronoms die Übung um eine „Stunde" weiterdrehen. Dann bei jedem zweiten Klicken um eine Stunde weiterdrehen. Der Arm sollte zum neuen Winkel während der zweiten Hälfte des letzten Schlages schwingen (s. Abb. 4b). Diese Übung ist besonders wichtig, weil der Winkel, in dem der Unterarm schwingt, oft sehr schnell verändert werden muss. Es kann sogar vorkommen, dass die Winkel mehrerer verschiedener „Stunden" innerhalb einer einzigen Note eingenommen werden müssen; ein langer Ton auf der G-Saite zum Beispiel beginnt am Frosch mit einer Bewegung zwischen 9 und 3 und hört an der Spitze mit einer Bewegung zwischen 11 und 5 auf. Dies ist ebenso wichtig für die linke Hand, da ein Vibrato in nahezu jeder Position eine andere „Uhrzeit" erfordert.

4. Die Saiten mit der linken Hand abdämpfen und die oben beschriebenen Übungen mit dem Bogen in der Hand wiederholen. Dabei den Bogen lautlos über die Saiten gleiten lassen.

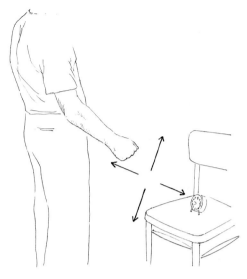

Abb. 4a: „Wecker"-Übung

Fig. 4a: "Clock" Exercise

10 cm apart at 3, 6, 9 and 12 o'clock, and use to check the motion of your fist.

2. Hold a long pencil loosely between two fingers and lightly tap at either end of the swing on a solid object. Tapping should not be allowed to hinder the free swinging of the arm (see Sensory Training, Section 2.5).

3. Advance with every four clicks of the metronome to the next "hour". Then advance with every two clicks. The arm should swing to the new angle in the last half of the last beat (see fig. 4b). This exercise is particularly important because the angle at which the lower arm swings often has to change quickly. In fact, several different "hours" might even be represented within a single note; a long tone on the G-string, for example, begins at the frog with a 9 to 3 motion and ends at

5. Die Hand in einem glatten, kleinen Kreis so schwingen lassen, dass jeder zweite Durchgang der Hand bei 12 mit einem Klicken des Metronoms zusammenfällt. Das Timing der Bewegung so verschieben, dass das Klicken jeweils bei

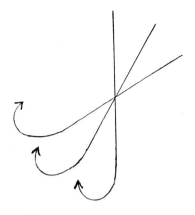

Abb. 4b: Übergang zu einem neuen Winkel bei der „Wecker"-Übung

Fig. 4b: Advancing to a new angle in the „clock exercise"

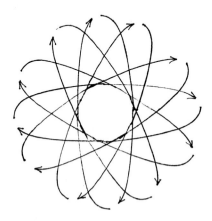

Abb. 4c: Ovale Variation der „Wecker"-Übung

Fig. 4c: Oval variation of „clock" exercise

the tip with one from 11 to 5. This is also important for the left hand, as vibrato, in virtually every position, requires a different "hour".

4. Dampen the strings with the left hand and repeat the previous exercises while holding the bow, allowing it to slide silently over the strings.

5. Swing the hand in a smooth, small circle such that every second time the number 12 is passed it coincides with a click of the metronome. Advance the timing of the motion until the click occurs at numbers 3, 6 and 9. Practice both clockwise and counter-clockwise.

6. Reduce the circle's breadth until the motion assumes the shape of an oval between 12 and 6. Advance the angle of the oval to 1 and 7, and continue about the clock (see fig. 4c). Practice clockwise and counter-clockwise, advancing one "hour" every four (then two) beats. Also alternate with straight swings.

The pedal-like string crossing patterns, as illustrated in fig.5h of Section 5.6, should also be practiced as above.

4.3 Lower Arm Extension/ Rotation

Combining the lower arm extension and rotational motions (see Sections 3.3) results in a twisting motion in which the hand revolves about an axis of rotation lying outside the arm itself. This motion resembles that of polishing a glass ball (see fig. 4d).

This motion is indispensable to spiccato and sautillé. It is used, in addition,

den Ziffern 3, 6 und 9 ertönt. Die Übung in beiden Drehrichtungen ausführen.

6. Die Breite des Kreises reduzieren, bis die Bewegung die Form eines Ovals zwischen den Ziffern 12 und 6 annimmt. Den Winkel dieses Ovals so verändern, dass es zwischen 1 und 7 liegt, dann den Winkel weiter „rund um die Uhr" verändern (s. Abb. 4c). Die Übung in beide Drehrichtungen (in und gegen den Uhrzeigersinn) ausführen und die Veränderung um eine „Stunde" bei jedem vierten, später bei jedem zweiten Schlag des Metronoms vornehmen. Ebenfalls mit geradlinigen Schwingungen abwechseln.

Die „Blütenblatt"-Schemen der Saitenwechsel (s. Abb. 5h in Abschnitt 5.6) sollten ebenso wie oben beschrieben geübt werden.

4.3 Unterarm-Streckung und Rotation

Das Ergebnis der kombinierten Unterarmstreck- und Unterarmrotationsbewegungen (s. Abschnitt 3.3) ist eine drehende Bewegung, in der die Hand sich um eine Achse dreht, die außerhalb des Arms selbst liegt. Diese Bewegung ist vergleichbar mit dem Polieren einer Glaskugel (s. Abb. 4d).

Diese Bewegung ist für Spiccato und Sautillé unerlässlich. Sie wird außerdem von der linken Hand für das Vibrato in den Daumenlagen eingesetzt.

1. Den Bogen mit der Spitze steil nach unten gerichtet über die D- und A-Saite halten. Die Spitze auf einem Tisch oder

by the left hand for vibrato in the thumb positions.

1. Place the bow across the D- and A-strings with the tip pointed at a steep angle towards the floor. Allow the tip to rest on a chair or table and tilt the bow over until the stick almost touches the strings. Using a simple lower arm rotation, begin rocking the bow along the axis of the bow hair, allowing the tip to remain motionless (see fig. 4e).

2. Slowly lift the bow away from the chair and continue rocking with the tip staying as motion less as possible.

3. As the bow is further raised and it begins to approach its normal right angle position, its motion will bring the bowstick alternately closer and farther away from the player, resulting in a passive bending and extension of the elbow. This, in turn, will impart a rocking motion to the tip of the bow, which now, instead of being motionless, will begin rocking towards and away from the G-string (see fig. 4f). It is of the utmost importance that the final motion is nearly parallel to the bridge and the bow constantly remains at a right angle to the string.

As with all complex motions, the passive and active function of the components may be interchanged with little effect on the final motion. Thus, the straightening and bending of the arm at the elbow, the lower arm extension, can also actively used to create the previously described rocking motion of the bow which, in turn, causes the relaxed lower arm to passively rotate.

45

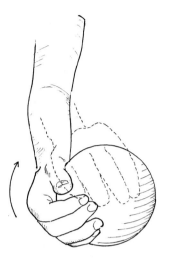

Abb. 4d: Bewegung des Unterarms und Handgelenks

Fig. 4d: Lower arm/wrist motion

4.4 Wrist/Fingers

This motion consists of the transverse
wrist motion (see Section 3.4) in combination with the bending and extension of the larger (2nd and 3rd) joints of
the fingers. The following silent exercise
should be practiced using the guidelines
described under Sensory Training (see
Section 2.4).

With your arm hanging freely at your
side, extend your fingers with the wrist
bent until they are parallel to the floor. As
the wrist is drawn back, bend the fingers
simultaneously at the 2nd and 3rd joints
so that their lower half remains horizontal (see fig.4g). This may also be practiced with the lower arm resting against
the side of the bass with the fingertips

Stuhl ruhen lassen und den Bogen so
weit kanten, bis die Stange fast die Saiten berührt. Mit einer einfachen Unter-
armdrehung den Bogen in leicht schwingende Bewegung versetzen, wobei der
Bogenbezug als Drehachse fungiert und
die Spitze des Bogens unverändert bleibt
(s. Abb. 4e).
2. Den Bogen langsam vom Stuhl abheben, dabei die Drehbewegung fortsetzen,
jedoch die Spitze des Bogens so ruhig wie
möglich halten.
3. Je weiter der Bogen gehoben wird und je
mehr er sich seiner normalen rechtwink-
ligen Stellung nähert, desto mehrt führt
ihn seine Bewegung abwechselnd auf den
Spieler zu und von ihm weg, was zu einem
passiven Beugen und Strecken des Ellbogens führt. Das wiederum führt zu einer
schwingende Bewegung der Bogenspitze

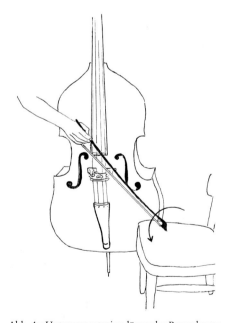

Abb. 4e: Unterarmrotation längs der Bogenhaare

Fig.4e: Lower arm rotation along the length of the
bow hair

nach sich, die nun nicht mehr bewegungs-los bleibt, sondern beginnt, sich auf der G-Saite zu ihr hin- oder von ihr wegzube-wegen (s. Abb. 4f). Es ist äußerst wichtig, dass die letzte Bewegung nahezu parallel zum Steg verläuft und der Bogen ständig im rechten Winkel zur Saite bleibt.

Wie bei allen komplexen Bewegungen können die passive und aktive Funktion der Komponenten ohne große Auswir-kungen auf die Endbewegung unterei-nander ausgetauscht werden. Auf diese Weise können das Strecken und Beugen des Ellbogens, d. h. die Verlängerung des Unterarms, aktiv genutzt werden, um die vorher beschriebene Schaukelbewegung des Bogens auszuführen, was wiederum zu einer passiven Drehung des entspann-ten Unterarms führt.

4.4 Handgelenk und Finger

Diese Bewegung setzt sich aus der transversalen Handgelenkbewegung (s. Abschnitt 3.4) und der Beugung und Streckung der größeren (zweiten und dritten) Fingergelenke zusammen. Die folgende lautlose Übung sollte anhand der unter Sensorisches Training beschrie-benen Richtlinien durchgeführt werden (s. Abschnitt 2.4).

Arm frei hängen lassen und Handge-lenk abbiegen mit gestreckten Fingern, bis sie parallel zum Boden sind. Wird das Handgelenk zurückgezogen, die Finger gleichzeitig am 2. und 3. Gelenk so biegen, dass ihre unteren Glieder auch weiterhin in einer waagerechten Stellung bleiben

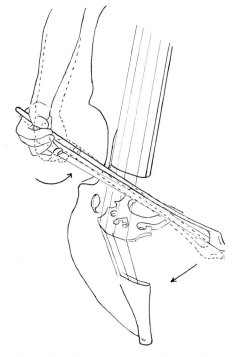

Abb. 4f: Kreisförmiger Strich des Ober- und Unter-arms, der den Bogen in eine schaukelnde Bewe-gung versetzt

Fig. 4f: Upper arm/lower arm circular stroke imparting a rocking motion to the bow

lightly tapping upon the C-bout. For a description of this motion being used in combination with those of the upper arm and back, see Section 5.10 (Martellé and Detaché Strokes).

4.5 Left Hand Fingers

The bending and extension of the fingers involves a highly complex coordination between 3 joints and 4 modes of articula-tion. In spite of the extraordinary sensitivity

47

(s. Abb. 4g). Dies kann auch mit dem Unterarm geübt werden, der dabei gegen die Bassseite gelegt wird, wobei die Fingerspitzen leicht gegen die Zargen tippen. Zur Beschreibung dieser Bewegung in Kombination mit der Bewegung des Unterarms und des Rückens siehe Abschnitt 5.10 (Martellé und Detaché Striche).

4.5 Finger der linken Hand

Das Beugen und Strecken der Finger beinhaltet eine äußerst komplexe Koordination zwischen drei Gelenken und vier Bewegungsarten. Trotz der außergewöhnlichen Empfindlichkeit der Finger beeinträchtigt Verspannung häufig ihre unabhängige Bewegung. Gründe hierfür sind:

1. die unzureichend entwickelte Fähigkeit, die Finger zu heben im Vergleich zu der, sie fallen zu lassen (dies führt oft zu ungelenken Ersatzbewegungen des Armes.)
2. das Überlappen des Beuge- und Streckungszyklus bei der Fingerbewegung (s. Abschnitt 2.4, Äußerer und Innerer Widerstand).
3. die Tendenz der Finger, die die Saite niederdrücken, die Bewegung der sich bewegenden Finger mitzumachen. Die folgenden Übungen gehen diese drei Probleme an:

Lautlose Trillerübung

Bogen über die G-Saite halten, so dass es möglich ist, mit den Fingernägeln auf die Stange zu tippen (s. Abb. 4h). Zunächst leicht 16tel Noten mit dem zweiten Finger

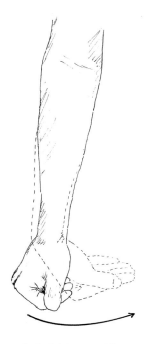

Abb. 4g: Handgelenk/Finger-Strich

Fig. 4g: Wrist/finger stroke

of the fingers, tension often interferes with their independent motion, due to:

1. the underdeveloped ability to lift the fingers compared with that of letting them fall (this often results in the substitution of awkward arm motions to lift the fingers)
2. the overlapping of the bending and extension cycle in the moving finger (see External and Internal Resistance, Section 2.4).
3. the tendency of fingers which are depressing the string to try to "join" in the motions of the moving finger. The following exercises address all three problems:

auf den Bogen tippen, während der erste Finger lediglich die Saite berührt; das Tippen sollte möglichst unhörbar und die Bewegungen so klein wie möglich gehalten werden. Langsam das Gewicht des Arms auf den ersten Finger verlagern, nach und nach die Saiten in Richtung Griffbrett drücken, während der zweite Finger weitertippt. Wird die Saite fest vom ersten Finger gehalten und kann der zweite Finger seine leichte und mühelose Bewegung fortsetzen, Bogen entfernen und mit dem zweiten Finger leicht an

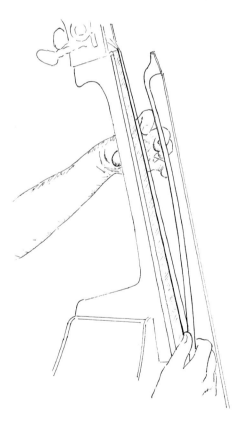

Abb. 4h: „Lautlose Triller"-Übung

Fig. 4h: „Silent trill" exercise

Silent trill exercise

Hold the bow over the G-string so that it's possible to tap on the stick with the fingernails (see fig.4h). Begin lightly tapping 16th notes with the second finger on the bow while the first finger is barely touching the string; the taps should be almost inaudible, with all motions as small as possible. Slowly shift the weight of the arm to the first finger, gradually depressing the string closer to the fingerboard while the second finger continues tapping. When the string is firmly stopped with the first finger, and the second can continue in its light and effortless motion, remove the bow and allow the 2nd finger to lightly tap on the string. Begin slowly depressing the string further with each tap. Although the resistance of the string will be noticeable, the independence of the motion of the second finger from the constant contraction of the muscles of the first should result in a relatively effortless motion. Repeat with the other fingers.

Scissors Exercise

In accordance with the principle of approaching a practice goal from all possible sides (see Practice Principles, Section 12.3), the unwanted influence that the fingers being lifted have on those which are stopping the string can be quickly eliminated by not only relaxing the neighbouring fingers, but, also, by actually moving them in the opposite direction. The resulting scissor-like motions in which one finger is dropped while the next is lifted are to be practiced, as with all silent exercises,

die Saite tippen. Beginnen Sie langsam damit, die Saite mit jedem Antippen weiter hinunterzudrücken. Ungeachtet des Widerstandes der Saite, sollte die von der konstanten Muskelkontraktion des ersten Fingers unabhängige Bewegung des zweiten Fingers in einer relativ mühelosen Bewegung verlaufen. Mit den anderen Fingern wiederholen.

Scheren-Übung

Ein Übungsziel wird schneller erreicht, wenn man sich ihm von allen möglichen Seiten annähert (s. Abschnitt 12.3, Übungsprinzipien). Auch der unerwünschte Einfluss der Finger, die gehoben werden, auf die, die die Saite niederdrücken, kann am schnellsten ausgeschaltet werden, indem man die benachbarten Finger nicht nur entspannt, sondern sogar in die entgegengesetzte Richtung bewegt. Die sich daraus ergebenden scherenähnlichen Bewegungen, bei denen sich ein Finger abwärts und der benachbarte aufwärts bewegt, sollten, wie alle lautlosen Übungen, mit möglichst kleinen Bewegungen und kaum hörbarem Tippen geübt werden.

Zu Beginn die linke Hand mit leicht gebogenen Fingern auf die Decke des Basses unterhalb des Griffbrettes legen. Während ein Finger so weit gehoben ist, dass er gerade die Rückseite des Griffbrettes berührt, sollte der benachbarte leicht auf den Bass fallen (s. Abb. 4i). Bei den folgenden Übungen stets das Tempo mit einem Metronom kontrollieren.

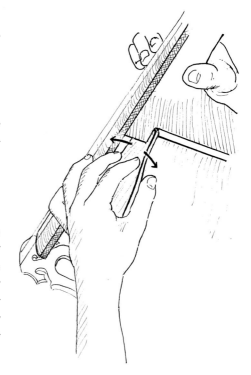

Abb.4i: „Scheren"-Übung

Fig. 4i: „Scissors" exercise

with the smallest possible movements and barely audible taps.

Begin by placing the left hand on the front of the bass, underneath the fingerboard, with the fingers slightly curved. While one finger is raised until it just touches the backside of the fingerboard, the next is lightly dropped onto the bass (see fig. 4i). When practicing the following patterns, always control the tempo with a metronome.

Notation
Notation

Mit dem Nagel unter das Griffbrett tippen (Finger heben)

Tapping with the nail under the fingerboard (lifting finger)

Auf den Bass tippen (Finger fallenlassen)

Tapping on bass (dropping finger)

4.6 Konsekutive Bewegungen

Konsekutive Bewegungen bestehen aus einer temporären Abwechslung zwischen zwei oder mehreren einfachen oder komplexen Bewegungen. Da bei diesen schnell aufeinanderfolgenden Bewegungen meist völlig verschiedene motorische Zentren beteiligt sind, ist es besonders schwierig, sie zu erzeugen, ohne dabei konsekutiven inneren Widerstand hervorzurufen (s. Abschnitt 2.4). Einige Beispiele konsekutiver Bewegungen sind in den folgenden Beispiel dargestellt.

Aufgrund der Tatsache, dass die Genauigkeit des Rhythmus so leicht und präzise kontrolliert werden kann, eignen sich die Übungen für konsekutive Bewegungen hervorragend zur Verbesserung

4.6 Consecutive Motions

Consecutive motions consist of a temporal alternation between two or more simple or complex motions. Because these rapid successions of motions generally involve completely different motor centers, perhaps even different hemispheres of the brain, they are particularly difficult to produce without introducing sequential internal resistance (see Section 2.4). Some examples of consecutive motions are illustrated in the following example.

The fact that the accuracy of their rhythm can be so easily and precisely monitored makes practicing consecutive motions ideal for improving motor control (see Fingering and Bowing, Section 9.2). By far the most effective method to

der Kontrolle der Motorik (s. Fingersätze und Streichen, Abschnitt 9.2). Die wirkungsvollste Methode, diese Passagen zu üben, besteht darin, die rhythmusbestimmenden Bewegungen zu früh und dann zu spät zu spielen und sich so langsam dem richtigen Rhythmus von beiden Seiten zu nähern (s. Abschnitt 12.4, Auseinandernehmen und Wiederaufbau).

practice these types of passages is to play one of the rhythm-determining motions too early, and then, too late, gradually approaching the correct rhythm from both sides of the beat (see Isolation and Reuniting, in Section 12.4).

Abschnitt fünf: Bogentechnik
Section five: Right hand technique

5.1 Physikalische Eigenschaften der gestrichenen Saite

Die Form einer gestrichenen Saite entspricht nicht, wie oft angenommen wird, einer sanften wellenähnlichen Kontur, sondern weist eine Diskontinuität auf (einen abrupten Richtungswechsel im Verlauf der Saite), die sich kreisend um die Saite entlang fortsetzt (s. Abb. 5a). Die proportionale Stärke der verschiedenen harmonischen Obertöne, bzw. die

5.1 Physics of the Bowed String

The shape of a bowed string is not the smooth wave-like contour that many assume it to be, but takes the form of a discontinuity (an abrupt change in the curvature of the string) which progresses in a curved path along the length of the string (see fig.5a). The proportional strength of the various harmonic overtones, or color, of a note expresses itself physically as the sharpness of the discontinuity, ranging

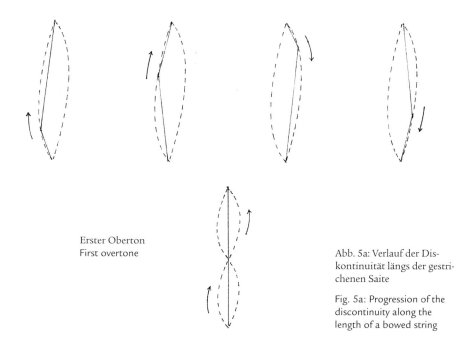

Erster Oberton
First overtone

Abb. 5a: Verlauf der Diskontinuität längs der gestrichenen Saite

Fig. 5a: Progression of the discontinuity along the length of a bowed string

Klangfarbe einer Note äußert sich physikalisch in der Schärfe der Diskontinuität, die von einer runden bis zu einer winkligen Beugung der Saite reichen kann. Bei einem Abstrich setzt sich diese Diskontinuität im Uhrzeigersinn fort, während sie sich beim Aufstrich in entgegengesetzter Richtung ausbreitet. Sie tritt auf, sobald der Bogen beginnt, die Saite nach einer Seite zu ziehen, und ähnelt dann der Auslenkung der Sehne eines durch einen Pfeil gespannten Bogens. Wenn die durch die verlegte Saite ausgeübte Gegenkraft schließlich groß genug wird, um den Reibungswiderstand zu überwinden, verliert der Bogen seine Haftung auf der Saite und die Diskontinuität schnellt vom Steg weg. Die Saite gleitet so lange über die Haare des Bogens bis die Diskontinuität von ihrer elliptischen Laufbahn zurückkehrt und sich zur anderen Seite hin als das „Spiegelbild" der ursprünglichen Auslenkung ausbildet. Genau an dem Punkt, an dem die Saite nun wieder ihre Richtung ändern würde, ist ihre Bewegung relativ zum Bogen wieder gleich Null, und die Reibungskraft wird erneut groß genug, um die Saite „festzugreifen".

Wenn die Geschwindigkeit des Bogens nun genau der der zurückschwingenden Saite entspricht, lässt das Rutschen der Saite nach, und der Bogen wird sogar von der Saite geschoben und erhält dadurch einen Teil der Energie zurück, die der Saite beim Herstellen der Diskontinuität zugeführt wurde. Dies kann am besten dadurch demonstriert werden, dass man einen Bass auf den Rücken legt und einen an zwei Fäden aufgehängten Bogen auf eine der Saiten aufsetzt. Wird nun ein

from a round to an angular bend in the string. During a down bow the discontinuity moves in a clockwise path, changing to counter-clockwise for an up bow. It first appears as the bow begins to pull the string to one side and resembles the bend in the string of a drawn bow and arrow. As the force exerted by the bent string finally becomes large enough to overcome the resistance of friction, the bow suddenly loses its grip on the string and the discontinuity is whipped away from the bridge. The string continues to slip over the hairs of the bow until the discontinuity returns from its elliptical cycle and reappears on the other side as a "mirror image" of the original displacement. Just at the point where the string would begin to change direction, its motion, relative to the bow, is once again zero, and the force of friction becomes large enough to "grab" the string.

If the speed of the bow precisely matches that of the string as it swings back, then slippage ceases and the bow is actually pushed by the string, returning in part the energy put into the string in creating the discontinuity. This can be demonstrated by laying the bass on its back and resting a bow suspended from a pair of threads across one of its strings; when a second bow is then drawn across the string, the first bow will begin to move alongside the second. While playing, the bow must therefore be drawn at the speed at which the string chooses to drive it, otherwise, there will be slippage during the "pulling" phase of the cycle, repeatedly interrupting the motion of the string and forcing it to accommodate the

zweiter Bogen über die Saiten gezogen, beginnt der erste, sich parallel zum zweiten zu bewegen. Während des Spielens muss daher der Bogen mit der Geschwindigkeit gezogen werden, mit der ihn die Saite treibt, sonst kommt es während der „Ziehphase" des Bogens zu einem Rutschen des Bogens über die Saite, wodurch die Bewegung der Saite wiederholt unterbrochen und die Saite gezwungen wird, ihre Bewegung an die unangepasste Geschwindigkeit des Bogens anzugleichen. Als Folge davon kann die Saite nur schlecht ansprechen, und die Tonqualität wird verschwommen, was nur allzu häufig dem Instrument zugeschrieben wird.

5.2 Bogenhaltung und Gewicht

Die Bogenhaltung muss folgenden Bedingungen gerecht werden:
1. Eine elastische Unterstützung des Gewichts auf den Bogen.
2. Maximale Freiheit aller beteiligten Gelenke, so dass keines überdehnt oder völlig gebeugt ist.
3. Die Fähigkeit, das Gewicht des Arms die verschiedenen erforderlichen Richtungen zu verlagern.

Der letzte Punkt ist der wichtigste, da er den direktesten Einfluss auf die Tonqualität hat. Die scheinbar widersprüchlichen Forderungen von hoher Reibung zwischen Bogen und Saite, was ein höheres Gewicht erfordert, und die Freiheit der Saite, ohne Verzerrung zu vibrieren, was ein geringeres Gewicht erfordert, müssen

inappropriate bow speed. As a result, the string will not speak well and the quality of sound will be unfocused, creating problems which are all too often blamed on the instrument.

5.2 Bow Grip and Weight

A bow grip must provide all of the following features:
1. An elastic support of the weight to the bow.
2. Maximum freedom of all articulating joints, so that none are hyperextended or fully bent.
3. The ability to redirect the weight of the arm into a variety of appropriate directions.

The final point is the most important of the three because it most directly affects the tone quality. The seemingly contradictory demands of high friction between the bow and string (requiring more weight) and the freedom of the string to vibrate without distortion (which requires less weight) need not be compromised if the bow weight is applied at an angle to the string. By lifting from below with the first and second fingers, directing the weight at a steep angle away from the bridge, the string is not only allowed to vibrate more freely, due to the reduced amount of perpendicular pressure, but, acquires a substantial increase in the friction between it and the bow, which can be attributed to the sizable component of weight directed parallel to the string. In addition, the elliptical propagation of the discontinuity, whose initial motion away from the bow

nicht notwendigerweise durch einen Kompromiss erreicht werden, wenn das Bogengewicht in einem schrägen Winkel relativ zur Saitelänge verlagert wird. Wird der Bogen mit Zeige- und Mittelfinger von unten gehoben und dadurch das Gewicht in einem steilen Winkel vom Steg weg verlagert, kann die Saite aufgrund des im Verhältnis zur Senkrechte verringerten Drucks nicht nur freier schwingen, sondern erreicht auch eine beträchtliche Erhöhung der Reibung zwischen sich und dem Bogen, die aus dem nun größeren parallel zur Saite ausgeübten Gewichtsanteil resultiert. Darüber hinaus wird die elliptische Fortpflanzung der Diskontinuität, die sich anfänglich immer vom Bogen weg in Richtung der Schnecke bewegt, dadurch vergrößert, dass das Gewicht in derselben Richtung bewegt wird. Das Ergebnis ist eine kristallklare Tonqualität von ausgezeichneter Tragfähigkeit.

Obwohl es sich hierbei um Probleme handelt, die bei allen Streichinstrumenten auftreten, sind sie bei der Tonerzeugung auf dem Kontrabass aufgrund der unzureichenden Abmessungen dieses Instruments besonders kritisch; im Idealfall sollten die Saiten des Basses mehr als doppelt so lang sein wie sie sind. Meistens kann der typisch „verschwommene" Basston auf unangepasste Bogengeschwindigkeit und auf senkrechtes Aufsetzen des Gewichts auf die Saiten zurückgeführt werden. Probleme entstehen besonders dann, wenn das Gewicht des rechten Arms durch den Daumen unterstützt wird, da in diesem Fall das Gewicht in einem Winkel von nur 90°

is always towards the scroll, is enhanced by the application of weight in the same direction as its travel. The result is a crystal-clear tone quality with superior powers of projection.

Although these are problems which are common to all stringed instruments, they are particularly critical for sound production on the double bass due to the imperfect proportions of the instrument; ideally, the string length of the bass should be more than twice as long as it is. Much of the "typical" unfocused sound of the bass can be ascribed to the use of inappropriate bow speeds and the perpendicular application of weight to the string. Specifically, problems arise when the weight of the right arm is supported by the thumb, since it can only deliver the weight at an angle of 90° to the string; this also applies, however, to bow grips where the first finger or two are pressed sideways against the stick of the bow. Both essentially eliminate the possibility of redirecting the weight away from the bridge, and, therefore, cannot take advantage of the improvement in sound and speaking quality that results.

The following is the description of a bow grip which fulfills all of the requirements mentioned above:

1. Hold the bow in the left hand with both the stick and the hairs lying on their sides against the strings. Cradle the screw of the bow between the right-hand thumb and palm, and place the tip of the second finger on the stick of the bow. The muscular support provided by the one finger alone should now be capable of

auf die Saite aufgebracht werden kann. Dies trifft ebenso zu, wenn Zeige- bzw. Mittelfinger seitlich gegen die Stange des Bogens gedrückt werden. In beiden Fällen wird die Fähigkeit, das Gewicht vom Steg wegzuverlagern, weitgehend eliminiert, wodurch die erwartete Verbesserung der Tonqualität nicht eintritt.

Nachfolgend die Beschreibung einer Bogenhaltung, bei der alle oben beschriebenen Forderungen erfüllt werden:

1. Den Bogen mit der linken Hand so halten, dass sowohl die Stange als auch die Haare seitlich auf den Saiten liegen. Die Schraube des Bogens zwischen Daumen und Handfläche der rechten Hand legen und die Spitze des Mittelfingers auf die Stange des Bogens legen. Die Muskelunterstützung durch diesen einen Finger sollte nun in der Lage sein, sowohl den Bogen als auch das Gewicht des Arms zu unterstützen (s. Abb. 5b).

2. Den Ringfinger in den Ausschnitt des Frosches drücken, bis die Stange sich von der Saite abzuheben beginnt. Befindet sich der Bogen nun in der normalen Spielposition, sollte es möglich sein, den Bogen ohne Zuhilfenahme des Daumens, des Zeige- oder des kleinen Fingers zu ziehen (s. Abb. 5c). Der Mittelfinger muss unter der Stange des Bogens bleiben. Falls der Bogen rutscht, müsste die Spitze nach oben in Richtung auf das Gesicht des Spielers fliegen.

3. Die übrigen Finger sanft auf den Bogen legen, so dass die Hand eine runde, entspannte Form annimmt. Jetzt sollte es möglich sein, alle einfachen Bewegungen des Handgelenks und des Unterarms

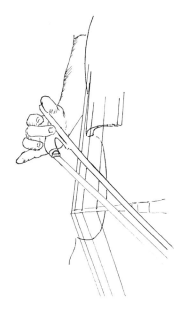

Abb. 5b: Unterstützung des Armgewichts durch den Mittelfinger

Fig. 5b: Supporting the weight of the arm with the second finger

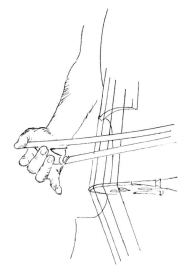

Abb. 5c: Heben der Stange von der Saite durch den Ringfinger

Fig. 5c: Lifting the stick away from the string with the third finger

(s. Abschnitte 3.3 und 3.4) in beiden Richtungen auszuführen.

5.3 Tonbildung

Die Tonqualität ist eine Funktion von Tonhöhe (Saitenlänge), Kontaktstelle (Anteil der Saitenlänge zwischen Bogen und Steg), Bogengeschwindigkeit und Gewicht. Alle vier Elemente müssen aufeinander abgestimmt sein, um bei einer vorgegebenen Tonhöhe, Klangfarbe und Lautstärke den maximalen äußeren Widerstand zu erzeugen (s. Abschnitt 2.4). Dieser dient als direkter Indikator der effizienten Tonerzeugung und kann vom Spieler sofort gespürt und kontrolliert werden. Erschwerend kommt in der Praxis hinzu, dass bei einer Veränderung eines der vier Elemente sich ungewollt auch die anderen drei verändern. Bei zwei verschiedenen Tonhöhen gibt es beispielsweise eine automatische Veränderung des Verhältnisses einer Kontaktstelle zur Klangfarbe, da der Bogen nun trotz gleichen Abstandes vom Steg einen anderen Prozentsatz der Saitenlänge hinter sich haben wird. Die Eigenschaften jeder einzelnen Funktion müssen daher individuell verstanden werden, bevor sie effektiv zur Erzeugung einer reichhaltigen Tonpalette genutzt werden können. Als Faustregel gilt: die optimale Tonfarbe immer mit dem geringsten Gewicht, langsamsten Bogen und dem kleinsten Abstand zum Steg suchen. Dann nach und nach die Bogengeschwindigkeit erhöhen, den Abstand zum Steg und

supporting both the bow and the weight of the arm (see fig.5b).

2. Press the third finger onto the crook of the frog until the stick of the bow begins to lift up away from the string. With the bow in a normal playing position, it should now be possible to draw the bow without the use of the thumb, first or fourth finger (see fig. 5c). The second finger is to remain underneath the stick. In the event that the bow slips, the tip of the bow should fly upwards towards the face of the player.

3. Gently place the remaining fingers on the bow, allowing the hand to assume a rounded and relaxed shape. It should be possible to execute all of the simple motions of the wrist and lower arm (see Sections 3.3 and 3.4) in both directions.

5.3 Tone Production

The tone quality is a function of pitch (string length), register (percent of string length between bow and bridge), bow speed and weight. All four must conform to one another so as to result, for a given pitch, color and volume, in the maximum external resistance (see Section 2.4), a feature which serves as a direct indicator of the efficiency of sound production and one which can be readily perceived and controlled by the player. Much confusion can arise however from the fact that, in practice, changing any one of the four often unintentionally alters the other three; a change in pitch, for example, produces an automatic change in register if the bow remains the same distance away

– falls nötig – das Gewicht vergrößern, bis der gewünschte Klang erreicht ist.

Allgemein gilt, zuviel Gewicht, zu geringe Bogengeschwindigkeit und/oder zu großer Abstand vom Steg führen zu einem „forcierten" Ton, bei dem die Lautstärke der Grundfrequenz der Obertonreihe unterdrückt wird. Die geraden Obertöne werden gedämpft, so dass der falsche Eindruck einsteht, dass der Ton eine Oktave höher gespielt wird. Da die Notwendigkeit, den Kontrabass so groß zu bauen, in erster Linie darin besteht, die tiefen Grundtöne zu erzeugen, ist es um so unsinniger, ausgerechnet die tiefsten Bestandteile aus dem Klang zu eliminieren. Andererseits führen zu geringes Gewicht, zu hohe Bogengeschwindigkeit und/oder zu geringer Abstand vom Steg zu einem „ponticello"-Klang. Verglichen mit einem forcierten Klang wird ersterer oft als das größere Übel angesehen. Doch bei der Suche nach der bestmöglichen Tonqualität sind es gerade der Beginn mit einem „ponticello"-Klang und das langsame, millimeterweise Entfernen vom Steg, die dabei helfen, genau den Punkt zu finden, an dem die tiefste Grundfrequenz „einsetzt". (Aber natürlich kann das auch durch Erhöhung des Gewichts bzw. durch Verlangsamung des Bogens erreicht werden.)

Wenn man sich vorstellt, dass der Bassklang von einem Oboisten und einem Bassklarinettisten erzeugt wird, die in Oktaven spielen, kann die o.g. Methode leicht dazu verwendet werden, den Klang des „Bassklarinettisten" so weit wie möglich zu vergrößern. (Der so erzeugte Klang, der sehr reich an harmonischen

from the bridge. The properties of each function must therefore be understood individually before they can be effectively used to produce a varied tonal palette. As a general rule, always seek the optimal tone color by beginning with the least weight, slowest bow and smallest distance from the bridge, gradually increasing the bow speed, backing away from the bridge and, only when necessary, adding more weight, until the desired sound has been reached.

As a general rule, too much weight, too slow a bow and/or playing too far from the bridge will result in a "forced" tone, in which the volume of the fundamental frequency of the harmonic series is stifled. The even-numbered overtones are also deadened, giving the false impression of a note one octave higher. Since the necessity of making the bass so large in the first place is to produce the low 16-foot fundamental tones, it makes even less sense to eliminate these deepest components from the sound! On the other hand, too little weight, too fast a bow and/or playing too close to the bridge will result in a "ponticello" sound. When compared with a forced sound, this is often viewed as the greater of two evils. Yet, when searching for the highest possible tone quality, it is precisely by beginning with a ponticello sound and slowly moving away from the bridge millimeter by millimeter, that the point where the lowest fundamental frequency "kicks in" can be accurately and reliably found. (Increasing weight or slowing the bow will, of course, also work.)

By imagining that the sound of the bass is produced by an oboist and a

Obertönen sein kann, ist allerdings nicht mit einer dunklen oder „sul tasto"-Klangfarbe zu verwechseln, bei der die höheren Obertöne abgeschwächt oder sogar ganz gestrichen werden.) Für jeden Ton, ob forte oder piano, dunkel oder hell, muss die Grundfrequenz immer so stark wie möglich sein; alles andere wäre nur ein forcierter Klang. Da die harmonischen Obertöne immer vorhanden sind (und zwar nicht nur bei leichter Berührung der Saite mit der linken Hand), ist es nicht nur möglich, den Klang des Kontrabasses als Oboen-Klarinetten-Duett zu hören, sondern mit ein wenig Übung kann auch jeder der vielen einzelnen Obertöne jedes Tons herausgehört werden. Wie Register einer Orgel können diese Tonhöhen der Obertonreihe klar unterschieden und gesteuert werden, so dass beispielsweise ein einzelner Ton wie ein Dominantseptakkord klingt.

Im folgenden Modell kann das Klangideal durch Bogeneinteilung so weit verändert werden, dass es den eingeschränkten Möglichkeiten eines Bogens mit begrenzter Länge gerecht wird.

1. Wählen sie eine kurze Passage. Entscheiden Sie sich nach der oben beschriebenen Methode für eine Kontaktstelle, die einen akzeptablen Klangfarbenbereich für alle vorhandenen Töne bietet. Achten Sie dabei zunächst auf die Töne, die die größte technische Herausforderung darstellen. Lange, laute, hohe Noten, beispielsweise, brauchen viel Bogen und sind, da die Länge des Strichs die Bogenlänge nicht überschreiten kann, auf relativ helle Tonfarben begrenzt (näher am

bass clarinetist playing in octaves, one can easily use the above method to augment the sound of the "bass clarinetist" as much as possible. (The resulting sound, which can also be very rich in harmonic overtones, is not to be confused with a dark or sul tasto tone color, in which the higher overtones are weakened or eliminated.) For any note, forte or piano, dark or bright, the fundamental frequency must always be as strong as possible; anything else constitutes a forced sound. Since the harmonic overtones are always present (and not just when lightly touching the string with the left hand) it is not only possible to hear the sound of the double bass as an oboe/clarinet duo, but, with a bit of training, each of the many individual overtones of any note can be singled out as well. Like stops on an organ, these pitches of the overtone series can be clearly distinguished and controlled, making a single note sound, for example, like a dominant seventh chord.

In the following model, this sound ideal can then be adjusted through bow distribution to conform to the restraints of a bow of limited length.

1. Select a short passage. Find a distance from the bridge, using the method described above, which provides an acceptable range of tonal colors for all the notes present, particularly those imposing the greatest technical limits on bowing. Long, loud, high notes, for example, require a great deal of bow and, since the length of the stroke cannot exceed the length of the bow, are restricted to relatively bright tone colors (closer to

Steg). Schnelle, leise, tiefe Noten benötigen anderseits so wenig Bogen, dass helle Klangfarben unter Umständen nicht mehr erzeugt werden können.

2. Wählen sie für jede Note die Bogengeschwindigkeit (s. Abschnitt 5.4, Bogengeschwindigkeit), die bei dem vorgegebenen Register die geeignete Lautstärke mit der deutlichsten Grundfrequenz ergibt und achten Sie auf die benötigte Bogenlänge. Das Bogengewicht, das senkrecht auf der Saite lastet, auf ein Minimum reduzieren (s. Bogenhaltung und Gewicht, Abschnitt 5.2), unterhalb dessen der Ton Ponticello-Charakter annehmen würde.

3. Die sich daraus für die gesamte Passage ergebende unterschiedliche Bogenmenge pro Note muss nun irgendwie übereinander „zusammengelegt" werden, indem man gut gewählte Striche verwendet, den Bogen je nach Bedarf „zurückholt" (s. Abschnitt 5.10, Zurückholen) und evtl. einige Kompromisse schließt, bis alles innerhalb einer Bogenlänge passt.

5.4 Bogengeschwindigkeit

Die Geschwindigkeit des Bogens als solche kann praktisch nicht geschätzt werden; man kann bestenfalls sagen, dass sie relativ zu dem einen oder dem anderen Ton ziemlich schnell oder etwas langsamer ist. Wird sie durch den zurückgelegten Weg (benötigter Bogen in cm) pro Zeiteinheit (Notenwert) ausgedrückt, kann sie mit größter Genauigkeit gemessen werden. Benötigt eine Note beispielsweise 33 cm des Bogens statt 32 cm bei vorgegebenem Tempo, so ist die Durchschnitts-

the bridge). Fast, quiet, low notes, on the other hand, need so little bow that brighter colors may become impractical.

2. Choose a bow speed for each note (see "Bow Speed" below) which, at the given register, produces the appropriate volume with the most pronounced fundamental frequency and take notice of the length of bow required. Reduce the bow weight being applied perpendicularly to the string to a minimum (see Bow Grip and Weight, Section 5.2), beyond which the tone would begin to acquire a ponticello character.

3. The resulting series of various lengths of bow per note for the entire passage must now some how be "folded up" upon itself using well-chosen bowings, "re-takes" (see Section 5.10) and possible compromises, until it can all be made to fit within the length of the bow.

5.4 Bow Speed

The speed of the moving bow is nearly impossible as such to estimate; one can at best say that it is rather fast or somewhat slower when compared with other notes. If, however, it is expressed in terms of distance traveled (centimeters of bow used) per unit time (note value), it becomes possible to measure it with great accuracy. For example, a note requiring 33 cm of bow instead of 32 at a given tempo will have an average bow speed that is 3% faster. In this way, the precise bow speed can be controlled though the purposeful use of bow distribution.

geschwindigkeit des Bogens um 3 % höher. Auf diese Weise kann die Bogengeschwindigkeit durch den bewussten Einsatz der Bogenverteilung beeinflusst werden. Ein anderes wichtiges Mittel, die Bogengeschwindigkeit auszudrücken, ist das „Zupfen der Saite" pro Wegeinheit (s. Abschnitt 5.1, Physikalische Eigenschaften der gestrichenen Saite) bzw. die relative Bogengeschwindigkeit. Wird die Saite zum Beispiel 10mal pro Zentimeter, die der Bogen über sie streicht, „gezupft", dann wird auch die um eine Oktave höhere Note 10mal pro Zentimeter „gezupft" , wenn sie in demselben Register, aber mit doppelt so viel Bogen gespielt wird. Die Tatsache, dass beide Töne dieselbe relative Bogengeschwindigkeit haben, äußert sich nicht nur in ihrer Lautstärke, sondern auch in einer noch wichtigeren Größe, nämlich in dem ähnlichen Widerstand, den sie der Bewegung des Bogens entgegensetzen.

Um eine größere Lautstärke zu erreichen, sind eine schnellere Bogengeschwindigkeit und mehr Gewicht erforderlich, um ein Rutschen zwischen Bogen und Saiten zu vermeiden. Höhere Tonhöhen und dunklere Klangfarben erfordern ebenfalls einen schnelleren Bogenstrich, um die relative Bogengeschwindigkeit konstant zu halten. Dies ist die Folge des schnelleren und größeren Ausschlags der Saite zwischen dem „Zupfen". Obwohl der Spieler das Klangideal einer vorgegebenen Musikpassage bestimmt, ist es das jeweilige Instrument, das die Bogengeschwindigkeit bestimmt, und nicht der Spieler. Als Folge von Bogengeschwindigkeiten, die sich leicht spielen lassen,

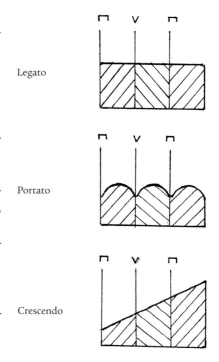

Abb. 5d–f: Lautstärkeprofile von Bogenwechseln

Figs. 5d–f: Volume profiles of bow changes

Another important means of expressing bow speed is in terms of "plucks of the string" per unit distance, or relative bow speed. If, for example, the string is "plucked" 10 times every time one centimeter of bow passes over it, then the note one octave higher, when played at the same register but with twice as much bow, will also have 10 "plucks" per centimeter. That both notes have the same relative bow speed is not only evident in their volume but, more importantly, in their similar resistance to the motion of the bow.

An increase in volume requires both a faster bow speed and more weight in order to prevent slipping between the bow and the string. Higher pitches and darker

aber nicht der Geschwindigkeit entsprechen, mit der sich die Saite zwischen dem „Zupfen" entlang der Bogenhaare bewegt, ergibt sich ein substanzloser Klang mit unbeholfener Artikulation und unzureichender Tragfähigkeit.

5.5 Bogenwechsel

Die beiden Zustände einer gestrichenen Saite beim Ab- und Aufstrich sind nicht äquivalent. Während eines Abstrichs bewegt sich eine Diskontinuität in der Saite in einem elliptischen Weg im Uhrzeigersinn – bei einem Aufstrich erfolgt eine Richtungsänderung gegen den Uhrzeigersinn (s. Abschnitt 5.2). Dies widerspricht dem intuitiven Eindruck, dass der optimale Bogenwechsel derjenige wäre, bei dem der Bogen die Saite so wenig wie möglich „stört" – nämlich im Augenblick der Richtungsänderung. Es ist eher so, dass der Bogen die Saite selbst zur Richtungsänderung veranlassen muss, was eine zusätzliche Energiezufuhr erfordert.

Intuitiv würde man auch annehmen, dass ein unhörbarer Bogenwechsel in einer Legato-Passage in einem kantablen romantischen Stil eine sehr glatte und „runde" Bewegung erfordern würde. Nötig ist jedoch eine abrupte Richtungsänderung mit einer plötzlichen Verzögerung und Beschleunigung. Wie etwa eine Straße mit glattem, runden Kopfsteinpflaster einen unmissverständlichen „non-legato"-Effekt auf die Autos hat, die auf ihr fahren, so erreicht eine Passage nur dann einen Legato-Effekt, wenn die

tone colors also require a faster bow stroke in order to maintain a constant relative bow speed; this is due to the faster and wider vibrations of the string between "plucks". Although the player determines the sound ideal for a given musical passage, it is the individual instrument and not the player which determines the bow speed. The consequences of choosing bow speeds which are convenient to play but do not correspond to the speed that the vibrating string advances along the bow hairs between "plucks" (see Physics of the Bowed String, Section 5.1) are an unfocused sound, clumsy articulation and poor projection.

5.5 Bow Changes

The two states of a bowed string for an up and down bow are not equivalent; during a down bow a discontinuity in the string moves in a clockwise elliptical path, changing to a counter-clockwise one for an up bow (see Section 5.2). This flies in the face of the intuitive impression that the perfect bow change would be the one where the bow "disturbs" the string as little as possible at the moment that it changes direction. In fact, the bow must compel the motion of the string itself to change direction, something which requires an extra input of energy.

Intuition would also seem to suggest that an inaudible bow change in a legato passage being played in a non-articulated romantic style would require a very smooth and "round" motion, but, in fact, what is required is an abrupt change of

65

einzelnen Töne, aus denen sie besteht, ein winkliges Profil haben, wie etwa rechtwinklige Backsteine, die eine wirklich glatte Oberfläche ergeben (s. Abb. 5d,e). Entsprechend müssen auch Crescendi in Legato-Passagen aus einer Reihe von Töne bestehen, bei denen der Beginn einer Note genauso laut ist, wie das Ende der vorherigen (s. Abb. 5f).

Ein Legato-Bogenwechsel kann daher mit der schnellen Verzögerung und Beschleunigung eines zurückprallenden Balles verglichen werden. Das wichtige Charakteristikum dieser Analogie ist, dass der Ball nicht langsamer wird, bis er die Oberfläche berührt und dann mit derselben Geschwindigkeit wieder hochspringt. Auf diese Weise kann ein kleiner Gegenstand mit wenig Schwungkraft, wie etwa ein Tischtennisball, schon durch eine sehr kleine Muskelbewegung zur Änderung seiner Richtung gezwungen werden. Hat der Gegenstand ein großes Trägheitsmoment, wie etwa ein rollendes Klavier, muss man sich den Gegenkräften mit Rücken-, Schulter- und sogar Beinmuskeln entgegenstemmen. Außerdem werden schnelle Bewegungen mit kleineren Muskeln, wie etwa Klopfen oder Schlagen, völlig nutzlos. Gleichermaßen muss der Impuls zum Bogenwechsel aus den kräftigeren Rücken- und Schultermuskeln (Bewegung des Schultergürtels) erfolgen, um den beachtlichen Widerstand der Saite zu überwinden. Eine vollständige Beschreibung der beteiligten Bewegungen findet sich im Abschnitt Komplexe Bewegungen (s. Abschnitt 4.1, Bewegung des Schultergürtels und Oberarms).

direction with a sudden deceleration and acceleration. Just as a road paved with smooth, round cobblestones has an unmistakable "non-legato" effect on the cars driving over it, so does the effect of a passage become legato only when it consists of individual notes having profiles which are as angular as the rectangular bricks forming a truly smooth surface (see figs. 5d,e). Accordingly, crescendos in legato passages must also consist of a series of notes where the beginning of one note is exactly as loud as the end of the previous note (see fig. 5f).

A legato bow change can thus be compared to the sudden deceleration and acceleration of a bouncing ball. The crucial feature of this analogy is that the ball does not slow down until it touches the surface, and then returns at the same speed as its arrival. Forcing an object with little momentum, such as a ping-pong ball, to change direction in this manner requires only a flick of the smallest muscle. If, on the other hand, the object has a large inertial moment, such as a rolling piano, then one must brace the opposing force with the back, shoulder and even leg muscles; furthermore, quick motions with smaller muscles, such as slapping or hitting, become utterly ineffective. Similarly, in order to overcome the considerable resistance of the string, the impulse for the bow change must originate in the more powerful back and shoulder muscles (pectoral girdle motion). A complete description of the motions involved is presented in detail under the heading of the Complex Motions (see Pectoral Girdle/ Upper Arm Motion, Section 4.1).

5.6 Saitenwechsel und Doppelgriffe

Die für den Saitenwechsel notwendige Kontrolle des Bogenwinkels erfordert eine Koordination, für die man nicht nur die sieben Winkel für die vier Saiten und die drei Doppelgriffe lernen muss, sondern auch die feinen Variationen innerhalb dieser sieben Winkel. Im folgenden Beispiel verwenden Sie die laterale Handgelenk-Bewegung (s. Abschnitt 3.4), gesteuert lediglich mit Hilfe des Tastsinnes.

5.6 String Changes and Double Stops

The coordination necessary to control the bow angle for string changes involves learning not only the seven angles required by the four single strings and three double stops, but also the fine variations within these seven angles. Employ the lateral wrist motion (see Section 3.4) in the example below, guiding its movement using tactile orientation alone.

Variationen des Bogenwinkels innerhalb eines Doppelgriffes:
Variations of bow angle within a double stop:

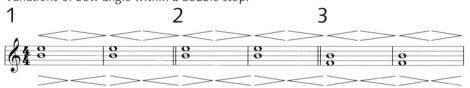

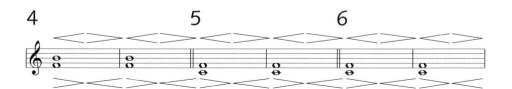

Variationen des Bogenwinkels auf einer einzelnen Saite (ohne hörbare Veränderungen
Variations of bow angle on a single string (without any audible change):

67

Variationen des Bogenwinkels auf einer einzelnen Saite (mit hörbaren Veränderungen):
Variations of bow angle on a single string (with audible schanges):

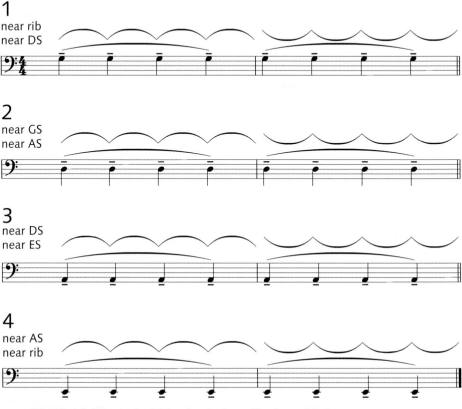

near GS, DS, AS, ES = in der Nähe der G-, bzw. D-, A- und E-Saite
near rib = in der Nähe des Instrument-Bodens

Bei allen Saitenwechseln erfolgt das Schwingen der Bogenhand auf elliptischem Weg in Richtung der nächsten Saite immer direkt vor dem Anfang des neuen Tons, unabhängig davon, ob ein Bogenwechsel erfolgt oder nicht. Da diese Bewegungen keinen Einfluss auf den Beginn des nächsten Tons nehmen dürfen, sollten sie unbedingt als Bestandteil der dem Saitenwechsel vorausgehenden

In all string changes, the swinging of the bow hand into an elliptical path towards the next string always occurs directly before the new note begins, whether a bow change occurs or not. Since it is undesirable for these motions to interfere in any way with the beginning of the new note, they should be considered an integral part of the note preccding the string change. If the two

Note betrachtet werden. Wenn die beiden Töne auf benachbarten Saiten liegen, dann berührt der Bogen genau in dem Moment, in dem der neue Ton beginnt, beide Saiten (s. Abb. 5h). Im folgenden Beispiel wird dieser sanfte Übergang zwischen den Saiten durch die Einführung immer kürzer werdender Doppelgriff-Auftakte simuliert.

notes are on neighboring strings, then at precisely the moment that the new note begins, the bow will be touching both strings (see fig. 5h). In the example below, this smooth transition between strings is simulated by the introduction of vanishingly small double-stop pickups.

Die komplexe Bewegung beim Wechseln mehrerer Saiten kann so auf die „Blütenblatt"-Schemen in Abb. 5g reduziert werden. Auch diese Bewegungen sollten zunächst lautlos und ohne Bogen, später mit leicht über die Saiten gleitendem Bogen geübt werden.

Den Bogen anzusehen, um beide Töne eines Doppelgriffes gleichzeitig zu beginnen und sie in der gewünschten Lautstärke zu halten, ist ein viel zu ungenaues Hilfsmittel, um den

The complex motion of crossing over several strings can, thus, be reduced to the pedal-like patterns illustrated in fig.5g. These should also be practiced silently, at first, without the bow, later while holding it and allowing it to slip weightlessly over the strings.

Looking at the bow in order to start both notes of a double stop together and to sustain them at

Fig. 5g: Patterns of multiple string crossings across all four strings (dotted lines indicate those angles where the bow touches two strings)

Abb. 5g: Bewegungsmuster der Saitenwechsel über alle vier Saiten (punktierte Linien zeigen die Winkel an, bei denen der Bogen zwei Saiten berührt)

69

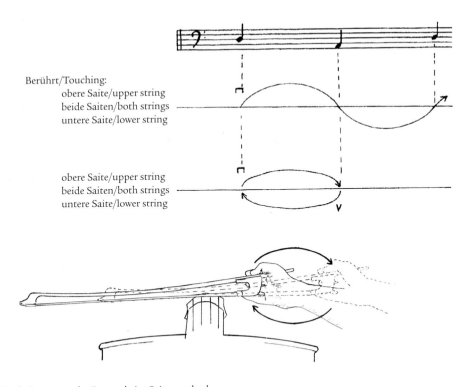

Berührt/Touching:
  obere Saite/upper string
  beide Saiten/both strings
  untere Saite/lower string

  obere Saite/upper string
  beide Saiten/both strings
  untere Saite/lower string

Abb. 5h: Bewegung des Bogens beim Saitenwechsel

Fig. 5h: Motion of the bow during string changes

Bogenwinkel zu kontrollieren. Andererseits ist es wichtig, zu wissen, ob der Bogen beide Saiten berührt, bevor er gezogen wird. Nur der extrem empfindliche Tastsinn kann hier als zuverlässiger Anhaltspunkt dienen. Mit dem vollen Gewicht des entspannten Bogenarms anfangen, den Bogen auf zwei Saiten vor- und zurückzuschaukeln, ohne hinzusehen, bis Sie glauben, dass der Bogen auf beiden Saiten aufliegt. Anfangen, den Bogen zu ziehen und darauf achten, dass beide Töne beim Beginn des Strichs gleichermaßen gut ansprechen. Allmählich das Bogengewicht reduzieren, bis der Doppelgriff **ppp** ist und akzentfrei

the desired volume is far too inaccurate a means of controlling the bow angle. On the other hand, it is critical to know before the bow is drawn if it is touching both strings; only the extremely sensitive tactile sense of orientation is reliable enough to serve as a guide. Using the full weight of a relaxed bow arm, rock back and forth between two strings without looking, until you believe the bow to be resting on both. Begin to draw the bow, noting if both notes speak equally well at the very beginning of the stroke. Gradually reduce the bow weight until the double stop is **ppp** and begins without an accent. When the weight is correctly

beginnt. Wenn das Gewicht korrekt auf die Saiten verteilt ist, ist es nicht länger nötig, sich darauf zu konzentrieren, die beiden Töne gleichzeitig zu spielen, etwa so wie z.B. ein Pferd, das zwei hintereinander gehängte Wagen zieht und nur den vorderen zu ziehen braucht, um beide in eine Bewegung mit gleicher Geschwindigkeit zu versetzen. Um die notwendigen Fähigkeiten schnell zu erlernen, sollte den folgenden Beispiel mit der in Abschnitt 12.4 beschriebenen Technik zum Eliminieren nicht zufälliger Fehler und mit der in Abschnitt 10.3, Gehörbildung und Ausbildung der Tastsinnes, erläuterten „stop-and-go"-Technik geübt werden.

Mit dieser Technik die folgenden Figuren üben. Die Übungen auf allen Saiten und eine Oktave höher wiederholen.

distributed between the strings, it will no longer be necessary to concentrate on playing "two notes simultaneously", just as a horse pulling on two carts connected in a row only needs to pull upon the first to cause both to move at the same speed. In order to quickly develop the necessary skills, the following example should be practiced using the technique described in Section 12.4 for eliminating non-random mistakes along with the stop and go technique described under Ear and Tactile Training in Section 10.3.

Use this technique to practice the following patterns. Repeat on all strings and one octave higher.

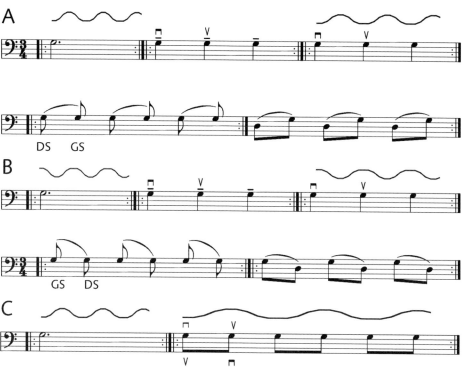

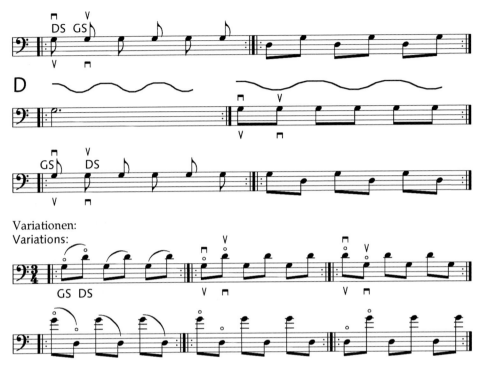

Variationen:
Variations:

Das im nachstehenden Beispiel angewandte Prinzip, ein Ziel von allen möglichen Seiten anzugehen, d. h. das entsprechende Intervall dadurch spielen und hören zu lernen, dass man sich ihm abwechselnd von zu kleinen und zu großen Intervallen aus nähert, wird in Abschnitt 12.3 unter Übungsprinzipien beschrieben und sollte auch bei anderen Intervallen als der Oktave und in anderen Registern des Instruments angewandt werden. Bei dieser Übung die Saiten zunächst tiefer stimmen, um das Gewebe an der Daumenseite zu schonen. Diese Übung sollte zu Beginn sehr langsam mit der in Abschnitt 10.3 Intonation, Gehörbildung und Tasttraining beschriebenen Technik durchgeführt werden.

The principle employed in the next example, of approaching a goal from all possible sides (that is, learning to play and hear the proper interval by approaching it alternately from intervals which are too small and then too large), is described in Section 12.3 under Practice Principles and should also be applied to intervals other than octaves and in other registers of the instrument. When first attempting this exercise, the strings should be tuned lower to help prevent damage to the tissues on the side of the thumb. It should be practiced very slowly at first using the ear training and tactile training techniques described under Intonation in Section 10.3.

Da es unmöglich ist, jede Note eines Doppelgriffes in unterschiedlichem Abstand vom Steg und mit unterschiedlicher Bogengeschwindigkeit zu streichen, kann man nicht darauf hoffen, die optimalen physikalischen Bedingungen (s. Abschnitt 5.1, Physikalische Eigenschaften der gestrichenen Saite) zu erfüllen, die für beide Tonhöhen zur gleichen Zeit notwendig sind. Im Allgemeinen sollte eine Bogengeschwindigkeit gewählt werden, die eher der tieferen Tonhöhe gerecht wird, d. h. für die höhere etwas zu niedrig ist, und das Gewicht sollte zwischen beiden Tönen verteilt werden, um eine eventuelle Einseitigkeit des Klangs auszugleichen.

Jede Stimme in einer Kontrapunkt-Passage muss das gleiche Maß Klangqualität und Klarheit der Linie besitzen. Zunächst die einzelnen Stimmen getrennt üben

Since it is impossible to bow each note of a double stop at a different distance from the bridge or with a different bow speed, one cannot hope to fulfill the optimal physical conditions (see Physics of the Bowed String, Section 5.1) required by both pitches at the same time. In general, a bow speed should be chosen which best suits the lower pitch (meaning that it will be somewhat too slow for the upper one) and the weight redistributed between the two notes to help compensate for any unevenness in the sound.

Each voice in a contrapuntal passage must possess the same high quality of sound and clarity of line. Begin by practicing the individual voices separately, first creating a sound model using any fingerings at all, and then trying to duplicate it with the fingerings imposed by the double stops. Repeat for each of the other voices

und mit beliebigen Fingersätzen ein Klangmodell erzeugen. Dann versuchen, das Modell mit den für die Doppelgriffe vorgeschriebenen Fingersätze zu spielen. Dies bei allen anderen Stimmen wiederholen und erst dann versuchen, sie miteinander zu kombinieren.

In Legato-Passagen, in denen es unmöglich ist, die Finger für aufeinanderfolgende Doppelgriffe zu wechseln, ohne die Linie zu unterbrechen, darauf achten, dass wenigstens einer der beiden Töne während des Fingerwechsels gehalten wird. Bei schneller, eleganter Ausführung erzeugt dies die Illusion einer Legato-Phrasierung beider Stimmen.

5.7 Klangfarbe

Die einzelnen Klangfarben entstehen durch Kontaktstellen- und Gewichtsveränderungen. Wird der Bogen zum Steg hin- und von ihm wegbewegt, entsteht durch die Veränderung der Intensität der Obertöne eine Vielzahl von helleren und dunkleren Klangfarben. Gewichtsveränderungen verändern den Klang zwischen Ponticello und einem forcierten Ton, indem die Stärke des Fundamentaltones reduziert wird (im ersten Fall liegt der Grund dafür im Rutschen des Bogens und der Saite; im letzten in der Behinderung der langsamen Vibrationen der Saite). Die forcierte Tonqualität wird häufig mit einer „hellen" verwechselt, da die Dämpfung des Fundamentaltones dazu führt, dass die Obertöne einen größeren Anteil am Gesamtklang haben. Das Ergebnis ist jedoch nasal und tragunfähig.

before attempting to combine them together.

In legato passages where it is impossible to finger consecutive double stops without interrupting the line, check to see if at least one of the two notes can be sustained during the finger change. When performed quickly and gracefully, this will create the illusion of legato phrasing for both voices.

5.7 Tone Color

The various tone colors are produced through changes in register and weight. Moving the bow towards and away from the bridge produces a range of brighter and darker colors by altering the intensity of the overtones. Changes in weight, on the other hand, vary the sound between ponticello and a "forced" tone by reducing the strength of the fundamental pitch (in the former case due to slippage between the bow and the string and in the latter due to the inhibition of the slower vibrations of the string). The "forced" tone quality is often mistaken for a "bright" one because the dampening of the fundamental allows the overtones to contribute a higher percentage of the overall sound; however, the effect is nasal and projects poorly (see Section 5.3, Tone Production). Since it is not the entire weight on the string which dampens the fundamental, but only that portion which is directed towards the string at a 90° angle, a bow grip which directs the weight along the length of the string (see Bow Grip and Weight, Section 5.2) minimizes this problem while taking

Da nicht das ganze Gewicht auf der Saite den Fundamentalton dämpft, sondern lediglich der Teil, der in einem 90°-Winkel auf die Saite trifft, wird durch eine Bogenhaltung, die ein Teil des Gewichts parallel zur Länge der Saite verlagert, (s. Abschnitt 5.2, Bogenhaltung und Gewicht) das Problem auf ein Minimum reduziert. Darüber hinaus wird es möglich, von dem größeren Widerstand der Saite zu profitieren.

Ein dunkler Ton erfordert weniger Gewicht als ein hellerer. Falls zu viel Gewicht aufgebracht wird und der daraus resultierende forcierte Klang mit einem „helleren" verwechselt wird, zieht man automatisch den Bogen weiter vom Steg weg, um einen „dunkleren" Ton zu finden. Aber da ein größerer Abstand vom Steg sogar noch weniger Gewicht erfordert, wird der Ton statt dunkler nur noch forcierter. Dieser Teufelskreis ist der Hauptgrund dafür, dass die Tonqualität in den höheren Registern häufig unbefriedigend ist.

5.8 Dynamik

Die Begriffe forte und piano beinhalten eine Reihe von Interpretationen, die entsprechend ihrem musikalischen Zusammenhang, ihrem Komponisten, dem Stil des Stückes usw. variieren. Viele Komponisten überschreiten nur äußerst selten *ff* oder *pp*, während andere – wie etwa Verdi – bis zu *fffff* und *ppppppp* schrieben! Dennoch ist es für Musiker unerlässlich, in der Lage zu sein, Klang über ein weites Lautstärkenspektrum und eine Vielzahl von gut

advantage of a greater resistance with the string.

A darker tone requires less weight than a brighter one. In the event that too much weight is used and the resulting forced sound is mistaken for a "bright" one, the natural tendency is to move the bow farther away from the bridge in an attempt to find a "darker" tone. But, in fact, at greater distances from the bridge, even less weight is needed, and rather than becoming darker, the tone merely becomes more forced. This vicious cycle is the primary reason that the tone quality in the upper registers so often is unsatisfactory.

5.8 Dynamics

The terms forte and piano are open to a number of interpretations which vary according to their musical context, composer, style of the piece, etc. Some composers rarely exceeded *ff* or *pp* while others (Verdi, for example) wrote up to *fffff* and down to *ppppppp*! All this notwithstanding, it is an inescapable and indispensable technical requirement of all musicians to be able to produce sound over a wide range of volume and at a variety of readily distinguishable dynamic levels. The qualities of being distinct and readily recognizable are to a much greater extent dependent on the ability of the individual dynamic levels to stay within their own boundaries as on their absolute loudness. If it is then agreed that there is a musical advantage to being able to play a passage at two distinctly different volumes, then it would follow that it would

unterscheidbaren dynamischen Stufen hervorzubringen. Deutlich differenzierbare Stufen hängen in weit größerem Maße von der Fähigkeit ab, die einzelnen dynamischen Ebenen innerhalb ihrer Grenzen zu halten, als von ihrer absoluten Lautstärke. Wenn man nun davon ausgeht, dass es musikalisch von Vorteil ist, eine bestimmte Passage in zwei unterschiedlichen Lautstärken spielen zu können, dann folgt daraus, dass es sogar noch besser wäre, in der Lage zu sein, eine Passage dreimal zu wiederholen – jedes Mal mit einer deutlich anderen Dynamik. Zwei technische Grenzen werden jedoch die Anzahl der möglichen dynamischen Ebenen einschränken. Die erste ist, dass ein Kontrabass üblicherweise Klänge von musikalischer Qualität in nur einem Bereich von ungefähr 30 db (Dezibel) hervorbringen kann; eine Spanne von 40 db (eine hundertfache Änderung der Lautstärke) kann meistens nur dadurch erreicht werden, wenn der Bereich bis ins kaum Hörbare ausgedehnt wird. Zweitens ist der Versuch, auch nur kurze Passagen so zu spielen, dass kein Ton um mehr als 5 db (fast eine zweifache Veränderung der Lautstärke) lauter ist als ein anderer, erstaunlich schwierig. Dies würde eine praktische Obergrenze von sechs unterschiedlichen und somit erkennbaren dynamischen Ebenen von 5db über einen 30db Umfang setzen, die hier der Einfachheit halber mit *pp*, *p*, *mp*, *mf*, *f* und *ff* notiert werden.

Durch die Verwendung der Aussteuerungsanzeige eines Tonband-/Minidiskgerätes oder Computers zur Überprüfung

be even better to have the ability to repeat a passage three times, each at a recognizably different dynamic. Eventually, two technical limits will restrict the number of possible dynamic levels. The first is that a double bass is generally capable of producing sounds of a musical quality only over a range of approximately 30db (decibels); a span of 40db (a one-hundredfold change in volume) is attainable principally by extending the range into the region of the barely audible. Secondly, attempting to play even short passages such that no note is more than 5 db (nearly a two-fold change in volume) louder than any other is surprisingly formidable. This would place a practical upper limit of six distinct and consistently recognizable dynamic levels (notated here for convenience *pp*, *p*, *mp*, *mf*, *f* and *ff*) of 5db each over a 30db range.

By using a VU meter from a tape/disc recorder or a computer, as a means of checking volume, it is possible to learn to control loudness as accurately and critically as one normally learns to control tempo, pitch and rhythm. Set the volume control of the microphone so that a note of "medium" loudness (*mf*) registers -5db. Practice a number of scales in different registers while trying to stay within a 10db range (from -10db to 0db). Also try recording a scale without looking at the meter, checking the loudness on the meter afterwards during the playback. Reset the volume control so that first forte, then piano registers -5db and repeat the exercise. Eventually try limiting each scale to a range of 5db. Also practice crescendos and diminuendos, determining in advance

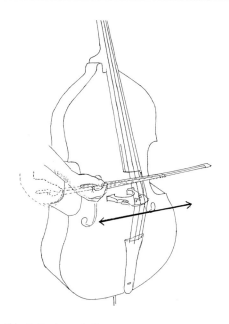

Abb. 5i: Horizontale Bewegung

Fig. 5i: Horizontal motion

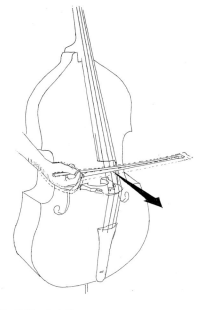

Abb. 5j: Vertikale Bewegung

Fig. 5j: Vertical motion

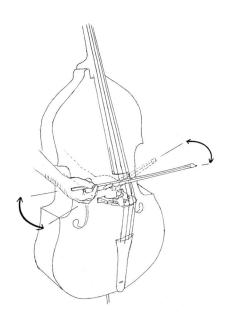

Abb. 5k: Änderung des Winkels

Fig.5k: Change of angle

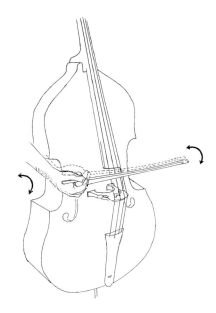

Abb. 5l: Kanten

Fig. 5l: Tilting

der Lautstärke kann man lernen, die Lautstärke so genau und kritisch zu kontrollieren, wie man normalerweise lernt, Tempo, Tonhöhe und Rhythmus zu kontrollieren. Lautstärkekontrolle des Mikrophons so einstellen, dass ein Ton „mittlerer" Lautstärke (*mf*) (mit -5 db angezeigt wird. Eine Reihe von Tonleitern in verschiedenen Registern durchspielen und dabei versuchen, in einem Bereich von 10 db (von -10 db bis 0 db) zu bleiben. Versuchen Sie ebenso, eine Tonleiter aufzunehmen, ohne auf die Austeuerungsanzeige zu schauen und erst anschließend beim Abspielen die Lautstärke zu überprüfen. Die Lautstärkekontrolle neu einstellen, so dass zunächst forte und dann piano mit -5 db angezeigt wird, und die Übung wiederholen. Versuchen Sie schließlich, jede Tonleiter auf einen Bereich von 5 db zu beschränken. Üben Sie auch Crescendi und Diminuendi und legen Sie vorher die genaue Anzahl der Noten innerhalb des 5 db-Bereichs jeder dynamischen Ebene fest (1. Note *pp,* 4. Note *p,* 7. Note *mp* usw.).

Die Dynamik, die durch den entspanntesten physikalischen Zustand hervorgerufen wird und dazu führt, dass sich das volle Gewicht des Bogenarms auf die Saite auswirkt, ergibt sich im Allgemeinen zwischen *f* und *ff*.

Während größere Lautstärken eine relativ mühelose Erhöhung der Bogengeschwindigkeit erfordern, benötigen die leiseren Töne eine größere, etwas anstrengendere Muskelunterstützung des Rückens und des Unterarms, um Gewicht vom Bogen zu nehmen (s. Abschnitt 1.1 und 1.2). Daher klingen Pianopassagen

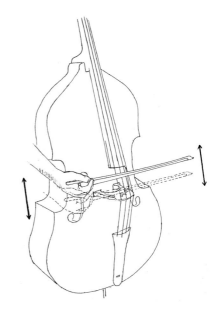

Abb. 5m: Änderung der Kontaktstelle

Fig. 5m: Change of register

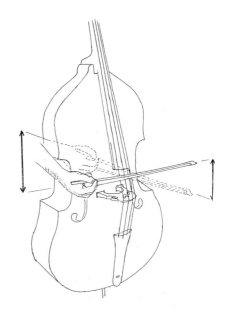

Abb. 5n: Neigen

Fig. 5n: Slanting

häufig ängstlich und unkontrolliert. Um dies zu verhindern, sollte man zunächst den Bogenarm auf ein sehr kleines Gewicht beschränken und nun versuchen, so laut wie möglich zu spielen. Es sollte sich so anhören, als würde jemand im Nebenraum (oder Nebengebäude) bei geschlossener Tür forte spielen. Versuchen Sie, auch bei geringstem Bogengewicht größtmöglichen Kontakt zur Saite zu halten.

5.9 Arten der Bogenbewegung

Der Bogen kann in sechs verschiedene Richtungen bewegt werden (s. Abb. 5i–n), von denen drei eine lineare Verschiebung entlang einer der drei Koordinatenachsen bewirken und die anderen drei eine rotierende Bewegung verursachen.

1. Horizontale Bewegung
Obwohl die Geschwindigkeit der horizontalen Bewegung während eines Auf- oder Abstrichs direkt mit der Lautstärke zusammenhängt, spielt die Beherrschung und Kontrolle ihrer Richtung eine ebenso wichtige Rolle bei der Tonbildung. Eine Möglichkeit, den Bogen trotz eines unkontrollierten Bogenstrichs gerade zu führen, besteht darin, den Bogen mit sehr viel Druck gegen die Saite zu pressen, so dass diese selbst den Bogen führt. Das Problem dieser „Lösung" besteht darin, dass das Gewicht ungleichmäßig und zu stark wird. Im folgenden Beispiel muss der

the precise number of notes within the 5db range of each dynamic level (1st note pp, 4th note p, 7th note mp, etc.)

The dynamics produced by the most relaxed physical state (resulting in the full weight of the bow arm coming to bear on the string) are typically from f to ff.

Although louder volumes require only a relatively effortless increase in bow speed, the quieter tones demand the somewhat more strenuous muscular support (see Sections 1.1 and 1.2) of the back and upper arm to remove weight from the bow. As a result, piano passages often sound timid and uncontrolled. One means of avoiding this is to begin by limiting the bow arm to an exceptionally small weight, and then to try playing as loudly as possible. The proper effect should be of someone playing forte in the next room (or building) with the door closed. Even with the minutest bow weight, seek to maintain the most contact with the string as possible.

5.9 Modes of Bow Motion

The bow may be moved in any of six different ways (see figs. 5i–n), half of which consist of a linear displacement along one of the three coordinate axes, and the other half, a rotational displacement.

1. Horizontal motion
Although the speed of the horizontal movement along the length of the bow (as during an up or down bow) is directly related

Bogen gerade geführt werden, ohne dass Gewicht als Führungshilfe benutzt wird. Alle als „silent" (lautlos) bezeichneten Takte sollen ohne jegliches Gewicht gespielt werden. Der Bogen sollte die Saite immer berühren, und das einzige Geräusch dabei sollte ein leise streifendes Geräusch der Bogenhaare über die Saiten sein. Bei den als forte markierten Takten sollte das volle Gewicht des Arms wieder aufgebracht werden, ohne dass dadurch die Bewegung des Bogens in irgendeiner Weise beeinträchtigt wird. Führen Sie diese Übung vor einem Spiegel durch und beobachten Sie den Weg des Bogens aus verschiedenen Blickwinkeln, um sicherzustellen, dass seine Bewegung gerade verläuft.

to the volume, the mastery and control of its direction plays an equally critical role in tone production. One means of steering the bow into a straight path, in spite of an uncontrolled bow stroke, is to use excessive pressure to hold the bow firmly against the string, thus forcing the string itself to act as a guide for the bow. The problem with this "solution" is that, as a result, the weight becomes unsteady and excessive. In the example below, the bow must be drawn in a straight path without the guiding benefit of weight; in fact, all of the bars indicated as silent are to be played with absolutely no weight at all. The bow should always remain in contact with the string, the only sound being the light wisp of the hairs brushing over the string. In the bars marked forte, the weight of the arm should be returned in full without affecting the motion of the bow in any way. Perform the exercise in front of a mirror, observing the path of the bow from several different angles to assure that it stays straight.

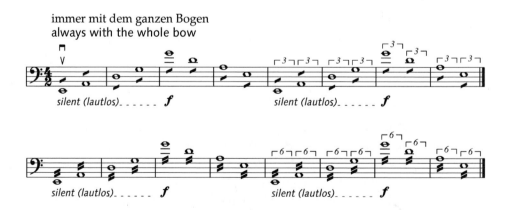

immer mit dem ganzen Bogen
always with the whole bow

2. Vertikale Bewegung

Diese Bewegung ist sowohl für Saite als auch Bogen senkrecht. Die Geschwindigkeit der Bewegung wird nicht nur durch die Geschicklichkeit des Spielers bestimmt, sondern auch durch die Eigenschaften des Bogens. Sie wird schneller, wenn entweder der Abstand vom Frosch oder das Gewicht vergrößert wird. Die exakte Stelle, an der der Bogen bei einem vorgegebenen Tempo „springen" will, kann gefunden werden, indem man den Bogen locker an verschiedenen Stellen auf die Saite fallen lässt.

3. Änderung des Winkels

Die Drehung des Bogens um die Achse der Saite tritt beim Saitenwechsel und bei verschiedenen gesprungenen Strichen auf, wie beispielsweise beim „Brush Stroke". Sie kann durch eine Kombination der Bewegungen des Ober- und Unterarms bzw. der laterale Bewegung des Handgelenks ausgeführt werden (s. Abschnitte 3.2–3.4, Einfache Bewegungen). Die Weckerübung und ihre Variationen, insbesondere Nr. 5 und 6, (s. Abschnitt 4.2, Oberarm/Unterarm-Bewegung) sind zur Vorbereitung dieser Bewegung besonders zu empfehlen. Ein schneller und wiederholter Wechsel des Bogenwinkels kann auch mit einer Veränderung der Kantung erreicht werden.

4. Kanten

Durch das Kanten des Bogens um seine Längsachse wird die Stange näher zur Saite gebracht bzw. von ihr entfernt. Diese Möglichkeit wird benutzt, um Änderungen der Klangfarbe zu erzielen und die

2. Vertical motion

This motion is perpendicular to both the string and the bow. Its speed is determined not only by the skill of the player but by inherent qualities of the bow as well, becoming faster with increases either in the distance from the frog or in the weight. The exact spot where the bow "wants" to spring for a given tempo can be found by allowing it to limply fall upon the string at various points along its length.

3. Change of angle

Pivoting the bow about the axis of the string occurs in string crossings and various "off the string" bowings such as the brush stroke. It can be executed with various combinations of all the upper and lower arm motions, as well as with the lateral wrist motion (see Simple Motions, Sections 3.2–3.4). The clock exercise and its variations, particularly numbers 5 and 6 (see Upper Arm/Lower Arm Motion, Section 4.2) are highly recommended in preparation for the execution of this motion. A fast and repeated change in the bow angle can also be produced with a modified tilting motion.

4. Tilting

Bringing the stick closer to and farther from the string by tilting the bow along its long axis is used to affect changes in tone color and to dampen the force of an accent produced by dropping the bow onto the string from the air.

Stärke eines Akzentes zu dämpfen, der durch das Fallenlassen des Bogens auf die Saite erzeugt wird.

5. Änderung der Kontaktstelle

Ein „Bogen-Lagenwechsel", d. h. eine Bewegung des Bogens parallel zur Saite bzw. vom Steg weg oder zu ihm hin, kann zwischen Tönen benutzt werden, um Veränderungen der Klangfarbe zu erzeugen. Innerhalb eines Tons müssen schrittweise Änderungen der Kontaktstelle vom *Neigen* des Bogens begleitet werden (s. u.).

6. Neigen

Das Neigen des Bogens im Verhältnis zum Boden durch Heben oder Senken der Spitze ist für den Registerwechsel erforderlich, während sich der Bogen waagerecht bewegt. Da die optimale Bewegungsrichtung immer senkrecht zur Saite und nicht notwendigerweise parallel zum Bogen ist, muss der Bogen so geneigt sein, dass der restliche Teil des Bogens schon im Voraus über der entsprechenden Kontaktstelle liegt, damit die Gesamtbewegung der Haare immer in einem 90°-Winkel zur Saite bleibt. Daher muss der Frosch bei einem Abstrich gehoben bzw. bei einem Aufstrich gesenkt werden, um die Kontaktstelle näher zum Steg zu bringen.

5.10 Stricharten

1. Detaché

Der Impuls für den Detaché-Strich kommt aus den kräftigen Rücken- und Schultermuskeln (Schultergürtelbewegung und

5. Change of register

Moving the bow in a direction parallel to the string, bringing it towards or away from the bridge (or "bow shift") can be employed between notes to affect changes in tonal color. Gradual register changes within a note must be accompanied by *slanting* (see below).

6. Slanting

Inclining the bow relative to the ground by raising or lowering the tip is necessary when changing registers while the bow is moving horizontally. Because the optimal direction of motion is always perpendicular to the string and not necessarily parallel to the bow, the slant of the bow must be such that the portions of the bow still to arrive are placed at the proper registration in advance, permitting the overall motion of the hairs to always remain at a 90° angle as they pass over the string. Thus, for a move towards the bridge during a down bow, the frog must be raised, and during an up bow, lowered.

5.10 Bowings

1. Detaché

The impulse for the detaché stroke originates in the powerful back (pectoral girdle motion) and shoulder muscles (upper arm transverse and lateral motion) in order to overcome the resistance of the string and provide a "flat" note profile (see Pectoral Girdle/Upper Arm Motion, Section 4.1). As this impulse travels down the arm, with each progressively smaller set of muscles supported by those directly

transversale und laterale Bewegung des Oberarms), um den Widerstand der Saite überwinden zu können und ein „flaches" Tonprofil zu erzeugen (s. Abschnitt 4.1, Schultergürtel/Oberarm). Wenn sich dieser Impuls durch den Arm fortsetzt, wird er durch die immer kleiner werdenden Muskelpaare, ähnlich einer Welle, die durch eine Peitsche läuft, komprimiert und wird schneller, ohne dabei an Stärke zu verlieren (s. Abb. 50). Beim Wechsel von Ab- zu Aufstrich, beispielsweise, wird der Schultergürtel zurückgezogen, dann wird der Oberarm nach rechts gezogen, der Unterarm wird gestreckt, und dann wird das Handgelenk gestreckt. Alle diese Bewegungen erfolgen vor dem Bogenwechsel. Auf diese Weise sind alle Muskelbewegungen abgeschlossen, wenn der neue Ton beginnt, und der Bogen wird nur durch die Kraft der größeren Muskeln, die sich trotz ihrer inhärenten Langsamkeit bereits in die entgegengesetzte Richtung bewegen, in die neue Richtung geführt. Wenn dieser Verlauf der Bewegung von der Schulter bis zum Arm flüssiger wird, sollte sie in ihrer Größe immer weiter reduziert werden, bis sie sehr feine Formen annimmt.

Das Timing der oben beschriebenen Bewegungen weicht stark von der traditionellen Methode, den Bogenwechsel durch eine passive Bewegung des Handgelenks zu „polstern", ab. Hier ist nämlich die Beugung des Handgelenks nicht in der Lage, ihre Richtung zu ändern, bevor die vorausgehende Verlangsamung des Bogens schon abgeschlossen ist. Als Folge davon haben die ersten Zentimeter der Bewegung der größeren Muskeln (falls überhaupt eingesetzt) keinen direkten Einfluss auf die

preceding them, the impulse is compressed in a manner similar to the wave traveling down the length of a whip and becomes faster without any loss of strength (see fig. 50). In changing from down to up bow, for example, the shoulder girdle is drawn backwards, then the upper arm is pulled to the right, the lower arm is extended and followed by the extension of the wrist, all of which precedes the bow change. Thus, at the instant that the new note begins, the motion of all the muscles is already completed and the strength of the larger muscles alone, which despite their inherent slowness are already moving in the opposite direction, guides the bow in the new direction. As this progression of motion from the shoulder down to the bow becomes more fluid, it should be continually reduced in size until it attains very subtle proportions.

The timing of the motions as described above strongly differs from the traditional use of a passive wrist motion to "cushion" the bow-change. Here, the curvature of the wrist is unable to change direction until the deceleration preceding the bow-change is already complete and, as a result, the first few centimeters of motion from the larger muscles, if they're used at all, instead of having a direct influence on the string, must first extend the wrist before the bow can begin moving.

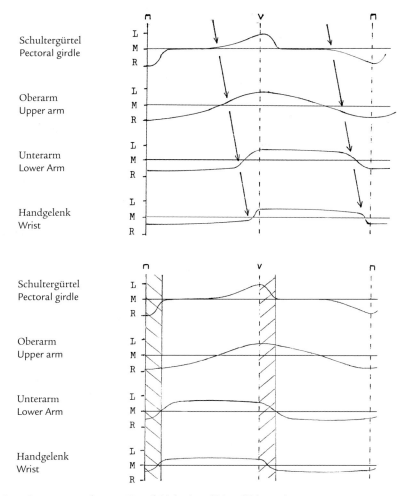

Abb. 5o, p: Bewegungsanalyse von Detaché (oben) und Martellé (unten)

L = nach links (bzw. vorne) gezogen oder gebeugt
M = Mitte (entspannter Zustand)
R = nach rechts (bzw. hinten) gezogen oder gebeugt

Pfeile zeigen die Ausbreitung des Detaché-Impulses vom Rücken zur Hand an. Die Synchronisation der Impulse, die den deutlich erkennbar „hämmernden" Klang des Martellé-Strichs ergibt, findet innerhalb der dunkleren Bereiche statt.

Figs. 5o, p: Motion analysis of the detaché (above) and martellé (below) strokes

L = pulled or bent towards the left (and front)
M = middle (relaxed state)
R = pulled or bent towards the right (and rear)

Arrows indicate the propagation of the detaché impulse from the back to the hand. The syncronization of impulses, which results in the distinctive „hammered" sound of the martellé stroke, occurs within the shaded areas.

Saite, sondern dienen zunächst dazu, das Handgelenk zu strecken, bevor der Bogen seine Bewegung beginnen kann.

2. Martellé

Im Gegensatz zu dem oben beschriebenen Detaché-Strich erlangt der Martellé-Strich seine hämmernde Eigenschaft durch ein plötzliches Zunehmen der Bogengeschwindigkeit nach jedem Bogenwechsel. Da die agileren Bewegungen des Unterarms (s. Abschnitt 4.2, Oberarm/Unterarm-Bewegung) und des Handgelenks (s. Abschnitt 4.4, Handgelenk und Finger) hier mit dem Bogenwechsel zusammentreffen, anstatt ihm vorauszugehen, unterstützen sie die langsameren, kräftigen Bewegungen des Rückens (s. Abb. 5p)

2. Martellé

In contrast to the above model of the detaché stroke, the martellé stroke acquires its hammered quality by a sudden increase in bow speed following each bow change. By coinciding with the bow change instead of preceding it, the more agile motions of the lower arm (see Upper Arm/Lower Arm Motion, Section 4.2) and wrist (as described in Section 4.4 under Wrist/Fingers Motion) supplement the slower, powerful motions of the back (see fig.5p), producing the characteristic martellé accent. The various combinations of these motions provide a wide variety of accented and hooked patterns; some of the more common ones are illustrated in the following example.

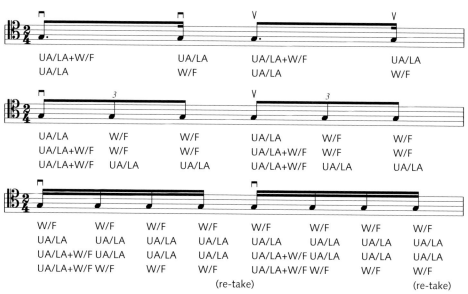

UA/LA = upper arm/lower arm (pivotal stroke) = Oberarm/Unterarm-Schaukelstrich
W/F = wrist/finger stroke = Handgelenk-/Fingerstrich

und erzeugen so den charakteristischen Martellé-Akzent. Die verschiedenen Kombinationen dieser Bewegungen erzeugen eine breite Palette akzentuierter und punktierter Figuren, von denen einige der geläufigeren auf der vorigen Seite gezeigt werden. Natürlich kann die Intensität jedes Akzents durch den verstärkten Einsatz der größeren Muskeln des Schultergürtels noch erhöht werden. Im Beispiel auf Seite 86 ist es erforderlich den Bogen „zurückzuholen" (s. Abschnitt 5.10), um ihn an seine Ausgangsposition zurückzubringen.

3. Staccato

Der Staccato-Strich kann entweder durch eine Folge von Martellé-ähnlichen Impulsen in eine Richtung, die durch Momente von Entspannung unterbrochen werden („Schreibmaschinenmodell"), oder durch eine Tremolobewegung des Unterarms zusammen mit einer nach links oder rechts fegenden Bewegung des Oberams erzeugt werden. Bei beiden Möglichkeiten kann die Bewegung entweder vom Handgelenk oder vom Ellbogen ausgehen. Sie sollte auch mit einer Detaché-Verbindung der Töne vor und nach dem Bogenwechsel geübt werden.

4. Portato

Die Pulsschläge des Portato-Strichs werden hauptsächlich durch Veränderungen des Bogengewichts anstatt der Bogengeschwindigkeit erzeugt. Die daraus entstehende Schwingungswelle in der Klangfarbe gibt dem Ton eine stimmenähnliche Eigenschaft, wodurch er sich besonders für Kantilenen eignet. Zusätzlich kann

Naturally, the intensity of each accent can be further augmented through the exaggerated use of the larger muscles of the pectoral girdle. In the last example, a "re-take" (see Section 5.10) is required to return the bow to its starting position.

3. Staccato

The staccato stroke can either be produced as a series of martellé-like impulses in one direction which are separated by brief moments of relaxation ("typewriter" model) or as a tremolo motion of the lower arm in combination with a sweeping motion to the left or right of the upper arm. Both models can be articulated from either the wrist or elbow. It should be also be practiced with a detaché connection to the notes preceding and following the bow change.

4. Portato

The pulses of the portato stroke are produced primarily through variations of bow weight instead of bow speed. The resulting undulations in tonal color impart a vocal quality to the sound, making it especially suitable for cantilena passages. Of course, the bow may additionally be slowed between notes to exaggerate their separation.

5. Spiccato

The spiccato stroke consists of a horizontal component (detaché stroke) in combination with a vertical motion, one whose timing is regulated by the inherent elastic qualities of the bow itself. It begins with the bow falling vertically onto the string. At the moment that the hairs

der Bogen zwischen den Tönen noch verlangsamt werden, um ihre Trennung zu verstärken.

5. Spiccato

Der Spiccato-Strich besteht aus einer horizontalen Komponente (Detaché-Strich) in Verbindung mit einer vertikalen Bewegung, deren Timing durch die inhärenten elastischen Eigenschaften des Bogens selbst geregelt wird. Sie beginnt damit, dass der Bogen senkrecht auf die Saite fällt. In dem Moment, in dem die Haare die Saite berühren, wird der Bogen durch die Oberarm- bzw. Unterarmmuskeln, die ihre Bewegung bereits beim Fallen des Bogens begonnen haben, horizontal gezogen, wodurch ein detaché-ähnlicher Strich erzeugt wird, bevor der Bogen durch die elastische Kraft zwischen sich und der Saite in die Luft zurückgeworfen wird. Danach fällt er senkrecht auf die Saite zurück, landet diesmal jedoch auf einem zweiten Berührungspunkt und wird von einem detaché-ähnlichen Strich in die entgegengesetzte Richtung geführt (s. Abb. 5q).

Der Einsatz des Spiccatos oder anderer „geworfenen" Striche schließt jedoch auf keinen Fall den Einsatz von Gewicht aus. In diesem Fall wird jedoch keine konstante Kraft auf die Saite ausgeübt, sondern das entspannte Gewicht des Arms wechselt zwischen dem „freien Fall" und dem elastischen Zurückspringen von der Saite. Die Saite trägt weiterhin das volle statische Gewicht des Bogenarms, so als ob er entspannt auf einem Trampolin auf- und abspringt.

touch the string, the bow is pulled horizontally by the muscles of either the upper and lower arm (which had already begun their motion as the bow was falling), producing a detaché-like stroke before being thrust back into the air by the elastic force between the bow and the string. It then falls vertically back to the string, but lands this time on a second contact point and is followed by a detaché-like stroke in the opposite direction (see fig. 5q).

The use of spiccato or, for that matter, any of the "off the string" bowings, doesn't preclude the use of weight in any way. In this case, however, rather than exerting a steady force on the string, the relaxed weight of the arm alternates between a "free-fall" and an elastic rebound from the string. When averaged over time, the string continues to support the full static weight of the bow arm, much as if it were a dead weight bouncing on a trampoline.

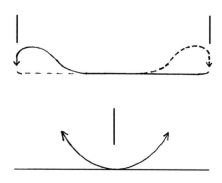

Abb. 5q, r: Zwei Berührungspunkte des Spiccato-Strichs (oben); der eine Berührungspunkt des Sautillé-Strichs (unten)

Figs. 5q, r: The two contact points of the spiccato stroke (above); the one contact point of sautillé (below)

6. Sautillé

Wie beim Spiccato hängt das Timing des Sautillé-Strichs vom Gewicht des Bogenarms und vom Berührungspunkt der Saite mit dem Bogen ab. Oberhalb eines bestimmten minimalen Tempos beginnt ein kurzer Detaché-Strich zu springen, wenn er mit einer leicht schaukelnden Bewegung kombiniert wird, die zu kleinen, schnellen Veränderungen des Bogenwinkels führt. Dieser Strich, der im Wesentlichen nur einen Berührungspunkt hat (s. Abb. 5r), wird durch die in Abschnitt 4.3 beschriebene Unterarm-Streckung und Rotation erzeugt.

7. „Brush Stroke"

Eine Reihe von Bogentechniken erfordern das Verändern des Bogenwinkels, wenn der Bogen keinen Kontakt mit der Saite hat. Einer der wichtigsten ist hierbei der „Brush Stroke" – eine im Englischen allgemein übliche Bezeichnung einer Strichart, für die es auf Deutsch keinen gleichbedeutenden Ausdruck gibt. Hierbei nähert sich der Bogen der Saite aus der Luft, als ob er vom Rand eines großen, sich drehenden Rades auf die Saite gesenkt würde (s. Abb. 5s).

Diese Annäherung hat, anders als beim Spiccato, sowohl eine senkrechte als auch eine waagerechte Komponente. Zusätzlich verändert sich der Winkel des Bogens während der Annäherung; während der Arm fällt, wird der Bogen aufwärts und von der Saite fortgezogen, wodurch sich eine „weiche Landung" ergibt. Das „Ausrollen" entlang der Saite ähnelt einem normalen Detaché-Strich. Schließlich nimmt der Bogen seine Kreisbewegung

6. Sautillé

As in spiccato, the timing of the sautillé stroke is dependent on bow arm weight and the point of contact with the string along the length of the bow. Above a certain minimal tempo, a short detaché stroke will begin to spring, when in combination with a slight rocking motion which produces small and rapid changes in the bow angle. This stroke, which has essentially only one contact point (see fig. 5r), is produced by the lower arm/wrist motion and is described in detail in Section 4.3.

7. Brush Stroke

A number of bow techniques require changing the angle of the bow while it is not in contact with the string; one of the most important of these is the brush stroke. Here, the bow approaches the string from the air as if it were being lowered onto the string from the rim of a large rotating wheel (see fig. 5s). The approach, in contrast to spiccato, has both a vertical and horizontal component. In addition, the bow angle changes during the approach, pulling the bow upwards and away from the string as the arm drops, resulting in a "soft landing". "Taxi-ing" along the string resembles a normal detaché stroke. Finally, the bow resumes its circular path, with the "take off" being initiated by a change in the bow angle (and not a vertical motion). It is important that the horizontal motion doesn't cease after the "take off" and before the next "landing", and that the distance between the bowhair and the string remains small. The motion can be carried out by the muscles

wieder auf, wobei der „Abflug" durch eine Veränderung des Bogenwinkels (und nicht eine senkrechte Bewegung) eingeleitet wird. Dabei ist es wichtig, dass die horizontale Bewegung nach dem „Abflug" und vor der nächsten „Landung" nicht aufhört, und dass der Abstand zwischen den Bogenhaaren und der Saite klein bleibt. Die Bewegung wird von den Muskeln des Ober- bzw. Unterarms ausgeführt, und die einzelnen Töne sollten ohne scharfen Akzent oder crescendo ansprechen. Der sanfte Übergang von einem „Brush Stroke"-Spiccato, das häufig im klassischen Stil benutzt wird, zu dem kräftigeren oben beschriebenen Spiccato ist in Abb. 5t dargestellt.

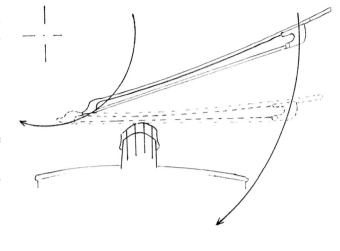

Abb. 5s: Kreisbewegung des „Brush Stroke"

Fig. 5s: Circular motion of the brush stroke

of either the upper or lower arm, and individual notes should speak without an attack or crescendo. The smooth transition from a brush stroke spiccato (commonly used in the classical style) to the more vigorous spiccato described above is illustrated in fig. 5t.

8. Ricochet

Dieser Strich ähnelt dem Sautillé-Strich, bei dem das Schaukeln des Bogens auch Saitenwechsel einschließen kann. Ebenso wie beim Sautillé ist es wichtig, den Bogen immer senkrecht zu jeder Saite zu führen und dabei das völlig entspannte Gewicht des Arms bzw. Unterarms zu benutzen.

8. Ricochet

This stroke is similar to a sautillé stroke in which the rocking of the bow is allowed to include string changes. It is important, as in sautillé, to always guide the bow in a path perpendicular to each string and to

Abb. 5t: Übergang vom „Brush Stroke" zum Spiccato

Fig. 5t: Transition from the spiccato to the brush stroke

Jedes folgende Beispiel in der Mitte des Bogens beginnen und allmählich dem Frosch nähern, bis der Bogen zuerst zu zittern und dann zu springen beginnt. Je nach Tempo erhält dabei entweder jeder Strich (sowohl auf dem höchsten wie auf dem tiefsten Ton) oder nur jeder zweite Strich (auf dem höchsten oder tiefsten Ton) einen Impuls. Wenn der Ricochet-Strich auf einer einzelnen Saite gespielt werden soll, sind dieselben Veränderungen im Bogenwinkel, wenn auch in kleinerem Maßstab, durchzuführen wie beim Strich über mehrere Saiten.

use the fully relaxed weight of the arm (or lower arm). Begin each example below in the middle of the bow and gradually move closer to the frog until the bow begins, at first, to quiver, and then, to spring. Depending on tempo, either every stroke receives an impulse (on both the highest and lowest notes) or every alternate stroke (on the highest or lowest note). When playing the ricochet stroke on a single string, employ the same changes in bow angle, although on a smaller scale, as were used over several strings.

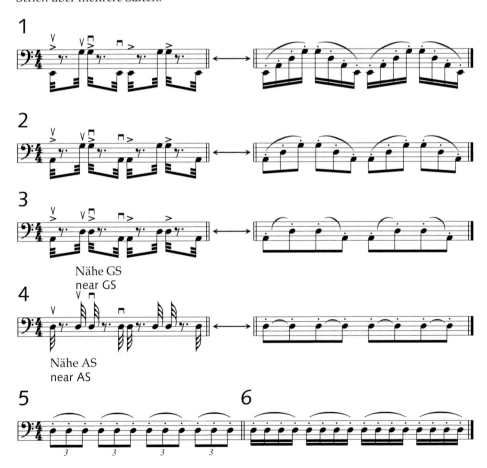

9. „Zurückholen"

Man kann den Bogen zu jeder beliebigen Bogenstelle führen, indem man ihn lautlos in horizontaler Richtung schiebt, während er noch Kontakt mit der Saite hat (s. Abschnitt 5.9, Horizontale Bewegung). Da dies oft dazu benutzt wird, den Bogen zu seinem Ausgangspunkt zurückzuführen (insbesondere bei unsymmetrischen Takten wie dem 3/4-Takt), wird er als „Zurückholen" bezeichnet. Dies kann jedoch ebenso gut dazu benutzt werden, den Bogen weiterhin in die gleiche Bewegungsrichtung zu bewegen. Obwohl der Bogen mit der Saite in Kontakt bleibt, führt die drastische Verringerung des Gewichts während des „Zurückholens" dazu (unabhängig davon, ob der Bogen die Richtung wechselt oder nicht), dass jeder Ton frei ausklingen kann, nachdem er gespielt wurde.

Die folgenden Striche (1–4) in den Beispielen A bis D sollten mit Tonleitern und gebrochenen Akkorden geübt werden. In Beispiel B kann das „Zurückholen" auch vor dem dritten Schlag erfolgen.

9. "Re-taking"

It is possible to silently move the bow along its length to any contact point desired by sliding it while still in contact with the string, as described under Horizontal Motion in Section 5.9. Because this is often employed to return the bow stroke to its starting point (particularly for non-symmetrical meters, such as 3/4 time) it is referred to as "re-taking". It can, however, be used to equal advantage to move the bow further in its direction of travel. Although the bow remains in contact with the string, the drastic reduction in weight during the "re-take" (whether the bow changes direction or not), permits each note to continue ringing out after it is played.

The progressive bowings (1–4), in examples A through D below, should be practiced with scales and broken chords. In example B, the re-take could also precede the third beat.

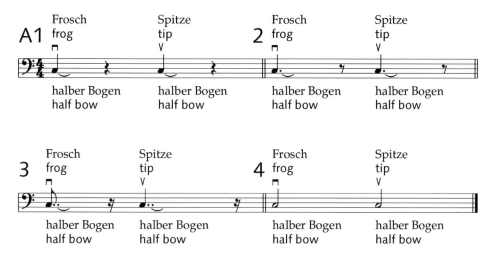

5.11 Weitere Klangfarben

1. Sul ponticello und sul tasto

Es reicht nicht, diese Worte nur als Anweisungen aufzufassen, die angeben, an welcher Kontaktstelle der Bogen geführt werden soll. Sie sind vielmehr Beschreibungen von Klangfarben mit dramatisch veränderten harmonischen Spektren. Wenn man Sul ponticello spielt, darf es weder einen Fundamentalton noch tiefere Obertöne geben. Obwohl dies auch annähernd dadurch erreicht werden kann, dass man das Bogengewicht ein wenig reduziert oder zuviel Bogen benutzt, kann der eigentliche Reiz dieser Klangfarbe in ihrem unverwechselbaren Unterschied zu son naturel nur erzeugt werden, indem man buchstäblich am Steg spielt. Dies ist aber nur dann möglich, wenn der Bogen mit leichtem und kontrolliertem Bogengewicht waagerecht in einer absolut geraden Linie gezogen wird (s. Abschnitt 5.9, Arten der Bogenbewegung). Aufgrund der ungewohnten Haltung, zu der dabei der linke Arm gezwungen wird, ist besonders auf die Intonation zu achten.

Sul tasto ist im Allgemeinen in den höheren Registern effektiver, weil es dann möglich ist, in Abständen bis zur halben Länge der schwingenden Saite vom Steg zu spielen. In den tieferen Registern setzen die Zargen Grenzen dafür, wie dunkel das Timbre auf den G- und E-Saiten werden kann, bilden jedoch keinerlei Einschränkung für die Bogenbewegung auf den inneren Saiten, bei denen es möglich ist, so weit über das Griffbrett zu spielen, dass nahezu alle Obertöne eliminiert werden.

5.11 Additional Colors

1. Sul ponticello and sul tasto

It is not enough to interpret these words merely as instructions directing where one should place the bow; these are descriptions of tonal colors with dramatically altered harmonic spectra. When one plays sul ponticello, there must be an utter absence of the fundamental and lower overtones. Although this can also be approximated by reducing the bow weight a little or by using too much bow, the charm of this color is in its unmistakable difference from son naturel, something which can only be produced by playing quite literally at the bridge; this, in turn, only becomes possible when the bow is drawn horizontally in an absolutely straight line (see Modes of Bow Motion, Section 5.9) with a light and controlled bow weight. Due to the unusual position also forced upon the left arm, one must be certain to pay particular attention to intonation.

Sul tasto is generally more effective in the upper registers, where it's possible to bow at distances of up to half the length of the vibrating string from the bridge. In the lower registers, the C-bouts place a limit on how dark the timbre on the G- and E-strings can become, but present no restriction to bow movement on the inner strings, where it is possible to play so far over the fingerboard that nearly all overtones are eliminated.

93

2. Col legno

Der häufigste Rat von Bogenbauern für das Spielen von Col legno ist der Hinweis, von der Spitze fernzubleiben! Dies ist der schwächste Punkt der Holzstruktur des Bogens, und wenn es zu Schäden kommt, dann treten sie hier auf.

Abbildung 5u zeigt einen radikalen neuen Vorschlag von Col legno-Bogenhaltung, bei der der Bogen in einer Richtung gedreht wird, die der traditionellen Richtung entgegengesetzt ist. Dadurch wird nicht nur die Bogenspitze geschützt, sondern auch ein unmittelbarer Wechsel zwischen Arco und Col legno mit dem deutschen Bogen wird ermöglicht. Es führt außerdem auch zu einer nahezu „normalen" Bogenhaltung, von der aus man die Tragfähigkeit des Fundamentaltones bei forte-Passagen mit einem leichten „Brush Stroke" (s. Abschnitt 5.10) verbessern kann.

2. Col legno

The most general piece of advice that bowmakers emphasize about playing col legno is to keep away from the tip! This is the structurally weakest point of the wood and if damage is to occur, due to col legno or otherwise, it is bound to occur here.

Fig. 5u illustrates a radically new suggestion for a col legno bow position where the bow is flipped over in a direction opposite to the traditional one. This not only protects the bow tip, but also makes instantaneous changes between arco and col legno possible with the German bow, and results in a nearly "normal" bow position from which one can augment the projection of the fundamental pitch in forte passages with a slight brush stroke (see Section 5.10).

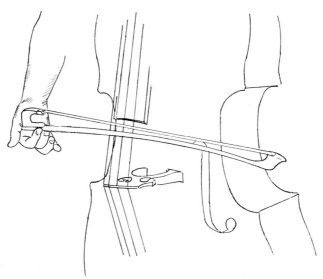

Abb. 5u: Col legno-Bogenhaltung

Fig. 5u: Col legno bow position

3. Pizzicato

Beim Pizzicato wird die Saite nicht durch Krümmung der Finger der rechten Hand zu einer Seite gezogen, sondern vielmehr durch das Gewicht des Arms, der auf der Saite zu liegen kommt. Man kann dafür den 1. oder 2. Finger (oder beide) nehmen, während der Daumen, wenn möglich, zur Führung leicht neben dem Griffbrett aufgesetzt wird. Der Finger sollte nahezu parallel zur Saite gehalten werden, damit er mit der Saite so viel Kontakt wie möglich hat (s. Abb. 5v). In dem Moment, in dem die Saite zu rutschen beginnt, wird der Finger entspannt und das Gewicht des Arms gehoben und so zurückgeführt, dass es auf der Saite lastet und ein leicht springendes Gefühl im Unterarm entsteht. Pizzicato stellt besondere Anforderungen an die linke Hand, die jede Note im Verlauf des Vibratozyklus fest greifen muss, bis der Ton ausgeklungen ist (s. Abschnitt 8.2, Vibrato und Abschnitt 6.3, Kraft der linken Hand).

Der Daumen kann ebenso dazu benutzt werden, ein weiches Pizzicato zu erzeugen, das reich an Obertönen ist und sich besonders für melodische Passagen eignet. Auf den oberen Saiten den Daumen über die Saite auf das Griffbrett „rollen" lassen und die Saite annähernd senkrecht zur Vorderseite des Basses zupfen. Wenn die Saite anfängt zu vibrieren, beginnt der Weg der Diskontinuität (s. Abschnitt 5.1) langsam zu rotieren, bis er parallel zur Bassdecke ist und die Illusion eines Crescendo erzeugt.

Beim schnellen Wechsel zwischen Pizzicato und Arco sollte die Spitze des Bogens nicht abwärts geschwungen

3. Pizzicato

In pizzicato, the string is not pulled to one side by bending the right hand fingers, but rather through the weight of the arm brought to rest on the string. The first or second finger (or both) can be employed, and the thumb, whenever possible, is set lightly on the side of the fingerboard for guidance. The finger should be held nearly parallel to the string so that as much of it is in contact with the string as possible (see fig. 5v). At the moment that the string begins to slip, the finger is relaxed and the weight of the arm is lifted and returned to rest on the string, producing a light bouncing motion in the lower arm. Pizzicato is especially demanding for the left hand, which must firmly stop each note throughout the vibrato cycle until the note has died out (see Vibrato,

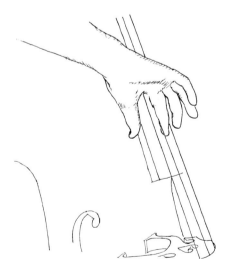

Abb. 5v: Nahezu parallele Haltung der Finger zur Saite für Pizzicato

Fig. 5v: Near-parallel position of the finger to the string for pizzicato

95

werden, da dies zu gefährlich und zu langsam wäre. Stattdessen sollte der Frosch nach oben gezogen werden, damit die Spitze absinken, der Bogen sich um seine Mitte drehen und die rechte Hand sich der Saite nähern kann. Wenn diese Drehbewegung fast abgeschlossen ist (und der Bogen mehr oder weniger senkrecht gehalten wird), kann der Bogen gegebenenfalls schnell Richtung Boden gesenkt werden. Da ein derartiges Drehen des Bogens seinen Schwung stark verringert und das nachfolgende Absenken des Bogens kein Drehmoment beinhaltet (da sich der Bogen nicht mehr dreht), kann der Wechsel von Arco zu Pizzicato und zurück äußerst schnell erfolgen, so dass Passagen wie der Walzer von Strawinskys L'Histoire du Soldat mit Leichtigkeit gespielt werden können. Außerdem ist der Bogen beim Drehen effektiv kürzer, und die Position der Spitze kann viel besser kontrolliert werden, was die Anzahl der „Fecht"-Einlagen im Orchester deutlich reduziert.

Section 8.2 and Left Hand Strength, Section 6.3).

The thumb can also be used to produce an accent-free pizzicato which is rich in overtones and especially well-suited to melodic passages. On the upper strings, let the thumb "roll" over the string and onto the fingerboard, plucking the string in a direction nearly perpendicular to the front of the bass; as the string begins to vibrate, the path of the discontinuity (see Section 5.1) will slowly start to rotate until it is parallel to the bass top, creating the illusion of a crescendo.

When switching quickly between pizzicato and arco, the tip of the bow should not be swung downwards, as this is both too dangerous and too slow. Instead, the frog is to be pulled upwards, allowing the tip to drop, the bow to pivot along the middle of its length and the right hand to approach the string. If necessary, when this pivotal motion is nearly completed (and the bow is more or less vertical), the bow can be rapidly lowered to the ground. Since pivoting the bow is this manner greatly reduces its momentum, and subsequently lowering it involves no torque (since the bow is no longer turning), the change from arco to pizzacato and back can be extremely fast, allowing passages such as the waltz of Stravinsky's L'Histoire du Soldat to be played with ease. In addition, the bow is effectively shorter while pivoting and the position of the tip can be much better controlled, leading to fewer "fencing" incidents in the orchestra.

Abschnitt sechs: Linke-Hand-Technik
Section six: Fingering

6.1 Das Vier-Finger-System

Beim Einsatz aller vier Finger unabhängig voneinander auf dem Kontrabass müssen Entfernungen zurückgelegt werden, die nicht größer sind als bei den „weiten Lagen" auf dem Violoncello bzw. Dezimen auf der Geige und Viola. Kleine und große Hände sind für dieses System gleich gut geeignet, solange die Fingerwölbung flexibel und variabel ist. Die Finger dürfen nie seitlich abgespreizt werden; das ist schmerzhaft und die Griffspanne ist zu klein. Stattdessen sind sie senkrecht zur Handfläche abzuspreizen, so dass der 1. Finger zur Decke zeigt, während der 4. Finger nach unten Richtung Handfläche zeigt (in einer Geste, die an die der Engel und Putten auf Gemälden holländischer Meister erinnert, wenn sie gen Himmel zeigten). Auf diese Weise kann jeder, dessen Hand groß genug ist, um auf dem Klavier eine Oktave zu greifen, mühelos das Vier-Finger-System verwenden – selbst auf einem großen Kontrabass.

Es ist im Allgemeinen weder notwendig noch hilfreich, alle vier Finger gleichzeitig direkt über allen Noten zu halten. Normalerweise werden drei Noten zur gleichen Zeit bevorzugt (für gewöhnlich 1, 2 und 4 bzw. 1, 3 und 4. aber gelegentlich auch 1, 2 und 3 bzw. 2, 3 und 4).

6.1 The Four-Finger System

The use of all four fingers independently on the double bass entails covering distances which, at most, are comparable to those required by the "extended positions" on the violoncello or tenths on the violin and viola. Small and large hands are equally well suited for this system as long as the curvature of the fingers is both variable and yielding. The fingers are never to be stretched apart sideways; this is painful and produces too small a span. Instead, they are to be spread apart perpendicular to the palm, allowing the first finger to point up towards the ceiling while the fourth finger points downwards over the palm (in a gesture reminiscent of that used by the Dutch masters when depicting angels and cherubs who are pointing to the heavens). In this way, anyone whose hand is large enough to reach an octave on the piano can easily use the four finger system, even on a large double bass.

It is generally not necessary, or even helpful, to hold all four fingers directly over all the notes at the same time. Normally, one favors only three notes at a time (usually 1, 2 and 4 or 1, 3 and 4, but occasionally also 1, 2 and 3 or 2, 3 and 4). In addition, one can employ a technique identical to that used in vibrato (see

Außerdem kann man eine Technik verwenden, die der Technik beim Vibrato ähnelt (s. Abschnitt 7.2). Indem die Fingerspitzen über die Saite gerollt werden, wird die linke Hand, die von entspannten und biegsamen Fingern auf dem Griffbrett gehalten wird, frei und kann jedem Ton entgegenschwingen. Auf diese Weise kann jeder Ton einfach erreicht werden, ohne dass man sich „strecken" muss. Durch die flexible Beugung der Finger können Spieler mit großen Händen sogar „weite Lagen" (einschließlich einer großen Terz) bis hin zu den tiefsten Registern einnehmen.

Das Gewicht des linken Arms wird ausschließlich auf den die Saite greifenden Finger verlagert und gleichmäßig von der Schulter bis zur Fingerspitze über alle Gelenke verteilt. Ob die Finger, die dichter an der Schnecke sind, in direktem Kontakt mit der Saite bleiben oder nicht, spielt keine Rolle, denn es ist ein großer Irrtum anzunehmen, dass der Griff der linken Hand durch Umlegung des Armgewichts auf mehrere Finger kräftiger wird. Wenn die Saite zum Beispiel mit dem 2. Finger gegriffen wird, befindet sich der nicht vibrierende Teil der Saite unter dem 1. Finger nur einen winzigen Bruchteil eines Millimeters vom Griffbrett entfernt, und ob diese Lücke, die selbst durch den schwächsten Finger der rechten Hand mühelos geschlossen werden könnte, durch den 1.Finger geschlossen wird, bleibt ohne Belang. Der gegriffene Ton würde hiervon nicht beeinflusst werden. Die Illusion, dass das gleichzeitige Drücken mehrerer Finger mehr Kraft erzeugt, ist eine Konsequenz

Section 7.2). By rolling the fingertips over the string, the left hand, suspended over the fingerboard by relaxed and pliable fingers, becomes free to swing towards each note as it's played. In this way, each note can easily be reached without having to "stretch". Through the flexible curvature of the fingers, those with larger hands can even incorporate "extended" positions (encompassing a major third) down to the lowest registers.

The weight of the left arm is directed exclusively to the finger stopping the string and is distributed evenly over all the joints from the shoulder to the fingertip. Although "lower numbered" fingers (those closer to the scroll) may or may not stay in direct contact with the string, it is a gross fallacy to imagine that, by redirecting the arm weight among several fingers, the left hand grip will become more powerful. If, for example, the string is stopped with the second finger, the non-vibrating segment under the first finger is only a tiny fraction of a millimeter away from the fingerboard, and whether this gap (which can easily be closed by even the weakest finger of the right hand) is eliminated by the first finger or not, the stopped note remains virtually unaffected. The illusion that pressing several fingers at once produces more strength is a consequence of difficulties arising from a lack of independence between the fingers. If, in attempting to stop a note without "assistance", the lower numbered fingers are prevented from pressing against the string through concurrent tension instead of through relaxation (see External and Internal Resistance, Section 2.4), the

von Schwierigkeiten, die aus einer zu geringen Unabhängigkeit der Finger voneinander entsteht. Wenn bei dem Versuch, einen Ton ohne „Hilfe" zu greifen, die benachbarten Finger durch gleichzeitige Verspannung und nicht durch Entspannung (s. Abschnitt 2.4, Äußerer und innerer Widerstand) bewusst weg von der Saite gehalten werden, ist das Ergebnis in der Tat eine Abschwächung der Kraft. Anderseits muss man gleich hinzufügen, dass, entspannt oder nicht, es ebenso nachteilig ist, benachbarte Finger während des Spielens in übertriebener Weise von der Saite abzuheben. Sehr oft, besonders bei schnellen oder legato-Passagen, kommt es sogar vor, dass aufeinanderfolgende Töne als Doppelgriffe gegriffen und benachbarte Finger doch zusammen auf die Saite gedrückt werden müssen, nicht um die Kraft zu erhöhen, sondern als Vorbereitung auf nachfolgende Töne. Selbst in weniger extremen Fällen muss die linke Hand stets bereit sein, sich so elegant wie möglich zur nächsten Note zu bewegen, wie zum Beispiel bei einem Pianisten, der Arpeggien spielt.

Obwohl das Vier-Finger-System eine Reihe von technischen Vorteilen birgt: so zum Beispiel die beachtliche Erhöhung der Fingersatzmöglichkeiten, die technisch einfache Wiedergabe der kleinen Terz und die Fähigkeit, die meisten Verzierungen ohne Lagenwechsel spielen zu können, um nur einige zu nennen, liegt seine größte Stärke in seiner diatonischen Natur, durch die es dem Spieler ermöglicht wird, sich bei seiner Entscheidung, welchen Finger er verwenden soll und wann ein Lagenwechsel günstig ist

outcome is truly a reduction in strength. This having been said, it is important to emphasize that, whether relaxed or not, it is equally disadvantageous to lift neighbouring fingers away from the string in an exaggerated manner while playing. Very often, particularly in fast or legato passages, consecutive notes will, in fact, be fingered as double stops and neighbouring fingers will be simultaneously pressed, not for want of strength, but in order to prepare for following notes. Even in less extreme cases, the left hand must always be prepared to move on to the next note as gracefully as possible, much as a pianist might do while playing an arpeggio.

Although there are many clear technical advantages to the four finger system (the vast increase in fingering possibilities, the rendering of the minor third as technically trivial and the ability to play most ornaments without shifting, to name but a few), its greatest strength lies in its inherent diatonic nature, which allows one to be guided by harmonic context and rhythm alone when deciding which finger to use and when to shift (see Section 11). This is in strong contrast to the common practice of preferring fingerings with two notes per position, staying within the "inverted F region" of the fingerboard (the three strokes of the "F" are made up of the notes across the first position, the notes across the middle of the strings where the thumb is on the octave harmonic and the notes up and down the G string), and avoiding shifts to the last note of a phrase. These are, unfortunately, completely artificial criteria that have nothing to do with the music itself

99

(s. Abschnitt 11), einzig und allein vom harmonischen Kontext und Rhythmus leiten zu lassen. Dies steht in starkem Gegensatz zur gängigen Praxis, Fingersätze mit zwei Noten pro Lage zu bevorzugen, dabei im Bereich des „umgedrehten F" auf dem Griffbrett zu bleiben (wobei die drei Striche des „F" aus den Noten in der ersten Lage, den Noten in der Mitte der Saiten, wo sich der Daumen auf dem Oktavflageolett befindet, und den Noten der gesamten G-Saite bestehen) und Lagenwechsel zur letzten Note einer Phrase zu vermeiden. Hierbei handelt es sich leider um völlig künstliche Kriterien, die nichts mit der Musik selbst zu tun haben und sehr häufig zu Lagen- und Saitenwechseln in musikalisch ungünstigen Momenten führen (s. Abschnitt 6.13 Fingersatzwahl). Beim Vier-Finger-System dagegen kann man entscheiden, ob man ein ionischen (Dur-) Fingersatz für eine Melodie wählt, nach einer punktierten Note zu einem dorischen Fingersatz wechselt oder bis zur nächsten betonten Zählzeit wartet, wo dann ein lydischer Fingersatz angebracht sein könnte. Jeder Fingersatz hat seinen eigenen charakteristischen Klang und unterstreicht einen anderen musikalischen Aspekt der Phrase.

6.2 Haltung der linken Hand

So wie die Körperhaltung aus einer Reihe von Kompromisshaltungen entsteht (s. Abschnitt 1.5, Haltung und Bewegung), wird die Haltung der linken Hand im Wesentlichen bestimmt durch

and which, more often than not, force shifts and string changes to occur at the musically worst possible moments (see Section 6.13, Choosing Fingerings). With the four finger system, on the other hand, one might decide between using an ionian (major) fingering for a melody, shifting after a dotted note to a dorian fingering or waiting until the next stressed beat, where a lydian fingering might be appropriate. Each would have its own characteristic sound and emphasize a different musical aspect of the phrase.

6.2 Left Hand Position

Just as the posture of the body is derived from a series of compromise positions (see Posture and Motion, Section 1.5), the general shape of the left hand position is determined by the concerted requirements of individual notes in a given figure. To use walking as an example, taking one step every ten seconds demands a posture suited only to the left foot, then to the right, with only a short but smooth transition between the two; in contrast, walking at a normal tempo consists only of this transition state, where neither the left nor right foot is shown complete preference. Similarly, in slow passages the left hand position tends to favor the note being played more often than in faster ones.

As in dealing with the complicated nature of body posture, it is recommended that the many possible positions of the left hand be simplified by the introduction of a general hand position from which it would be possible to play

die sich gegenseitig beeinflussenden Anforderungen der einzelnen Töne in einer bestimmten Figur. Wenn man vergleichsweise beim Gehen nur alle zehn Sekunden einen Schritt ausführt, nimmt man dabei eine Haltung ein, die zunächst nur dem einen Fuß dienlich ist und dann nur dem anderen. Dazwischen gibt es nur einen kurzen, sanften Übergang zwischen den beiden Haltungen. Geht man dagegen mit normaler Geschwindigkeit, gibt es nur diesen Übergangszustand, bei dem keiner der beiden Füße vollständig bevorzugt wird. Analog dazu neigt die linke Hand beim Spielen langsamer Passagen häufiger dazu, für jeden einzelnen Ton die jeweils optimale Haltung einzunehmen, als beim Spielen schnellerer Passagen.

Ebenso wie bei der Erläuterung des komplexen Problems der Körperhaltung, wird auch hier empfohlen, dass die vielen möglichen Haltungen der linken Hand durch die Einführung einer allgemeinen Handhaltung, aus der heraus möglichst alle Figuren gespielt werden sollen, vereinfacht werden. In der Praxis könnte dann die Haltung der Hand zu einem bestimmten Zeitpunkt reduziert werden auf einen Kompromiss zwischen dieser allgemeinen und der für die gerade zu spielende Note optimalen Handhaltung, die jedem Finger die größtmögliche Freiheit lässt, sich vollständig zu beugen und zu strecken. Die allgemeine Handhaltung wird so gestaltet, dass sie dem vierten Finger einen leichten Vorteil einräumt. Dadurch werden nicht nur die Kraftunterschiede zwischen den einzelnen Fingern ausgeglichen, sondern auch das Spielen von

all figurations. In practice, the hand position at any given moment could then be reduced to a compromise between this general position and the optimal one for the note actually being played, the latter basically being that position which provides the maximum freedom for each individual finger to fully bend and extend. The general hand position is adjusted to provide the fourth finger with a slight advantage. This not only helps to balance out the strength differences between the fingers, but also makes extensions easier, since stretching with the fourth finger is

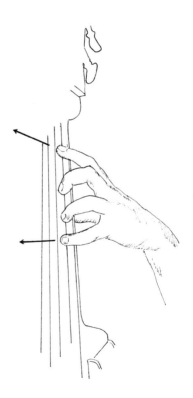

Abb. 6a: Allgemeine Handhaltung in den tieferen Registern

Fig. 6a: General hand position in the lower registers

101

weiten Lagen erleichtert, da es wesentlich schwerer ist, den kleinen Finger auszustrecken, als den Zeigefinger in die tieferen Lagen zurückzuziehen. Daher ist der kleine Finger leicht nach unten gerichtet und ein wenig gebeugt. Der Zeigefinger zeigt nach oben in Richtung Schnecke und ist etwas weniger gebogen als die anderen (s. Abb. 6a). In jedem Moment sind drei Finger entspannt; die Verlagerung des Gewichtes von einem Finger zum anderen wird von einer passiven vibrato-ähnlichen Schaukelbewegung

much more awkward than reaching back with the first. Thus, the fourth finger is pointed only slightly towards the ground, and is moderately curved; the first finger is pointed upwards towards the scroll and is somewhat less curved than the others (see fig. 6a). At any given moment, three fingers are relaxed; the shifting of weight from one finger to the other is accompanied by a passive vibrato-like pivoting of the lower arm (see Section 8.2), not to be confused with an undesirable lower arm extension/rotation motion (see

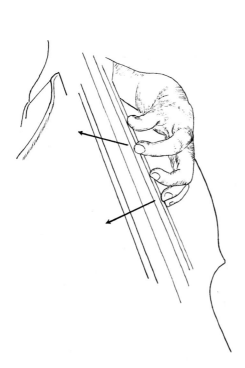

Abb. 6b: Allgemeine Handhaltung in der Daumenlage

Fig. 6b: General hand position in the thumb position

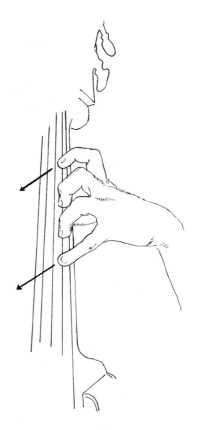

Abb. 6c: „Alternative" Handhaltung

Fig. 6c: "Alternate" hand position

des Unterarms (s. Abschnitt 8.2) begleitet, die jedoch nicht mit einer unerwünschten Unterarm-Streckung und Rotation (s. Abschnitt 4.3) verwechselt werden darf. Die meisten Doppelgriffe, einschließlich der in den Daumenlagen, erfordern häufig auch die allgemeine Handhaltung (s. Abb. 6b).

Eine alternative Handhaltung ist besonders für Passagen nützlich, in denen der kleine Finger nicht oder nur vorübergehend gebraucht wird. Hierbei ist der Zeigefinger stärker gebeugt und der kleine Finger mehr oder weniger gestreckt. Im Gegensatz zur allgemeinen Handhaltung zeigen alle Fingerspitzen nach unten (s. Abb. 6c).

Die exakte Form der Hand wird durch die drei verschiedenen Fingersatzmöglichkeiten für das Intervall der reinen Quinte bestimmt (s. Abschnitt 10.3, Tasttraining).

6.3 Kraft der linken Hand

Das Vier-Finger-System verlangt zwar mehr Unabhängigkeit der einzelnen Finger voneinander, aber nicht mehr Kraft als das traditionelle System. Einerseits wird die Kraft des starken Ringfingers wiedergewonnen, da er dem kleinen Finger nicht mehr die vermeintliche Hilfe leisten muss, andererseits wird die Zeit, die jeder aktive Finger auf der Saite verweilt, von 33 % auf 25 % reduziert. Dies bedeutet eine Reduzierung der Spielzeit pro Finger um etwa ein Viertel. Das entspannte Gewicht des linken Arms ist mehr als ausreichend, um die Saite fest in Kontakt mit dem

Section 4.3). Most double stops also tend to require the general position, including those in the thumb position (see fig. 6b).

An alternate position is useful for passages where the fourth finger is needed only transiently. Here, the first finger is considerably curved, the fourth being more or less extended, and, in contrast to the general position, all the fingertips point downwards (see fig. 6c).

The precise shape of the hand is established through the three different fingering possibilities for the interval of the pure fifth. This is further discussed in Section 10.3 under Tactile Training.

6.3 Left Hand Strength

The four-finger system, although calling for greater independence of the fingers, requires no more strength than the traditional one. Not only is the strength of the powerful 3rd finger retrieved by not having to relegate it to the imagined assistance of the 4th finger, but, in addition, the average time spent by each active finger on the string is reduced from 33% to 25%, a decrease of about one fourth of the playing time per finger. The relaxed weight of the left arm is more than sufficient to bring the string firmly in contact with the fingerboard in both the upper positions and, in combination with the opposing weight of the bass itself, in the lower positions. It is, therefore, unnecessary to "pinch" the neck between the thumb and fingers; with few exceptions, the thumb serves only as a guide and can, in fact, be

103

Griffbrett in sowohl den oberen Lagen als auch, zusammen mit dem Gegengewicht des Basses selbst, in den unteren Lagen zu bringen. Es ist daher nicht notwendig, den Hals zwischen Daumen und Fingern einzuklemmen. Mit wenigen Ausnahmen dient der Daumen nur als Führung und kann sogar völlig vom Hals entfernt werden, ohne dass dadurch die Klangqualität beeinträchtigt wird. Trotzdem bleibt es unverändert wichtig, die Saite fest und völlig zu stoppen (s. Abschnitt 8.1, Vibrato). Die dazu erforderliche Kraft ist zwar beachtlich, wird aber überhaupt nicht als Kraft empfunden, solange sie ausreichend vorhanden ist (wie auch die Fähigkeit des Fußgelenks einer durchschnittlichen Aufschlagskraft von etwa 130 kg bei jedem Schritt standzuhalten, normalerweise nicht bewusst als Kraft empfunden wird).

Ein verbreitetes Anzeichen für ungenügende Kraft in den Fingern der linken Hand ist das Einknicken der Gelenke beim Spielen. Die Unfähigkeit der Finger, einen Bogen zu formen, ohne dabei die Fingergelenke durchzudrücken, ist nicht, wie fälschlicherweise oft angenommen wird, auf die Schwäche der „überdehnten" Gelenke zurückzuführen, sondern auf die Schwäche der zu scharf gebeugten Gelenke. Die folgenden lautlosen Übungen können bei mehrmaligem täglichem Üben schnell dazu führen, die Tendenz die Finger durchzudrücken, auszumerzen, es ist jedoch ratsam, den Bass für diese Zeit um eine Quarte tiefer zu stimmen und erst allmählich mit zunehmender Stärke der Finger wieder auf die normale Tonhöhe einzustimmen. Sobald

removed entirely from the neck without having any effect on the sound quality. This is, in no way, meant to diminish the importance of stopping the string firmly and completely (see Vibrato, Section 8.1). However, the strength required to do this, although considerable, is not perceived to be "strength" at all, so long as it is present in adequate supply (just as the ability of the ankle to withstand an average impact force of 250 pounds with every step is normally not consciously perceived to be a feat of strength).

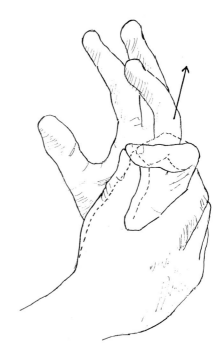

Abb. 6d: Übung, um die Tendenz des Durchdrückens auszuschalten

Fig. 6d: Exercise to eliminate the tendency to hyperextend

diese Übungen abgeschlossen sind, reicht schon das bloße Spielen des Basses mit einer sauberen Technik der linken Hand aus, um die Muskeln in Form zu halten, ohne diese Übungen fortsetzen zu müssen.

1. Die linke Handfläche mit der rechten Hand ergreifen und den kleinen Finger auf den rechten Daumen legen, so dass das zweite Gelenk von der Fingerspitze aus um 90° abgewinkelt ist (s. Abb. 6d). Nun das erste Gelenk sehr langsam beugen und strecken und dabei völlig entspannt bleiben. Allmählich mit der Fingerspitze ein wenig Druck auf das Daumenende ausüben. Die Bewegung des Beugens und Streckens muss dabei langsam und sehr sanft bleiben und darf nicht im geringsten ruckartig werden. Den Druck auf den Daumen ständig erhöhen. Die Übung mit allen vier Fingern durchführen.

2. Mit derselben Handhaltung wie in der vorigen Übung beginnen, diesmal jedoch den Finger im ersten Gelenk nur leicht beugen.
Ohne die Beugung des Gelenks zu verändern, Druck auf den Daumen ausüben und allmählich erhöhen, bis er so groß wie möglich ist. Den Druck dann langsam verringern. In einer weiteren Variante den Winkel des kleinen Gelenks leicht, fast unmerklich, vor- und zurückschaukeln, während der Druck erhöht oder verringert wird. Mit allen vier Fingern durchführen.

3. Beide Übungen auf dem Bass wiederholen und dabei den Gebrauch des

A common sign of insufficient strength in the left hand fingers is collapsing of the knuckles while playing. The inability of the fingers to form an arch without hyperextending the knuckles is not due to weakness in the joints that have "collapsed", as is often mistakenly thought to be the case, but rather in the ones which are too sharply bent. The following silent exercises, if performed several times a day, can quickly eliminate the tendency to hyperextend; it is recommended that the bass be tuned as much as a fourth lower during this period, returning the instrument gradually to concert pitch as the necessary strength develops in the fingers. Once this has occurred, the mere act of playing the bass with a proper left hand technique will serve to keep the muscles conditioned, eliminating the need to continue practicing these exercises.

1. Grabbing the left palm with the right hand, rest the fourth finger on the right thumb such that the second joint (from the fingertip) is at a 90° angle (see fig. 6d). Begin bending and straightening the first joint very slowly while remaining completely relaxed. Gradually begin exerting a little pressure with the fingertip on the end of the thumb. The motion of bending and extending must remain slow and very smooth, without any jerkiness at all. Steadily increase the pressure on the thumb. Repeat for all four fingers.

2. Begin with the same hand position as in the previous exercise, this time bending the finger at the first joint only slightly. Apply pressure to the thumb without

105

rechten Daumens durch den Druck der Saite gegen die Finger ersetzen.

Der Daumen muss einerseits ein dickeres Hautpolster direkt hinter dem Nagel haben und andererseits über die Kraft verfügen, die Saite niederzudrücken, ohne dass er den mechanischen Vorteil hat, einen Bogen formen zu können. Beide Aspekte werden in der Übung für parallele Oktaven im Abschnitt 5.6, Saitenwechsel und Doppelgriffe, angesprochen.

6.4 Fingersatz-Modelle

Der Schwierigkeitsgrad, die folgenden 4- und 3-Noten-Modelle schnell und metronomisch auszuführen, kann von einem Beispiel zum nächsten stark variieren. Sie sollen nicht alle gleichermaßen geübt werden, sondern es soll mehr Nachdruck auf die Übungen gelegt werden, die sich als die schwierigeren erweisen. Die folgenden Übungen ebenfalls lautlos üben, die Figuren wie in der Scherenübung (s. Abschnitt 4.5) zunächst auf der Bassdecke, dann unter dem Griffbrett klopfen.

Eine weitere Studie mit Konsekutiven 3-Noten-Modellen findet sich in Abschnitt 9.2, Rechts/links-Koordination.

changing the curvature of the joint, gradually increasing until pressing as firmly as possible. Slowly reduce the pressure. In a further variation, the angle of the small joint is slightly, almost imperceptibly, rocked back and forth while the pressure is increased and abated. Repeat for all four fingers.

3. Repeat both exercises on the bass, substituting the pressure of the string against the fingers for the use of the right hand thumb.

The thumb requires both the acquisition of a fleshy pad just behind the nail and the strength to depress the string without the mechanical benefit of being able to form an arch. Both are addressed in the exercise for parallel octaves under String Changes and Double Stops (Section 5.6).

6.4 Fingering Patterns

The degree of difficulty in rapidly and metronomically executing the following 4- and 3-note patterns can vary greatly from one example to the next. It is not intended that they all be practiced equally, but rather that the emphasis lie in improving those found to be more awkward. Also practice the following exercises silently, tapping the patterns, as in the Scissors Exercise (see Section 4.5), first on the bass, then under the fingerboard.

An additional study in 3-note consecutive patterns can be found under Left Hand/Right Hand Coordination, Section 9.2).

4-Noten-Modelle
4-Note Patterns

sollen mit den folgenden vier Permutationen gespielt werden, bei denen das Modell jeweils um eine Sechzehntelnote verschoben wird:

is to be played with the following four permutations, in which the pattern is dispaced each time by one sixteenth note:

Variationen:
Variations:

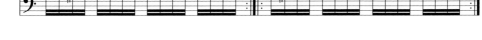

Die folgenden Fingersatz-Modelle sollen wie oben beschrieben geübt werden:
Each of the following finger patters is to be practised as above:

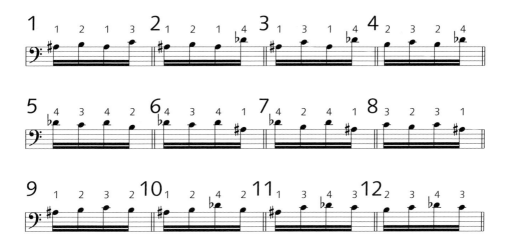

3-Noten-Modelle
3-Note Patterns

gespielt:
is played:

Variationen:
Variations:

Die folgenden Fingersatz-Modelle sollen wie oben beschrieben geübt werden:
Each of the following finger patterns is to be practised as above:

6.5 Daumenlage

Der deutlichste Unterschied zwischen den Fingertechnik in den Daumen- und tieferen Lagen ist nicht so sehr der Ersatz des kleinen Fingers durch den Daumen, sondern vielmehr der wesentlich häufigere Gebrauch von weiten Lagen. Bei den gewöhnlichen Versuchen, diese größere Flexibilität auszunutzen, wird der Daumen grundsätzlich auf das G-Flageolett gesetzt und die Hand gestreckt, um den für die Tonart erforderlichen Tönen entgegenzukommen. Hier kann der 1. Finger auf jedem Ton zwischen As bis zum H liegen, wobei sein genauer Abstand zum Daumen hauptsächlich nach Gehör nach dem Tonbeginn geschätzt wird. Eine wesentlich bessere Alternative besteht darin, auf ein kleines Repertoire praktischer und leicht reproduzierbarer Griffarten zurückzugreifen, die sowohl den physischen Grenzen der Finger als auch den technischen Anforderungen der Musik, insbesondere der diatonischen Intervalle, entgegenkommen und die „Streck"-Lagen für Ausnahmepassagen (wie zum Beispiel schnelle gebrochene Akkorde) reservieren. Die drei nützlichsten Griffarten sind:

1. Chromatisch
Diese Griffart, bei der alle Finger durch einen Halbtonschritt getrennt sind, ist nur eine Fortsetzung des Vier-Finger-Systems in den oberen Lagen. Wenngleich sie oft aufgrund des scheinbar „begrenzten"

6.5 Thumb Position

The most notable difference between fingerings in the thumb and lower positions is not so much the replacement of the use of the 4th finger with the thumb, but much more significantly, the more frequent use of extensions. In a common misconceived effort to take advantage of this greater flexibility, the thumb is, as a matter of rule, placed on the G harmonic and the hand is stretched to accommodate the required pitches of the key. Here, the first finger can find itself on any note from A-flat to B-natural, with its exact distance from the thumb principally being judged "after the fact" by ear. A much better alternative is to rely on a small repertoire of practical and easily reproducible hand positions which accommodate both the physical limitations of the fingers and the technical requirements of the music, particularly the diatonic intervals, leaving the "stretching" positions for exceptional passages, such as fast broken chords. The three most useful hand positions are:

1. Chromatic
This position, in which all the fingers are separated by a half step, is merely a continuation of the four finger system into the upper positions. Although it is often overlooked due to its seemingly "limited" span of notes, it is no less powerful than the same fingerings in the lower positions.

109

Tonumfanges übersehen wird, ist sie nicht weniger leistungsfähig als ähnliche Fingersätze in den unteren Lagen.

2. Ganzton

Die häufigste Form dieser Griffart, die das Intervall einer großen Terz abdeckt, hat Ganztonschritte zwischen Daumen und 1. Finger sowie zwischen 1. und 3. Finger. In einer Alternativgriffart befinden sich die Ganztöne zwischen Daumen, 2. und 3. Finger.

3. Tetrachord

Hier sind alle Griffarten eingeschlossen, bei denen der Daumen und der 3. Finger durch eine Quarte getrennt werden, einschließlich der Dur-, Moll-, verminderten und übermäßigen Griffarten.

2. Whole Tone

The most common form of this position, which covers an interval of a major third, has whole steps between the thumb and 1st finger and the 1st and 3rd. An alternative position places whole tones between the thumb, 2nd and 3rd fingers.

3. Tetrachordal

These include all of the positions in which the thumb and 3rd finger are separated by a fourth, including the major, minor, diminished and augmented positions:

For further examples based on these fingering patterns, see Section 11.3 Modal Fingerings in the Thumb Position.

Für weitere Beispiele, wo diese Griffarten angewendet werden, siehe Abschnitt 11.3, Modale Fingersätze in der Daumenlage.

So wie ein Pianist, der ein C spielt, die Hand ganz anders orientiert, je nachdem, ob die Passage in C-Dur oder in Des-Dur gespielt wird, ist es auch für den Orientierungssinn des Bassisten wichtig, sich ständig der relevanten Griffart bewusst zu sein, selbst in den Momenten, in denen nur ein Finger die Saite berührt. Dies kann wie in dem folgenden Beispiel

Just as a pianist, when playing a C, orients the hand quite differently depending on whether the passage is in C or D-flat major, it is crucial for the bassist's sense of orientation that he or she be constantly conscious of the relevant hand position, even in those moments when only one finger is in contact with the string. This can easily be tested, as in the following example, by occasionally playing "turns" using all four fingers, checking both that the hand position is relevant to the diatonic

einfach dadurch getestet werden, dass man gelegentlich Verzierungen mit allen vier Fingern spielt und dabei prüft, ob die Griffart für die benachbarten diatonischen oder chromatischen Töne relevant ist und ob die linke Hand so verdreht ist, dass ein flüssiger Übergang zu diesen Tönen unmöglich wird.

(or chromatic) neighbors and that the left hand is never so distorted that a fluid movement to these notes becomes impossible.

6.6 Weite Lagen

In der weiten Lage werden zwei benachbarte Finger durch einen Ganztonschritt getrennt, wodurch Daumenlage-ähnliche Fingersätze auch in den tieferen Registern möglich werden. Sie müssen jedoch mit Besonnenheit benutzt werden, besonders in der ersten und zweiten Lage, da es keine allgemeine Handhaltung gibt, von der aus alle vier Töne erreicht werden können. Bei der häufigsten weiten Lage wird der Ganztonschritt zwischen den 1. und den 2. Finger gelegt. Dazu kann man entweder den 1. Finger zurückziehen und den 2. Finger gegebenenfalls leicht strecken (s. Abb. 6e), oder den 1. Finger an seiner Stelle lassen und ihn passiv von oben

6.6 Extensions

In an extension, two adjacent fingers are separated by a whole step, permitting fingerings in the lower positions similar to those found in the thumb position. They must, however, be used with discretion, particularly in the first and second positions, where no general hand position exists from which all four notes can be reached. In the most common extension the whole step is placed between the first and second fingers either by reaching back with the first finger, extending the second somewhat if necessary (see fig. 6e), or by leaving the first finger in place, allowing it to passively extend "back" from above

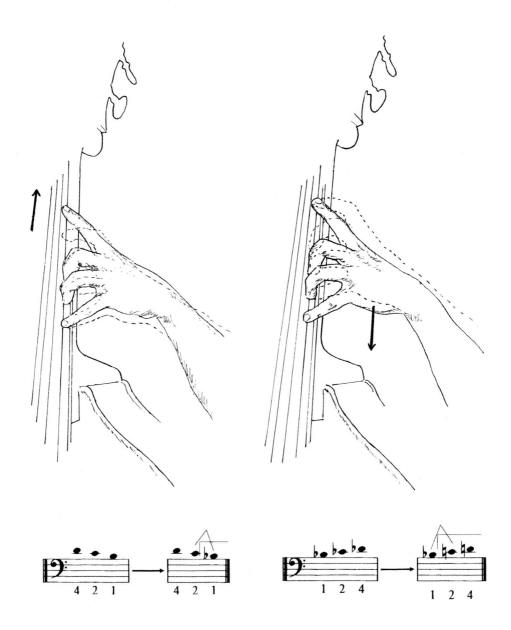

Abb. 6e, f: Aktive (links) und passive (rechts) Streckung des ersten Fingers

Figs. 6e, f: Active (left) and passive (right) extension of the first finger

nach unten strecken, indem die Hand nach unten bewegt wird (s. Abb. 6f).

Weite Lagen können benutzt werden, um musikalisch unbefriedigende Lagenwechsel zu vermeiden (wie zum Beispiel zu Leittönen) und um Verzierungen, gebrochene Akkorde und Triolen zu spielen. In den folgenden Beispielen sind die aufgrund einer weiten Lage erhöhten Intervalle durch ein umgekehrtes „V" gekennzeichnet.

Weitere Beispiele finden sich in Abschnitt 11, Tonleitern und Modi.

when the hand is shifted downwards (see fig. 6f).

Extensions can be used to avoid musically unsatisfying shifts (such as to leading tones) and for ornaments, broken chords and triplet patterns. In the following examples, the intervals augmented due to an extension are indicated by an inverted "V".

Further examples are to be found in Section 11, Scales and Modes.

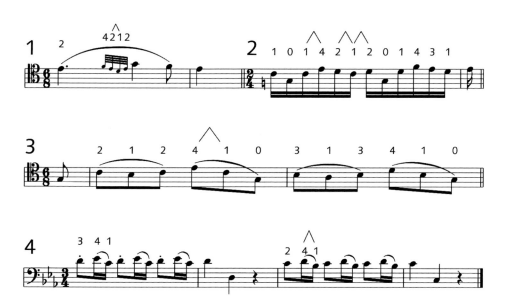

6.7 Kontraktionen

Durch den Einsatz von Kontraktionen, in denen zwischen zwei Fingern ein Intervall erscheint, das kleiner als gewöhnlich ist, ist es möglich, der benachbarten Lage entgegenzukommen, ohne dass ein Lagenwechsel erforderlich wird. In den folgenden Beispielen werden die Kontraktionen durch ein Sternchen (*) gekennzeichnet. Sie können auch benutzt werden, um einen portamento-Effekt sowohl innerhalb einer Lage (Beispiel 1) als auch zwischen zwei Lagen (Beispiele 2 und 3) zu erzeugen, wobei der Daumen als Ausgangsfinger dient und der (mittlere) Zielfinger als Vorbereitung für den Lagenwechsel direkt neben den Daumen gesetzt wird.

6.7 Contractions

By using contractions, in which an interval smaller than usual appears between two fingers, it is possible to "inch" into neighboring positions without the need to shift. In the following examples, the contractions are indicated by an asterisk. They can also be used to produce a portamento effect within a position (example 1) or to shift away from a note stopped by the thumb (examples 2 and 3), in which case, the new (or intermediate) finger is placed directly next to the thumb in preparation for the position change.

6.8 Austausch-Fingersatz

Der Austausch-Fingersatz ist eine sehr nützliche Technik, bei der ein wiederholter Ton von einem Fingerwechsel begleitet wird. Sie ist eine Variation des „kurzen" Lagenwechsels (s. Abschnitt 7.2). Er kann immer angewandt werden, wenn ein Ton wiederholt wird, und bildet ein sicheres, akustisch nicht erkennbares Mittel, eine benachbarte Lage zu erreichen.

6.8 Replacement

Replacement fingering, a highly useful technique in which a fingering change accompanies a repeated note, is a variation of the short shift (see Section 7.2). It may be employed whenever a note is repeated, and provides a secure and acoustically undetectable means of entering a neighboring position.

6.9 Triller

Die wahrgenommene Tonhöhe eines Tril-lers ist abhängig von seiner Geschwin-digkeit. Je schneller der Triller, desto kleiner klingt das Intervall. Um die Illu-sion konstanter Intonation zu erzeugen, muss sich daher die Stellung der Finger im Verlauf des Trillers ändern. Dazu ist es ratsam, einen Kontraktionsfingersatz zu benutzen (1–3 für einen Halbton, 1–4 für einen Ganzton). Den Triller langsam beginnen und darauf achten, dass beide Töne gleich laut sind. Wenn der obere Ton unklar ist, drückt der 3. (oder 4.) Fin-ger die Saite nicht fest genug herunter. Wenn der untere Ton gedämpft klingt, dann hebt sich entwe-der der 3. Finger nicht weit genug von der Saite oder der 1. Finger greift die Seite nicht fest genug. Wenn der Triller schneller wird, die Größe des Intervalls so erhöhen, dass die Tonhöhe des oberen Tones vollständig konstant zu blei-ben scheint. Am Ende des Tril-lers kann es nötig sein, schnell wieder zum Originalintervall zurückzukehren, wenn der Triller langsamer wird.

Deutlich spürbare Ermü-dung beim „Trillern" ist ein Zeichen gleichzeitiger oder konsekutiver Verspannung (s. Abschnitt 2.4, Äußerer und innerer Widerstand). Die laut-losen Triller- und Scherenü-bungen (s. Abschnitt 4.5, Kom-plexe Bewegungen) eignen sich

6.9 Trills

The perceived pitch of a trill is relative to its speed; the faster the trill, the smaller the interval sounds. Thus, in order to pro-duce the illusion of constant intonation, the placement of the fingers must actually change during the course of the trill. It is recommended that a contraction finger-ing be used (1-3 for a half step, 1-4 for a whole step). Begin the trill slowly, being certain that both notes are equally loud. If the upper tone is unclear, then the 3rd (or 4th) finger isn't depressing the string firmly enough; if it's the lower tone which is muffled, then either the 3rd finger is not lifting far enough away from the string or the 1st isn't stopping the string firmly enough. As the trill becomes faster, increase the size of the interval so that the pitch of the upper note seems to remain perfectly constant. At the end of the trill it may be necessary to quickly return again to the original interval as the trill becomes slower.

Pronounced fatigue from trilling is a sign of concurrent or con-secutive tension (see External and Internal Resistance, Section 2.4). The silent trill and scissor exercises (see

Abb. 6g: Überbrücken

Fig. 6g: Bridging

dann besonders dazu, die notwendige Unabhängigkeit der Finger voneinander zu erlernen. Wenngleich der Triller normalerweise von einer passiven Drehbewegung des Unterarms begleitet wird, darf dies nicht dazu führen, dass die Finger selbst nicht mehr gehoben und gesenkt werden.

Complex Motions, Section 4.5) are then recommended to help develop the proper independence of the fingers. Although the trill is normally accompanied by a passive pivoting of the lower arm, avoid exaggerating its role to the exclusion of lifting and dropping the fingers themselves.

6.10 Quarten

Das Greifen von Quarten über die Saiten stellt ein besonderes Problem dar, da schon die Bewegung zu einem neuen Ton hin den alten unterbricht. Der sich daraus ergebende Verlust an Geschwindigkeit und Verbindung kann mit den folgenden Fingersätzen je nach Bedarf vermieden werden:

1. Überbrücken

Beide Töne können gleichzeitig gegriffen werden, indem man die Finger entweder flach oder durchgedrückt auf zwei Saiten legt (s. Abb. 6g). Dies eignet sich besonders für schnelle Passagen, bei denen der Verlust an Kraft und die Unfähigkeit zu vibrieren keine größeren Nachteile darstellen. Im folgenden Beispiel werden die überbrückten Noten durch kurze Doppelstriche gekennzeichnet.

6.10 Fingered Fourths

Fingering fourths across strings poses a particular problem, since the very act of proceeding to the new note causes the old one to be interrupted. The resulting loss in speed and connection can be avoided whenever necessary with the following fingerings:

1. Bridging

Both notes can be simultaneously stopped by laying the fingers either flat or hyperextended across two strings (see fig. 6g). This is particularly well-suited for fast passages, where the resulting loss of strength and inability to vibrate do not constitute serious disadvantages. In the following example, the bridged notes are indicated by short double lines.

gegriffen:
fingered:

2. Parallele Fingersätze

Die Eigenschaften von Kontraktions- und Austausch-Fingersätzen können miteinander kombiniert werden, um eine geschmeidige Verbindung von Quarten über die Saiten zu ermöglichen. Der Unterarm ist nach oben oder nach unten verdreht, wodurch zwei nebeneinander liegende Finger auf zwei benachbarte Saiten zu liegen kommen (s. Abb. 6h,i). Parallele Fingersätze können entweder als Kontraktion (s. Abschnitt 6.7) benutzt werden, um einer anderen Lage entgegenzukommen oder um Töne abzulangen (s. Abschnitt 7.4) wie in den Beispielen 3 und 4 auf Seite 120.

2. Parallel fingering

Qualities of contractions and replacement fingerings can be combined to enable a smooth connection of fourths across strings. The lower arm is twisted, either clockwise or counter-clockwise, bringing two adjacent fingers onto neighbouring strings from above or below, respectively (see figs. 6h,i). Parallel fingering can be used either as a contraction (see Section 6.7) to "inch" into another position or as a borrowed note (see Section 7.4) within the same position, as in examples 3 and 4 on page 120.

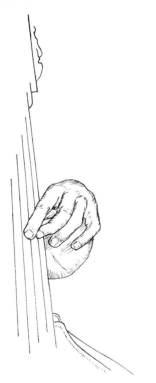 

Abb. 6h, i: Parallele Fingersätze von oben (links) und unten (rechts)

Figs.6h, i: Parallel fingering from above (left) and below (right)

119

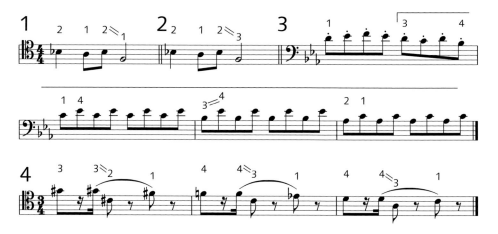

3. Einklemmen

In den höheren Lagen ist es möglich, einen Ton eine Quarte tiefer zu greifen als mit dem Daumen, indem man die daneben liegende Saite zwischen Daumen und Zeigefinger einklemmt (s. Abb. 6j). Dies ist wie das Überbrücken hauptsächlich für schnellere Passagen geeignet.

6.11 Der Gebrauch des Daumens in den tieferen Lagen

Obwohl der Daumen regelmäßig zurück bis zum F auf der G-Saite gebraucht werden sollte, kann es gelegentlich von Vorteil sein, ihn sogar in noch tieferen Lagen zu benutzen, besonders wenn der gleiche Fingersatz über einen weiten Umfang gehalten werden soll. In diesem Fall den Bass nach vorn und leicht nach rechts neigen und sein Gewicht dazu benutzen, um die Finger gegen die Saite zu drücken.

3. Pinching

In the higher positions, it is possible to stop the note a fourth lower than the thumb by pinching the adjacent string between the thumb and first finger (fig. 6j). As in bridging, this is best reserved for use in faster passages.

6.11 Using the Thumb in the Lower Positions

Although the thumb should regularly be employed as far back as an F on the G-string, it may occasionally be practical to use it in even lower positions, particularly when a fingering pattern is to be preserved over a larger range. In this case, tilt the bass forward and slightly to the right, using its weight to press the fingers against the string.

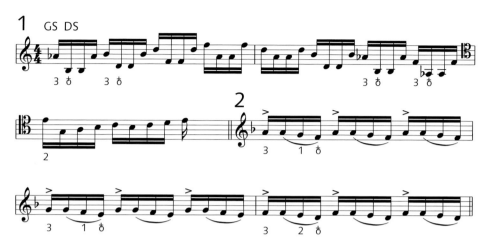

6.12 Flageoletttöne

Flageoletttöne sollten nicht als virtuose „Effekte" zurückgehalten werden, sondern sauber und gründlich in die „allgemeine" Technik integriert werden. Dazu ist es wichtig, dass man lernt, sie bewusst mit einer Klangfarbe und einer Präzision der linken Hand zu spielen, die von der gegriffener Töne nicht zu unterscheiden ist. Lernen Sie die Lage aller Flageoletttöne, nicht nur die in der dritten Lage oder am Ende des Griffbrettes. Viele der nützlichsten Flageoletttöne liegen zum Beispiel innerhalb des mittleren Teils der Saite (zwischen D und d auf der G-Saite), wo sie müheloser mit den gegriffenen Tönen kombiniert werden können.

6.12 Harmonics

Harmonics should not be reserved as a virtuostic "effect" but should be thoroughly integrated into one's "general" technique. To this end, it is important that they can be played, at will, with a tone color and left hand precision which is indistinguishable from that of stopped notes. Learn the location of the harmonics beyond those in the third position or at the end of the fingerboard.

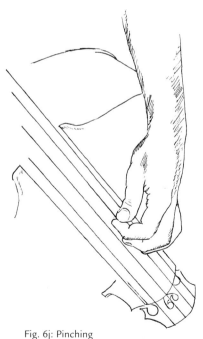

Fig. 6j: Pinching

Abb. 6j: Einklemmen

121

Künstliche Flageoletttöne umspannen normalerweise eine Quinte oder Quarte und werden entsprechend mit pV (reine Quinte) oder mit pIV (reine Quarte) notiert. Die pV-Flageoletttöne sind besonders nützlich, da die meisten Töne um eine Oktave höher produziert werden können, indem man einfach den Finger leicht in seiner Stellung lässt und die Saite eine Quinte tiefer mit dem Daumen greift. Beim Spielen von pIV-Flageoletttönen, braucht man nur den durch den Daumen gegriffenen Ton zu beachten, um zu berechnen, welcher Oberton erklingt (zwei Oktaven höher). Alle künstlichen Flageoletttöne, die Töne erzeugen, die zu der natürlichen harmonischen Reihe gehören, können ebenso als Doppel-Flageoletttöne erzeugt werden, wobei die Saite nur leicht von Daumen und Finger berührt wird.

Das Beispiel unten zeigt, wie alle drei Arten von Flageoletttöne zusammen und in Kombination mit gegriffenen Tönen benutzt werden können. Versuchen Sie auch, ähnliche Modelle für andere Tonarten und Intervalle zu entdecken.

Many of the most useful harmonics lie, for instance, within the middle portion of the string (from D to d on the G-string), where they can be more readily combined with stopped notes.

Artificial harmonics usually span a fifth or a fourth, notated pV (perfect fifth) and pIV (perfect fourth) respectively. The pV harmonics are especially useful, since most notes can be produced one octave higher by simply leaving the finger lightly where it is and stopping the string a fifth lower with the thumb. When playing pIV harmonics, one need only to consider the pitch stopped by the thumb to calculate which harmonic will sound (two octaves higher). All artificial harmonics which produce pitches appearing within the natural harmonic series, itself, can also be produced as double harmonics, where the string is touched only lightly by both the thumb and the finger.

The example below illustrates how all three kinds of harmonics can be used in combination with one another and with stopped notes. Also try to discover similar patterns for other keys and intervals.

6.13 Fingersatzwahl

Das Vier-Finger-System bietet zusammen mit den weiten Lagen, Kontraktionen und verschiedenen Sonderfällen eine große Anzahl von Fingersatzmöglichkeiten. Bei der Wahl zwischen ihnen sollte man folgenden Kriterien beachten:

1. Anpassung an Artikulation und Stricharten

Lagenwechsel sollten, wenn möglich, mit Bogenwechseln zusammentreffen, auf staccato-Noten folgen oder Akzenten vorausgehen. Es ist jedoch nicht immer die beste Möglichkeit, sie mit Saitenwechseln zu kombinieren. Wann immer es möglich ist, sollte man zu Noten auf starken Zählzeiten oder direkt im Anschluss an solche Noten wechseln; Wechsel von einer schwachen Zählzeit zu einer anderen schwachen Zählzeit (zum Beispiel, zur

6.13 Choosing Fingerings

The four-finger system, together with extensions, contractions and various special cases, presents a vast number of fingering possibilities. In choosing between them, one should make use of the following criteria:

1. Conform to articulation and bowings

Shifts should coincide with bow changes, follow staccato notes or precede accents whenever possible; it is, however, not always best to combine them with string changes. Whenever possible, one should shift to notes on strong beats or directly following such notes; shifting from a weak beat to a weak beat (for example, to the last note of a bar), should be avoided, unless there is a compelling musical reason to do so, such an unusual harmonic

123

letzten Note eines Takts) sind zu vermeiden, sofern nicht ein zwingender musikalischer Grund dafür vorliegt, wie z. B. eine ungewöhnliche harmonische Bewegung oder ein punktierter Rhythmus. Legatophrasen über die Saiten sind sehr effektiv. Da die letzte Note auf der alten Saite normalerweise in die folgende Note mit hineinklingt, kann das zu extremen Dissonanzen führen, die harmonisch sinnlos sind (wie z. B. die harte und hässlich klingende kleine Sekunde, die zu hören ist, wenn ein Fis auf der D-Saite gespielt wird und darauf ein G folgt, das mit dem Daumen auf der G-Saite gespielt wird).

Weitere Beispiele finden sich im Abschnitt 11.1, Tetrachord-Fingersätze (s. Akzentverschiebung).

motion or a dotted rhythm. Legato phrases across strings are very effective, but, since the last note on the old string will tend to ring out into the following note, may lead to extreme dissonances that are harmonically pointless (such as the harsh and ugly minor second which results when playing an F-sharp on the D-string followed by a G played with the thumb on the G-String.)

Further examples can be found in the discussion of the displacement of the stressed note (see Tetrachord Fingerings, Section 11.1).

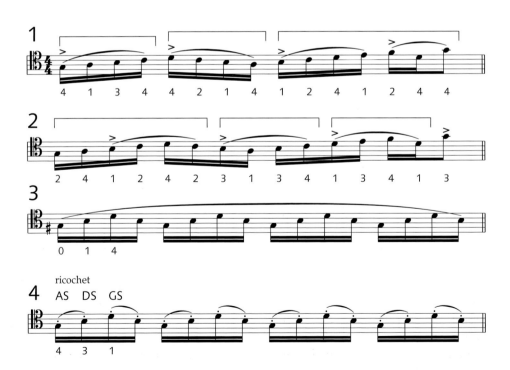

2. Anpassung an den Stil

Klassische Phrasen klingen meistens am besten, wenn sie über die Saiten gespielt werden, wobei ihre gebrochenen Akkorde ausklingen können und ihre Tonleitern bequemer zu spielen sind. Der Gebrauch von Austausch-Fingersätzen und Kontraktionen ist ebenso geeignet, da er hilft, nicht stilgerechte glissandi zu vermeiden. Romantische Stücke dagegen erfordern das Portamento und gleichbleibende Klangfarbe beim Spielen ganzer Phrasen auf einer Saite (nicht immer der G- Saite!) sowie größeren Gebrauch des Französischen Lagenwechsels (s. Abschnitt 7.3) und den Lagenwechsel zu wiederholten Töne auf tieferen Saiten.

2. Conform to style

Classical phrases tend to sound best across the strings, where their broken chords can ring out and their scales are more convenient to play. The use of replacement fingerings and contractions is also appropriate, as it helps conceal unstylistic glissandi. Romantic pieces, on the other hand, require the portamento effect and uniform color of playing entire phrases on one string (not always the G-string!), as well as a greater emphasis on the French shift (see Section 7.3) and the shift to repeated notes on lower strings.

3. Anpassung an Tonart oder Modus

Fingersätze sollten der musikalischen Funktion der Töne entsprechen und nicht nur von der reinen Gewohnheit oder den Avbmessungen des Instruments selbst bestimmt werden. Ein typisches Beispiel für einen solchen „gewohnheitsmäßigen" Fingersatz ist die Gewohnheit vieler, immer ein Fis auf der D-Saite zu spielen, wenn sie die Daumenlage eingenommen haben, ohne dabei auf Tonart oder melodische Aspekte Rücksicht zu nehmen. In ähnlicher Weise wird oft die Stellung des Daumens auf anderen Tönen als dem G vermieden, selbst in Tonarten, wo nur

3. Conform to key or mode

Fingerings should correspond to the musical function of the notes and not be imposed by pure habit or dictated only by the proportions of the instrument itself. A typical example of "habitual" fingering is the insistence by many to always play F-sharp on the D-string when in the thumb position, regardless of the key or melodic considerations. Similarly, the placement of the thumb on any note other than G is often avoided, even in keys which contain no G natural at all! The following example compares a more traditional fingering for (1) D-flat major with the same figure

125

Ges oder Gis vorkommen! Das folgende Beispiel vergleicht anhand ein- und derselben Figur einen traditionellen Fingersatz für (1) Des-Dur mit jenen Fingersätzen, die typischer sind für (2) Es-Dur, (3) D-Dur, (4) C-Dur, (5) As-Dur und (6) G-Dur.

using fingerings more typical for (2) E-flat major, (3) D major, (4) C major, (5) A-flat major and (6) G major.

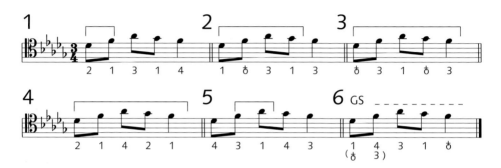

Versuchen Sie, bevor Sie sich für einen Fingersatz entscheiden, jede Phrase in vielen verschiedenen Tonarten zu spielen. Dann versuchen, den Fingersatz der „einfachsten" Tonart in der Originaltonart zu spielen (s. Abschnitt 11.3, Modale Fingersätze für Daumenlage).

4. Anpassung an Rhythmus und harmonische Bewegung

Wenn möglich, sollte ein Lagenwechsel zu starken Schlägen (Taktanfänge, Akzenten etc.) und Harmonien (Rückkehr zur Tonika oder Dominante) erfolgen. Ausnahmen: punktierte Rhythmen, wo der Lagenwechsel der kürzeren Note in schnelleren Tempi vorausgehen und der kürzeren Note in langsameren Tempi folgen sollte und die Auflösung eines Vorhalts, die immer in derselben Lage gespielt werden sollte wie die Dissonanz. Ein Lagenwechsel zum Leitton einer Tonleiter sollte ebenfalls vermieden werden,

Before deciding on a fingering, try playing each phrase in many different keys; then attempt using the fingering from the "easiest" key at the original pitch (see Modal Fingerings in the Thumb Position, Section 11.3).

4. Conform to rhythm and harmonic motion

A shift should be made, whenever possible, directly before or after a strong beat (downbeats, accents, etc.) and harmonies (a return to the tonic or dominant). Exceptions include: dotted rhythms, where the shift should precede the shorter note in faster tempi and follow the shorter note in slower tempi, and the resolution of a suspension, which should always be played in the same position as the dissonance. A shift to the leading tone of a scale is also to be avoided whenever the tonic follows on a strong beat. In the "bel canto" style, a shift to a weak note can be

wenn der darauf folgende Grundton auf einen starken Schlag fällt. Im „bel canto"-Stil kann gelegentlich ein Lagenwechsel zu einem schwachen Ton benutzt werden, um eine ausgeprägte, aber angenehme Gesangsqualität zu erzeugen. Eine Note, die auf ein glissando folgt, sollte nicht von einem weiteren glissando gefolgt werden, besonders wenn der Lagenwechsel seine Richtung ändert.

5. Das Zieltempo beachten

Viele gute Fingersätze sind bei schnelleren Tempi unpraktisch, was man vielleicht gelegentlich erst nach mehreren Stunden vergeblicher Übungen merkt. Bei der Fingersatzwahl für schnellere Stücke daher stets die einzelnen Stellen schon im Originaltempo probieren (s. Abschnitt 12.4, Bewegliche Fenster).

6. Den Fingersatz benutzen, der den besten Klang ergibt

Ein Publikum sollte nicht eine schlechte Aufführung um der „richtigen" Technik willen ertragen müssen. Im Konzertsaal ist der Fingersatz besser, der besser klingt.

Selbst im Übungsraum, wo man primär daran interessiert ist, neue Fingersätze so weit zu entwickeln, dass auch sie eines Tages hervorragend auf der Bühne klingen, ist es unbedingt erforderlich, sie ständig mit den Fingersätzen zu vergleichen, die zurzeit am besten klingen. Auf diese Weise erhält man am ehesten eine klare Vorstellung vom gewünschten Klang, während man gleichzeitig neue Techniken erlernt, und vermeidet die Gefahr, sich durch ständige Wiederholung an einen minderwertigen Klang zu gewöhnen.

used occasionally to introduce an exaggerated, yet pleasing, singing quality. A note preceded by a glissando shouldn't be followed by another glissando, especially if the shift changes direction.

5. Consider the final tempo

Many good fingerings simply cease to be practical in faster tempi, something which might first be discovered after several hours of wasted practice. Always play short excerpts from faster pieces in tempo when trying to choose a fingering (see Movable Windows, Section 12.4).

6. Perform with the fingering that sounds best

An audience should not be expected to tolerate a poor performance in the name of "correct" technique. In the concert hall, a fingering is only better if it sounds better.

Even in the practice room, where one is primarily interested in developing new fingerings to the point where they, too, will someday sound best on stage, it is imperative to constantly compare them to the fingerings that sound best at the moment. In this way, one is more likely to have a clear mental image of the desired sound while learning new techniques, and will avoid the danger of getting used to an inferior sound through repetition.

Abschnitt sieben: Lagenwechsel
Section seven: Shifting

7.1 Analyse

Bewegungen, die aus dem Vibrato abgeleitet werden, sind die Grundlage für zwei Arten von Lagenwechseln. Eine vibratoähnliche Streckung der Finger zusammen mit einem Verdrehen des Unterarms ergibt einen „kurzen" Lagenwechsel, während „lange" Lagenwechsel das Ergebnis vibratoähnlicher Bewegungen des Oberarms sind. Ein auffälligerer Unterschied zwischen den beiden besteht in der Rolle, die der Bogen bei ihrer Ausführung spielt. Im Falle des „kurzen" Lagenwechsels ist sie eher neutral, während sie beim „langen" Lagenwechsel dominiert. Beim „kurzen" Lagenwechsel kann man außerdem höchstens in eine benachbarte Lage gelangen, beim „langen" Lagenwechsel dagegen kann das abgedeckte Intervall beliebig groß sein. Auch wenn die beiden Formen hier separat behandelt werden, muss betont werden, dass sie nur die beiden Endpunkte in einem Kontinuum mit vielen Lagenwechseln, die sowohl „kurze" als auch „lange" Eigenschaften aufweisen, sind.

Die komplizierte Aufgabe, die Fingerspitzen der linken Hand an der Saite entlang zu führen, wird durch eine Umsetzung der bogenartigen Bewegungen der verschiedenen Armgelenke in eine gerade Linie mit dem richtigen Neigungswinkel

7.1 Analysis

Motions derived from vibrato are the basis for two types of shifts; a vibrato-like extension of the fingers combined with a twisting of the lower arm results in a "short" shift, while "long" shifts are the consequence of vibrato-like motions of the upper arm. A more striking difference between the two is evident in the role that the bow plays during their execution, a role which is rather neutral in the case of the "short" shift and utterly dominant for the "long" one. With a "short" shift, furthermore, it is only possible to enter a neighbouring position, whereas the interval covered by a "long" shift can be of any size at all. Although the two forms will be discussed separately here, it must be emphasized that they represent two points along a continuum, with many shifts displaying characteristics from both.

The complicated task of guiding the left hand fingertips along the length of the string is achieved through the translation of the arc-like motions of the various joints of the arm into a straight line, and this at precisely the correct angle of inclination. Any attempt to circumvent this problem by using the string as a guideline to force the arm into a straight path, will give rise to a highly unpredictable

erfüllt. Jeder Versuch, dieses Problem zu umgehen, indem man die Saite als Richtschnur nimmt, um den Arm in eine gerade Linie zu zwingen, wird einen völlig unberechenbaren Widerstand gegen die Saite erzeugen, der einen eleganten und genauen Lagenwechsel unmöglich macht. Dieses Problem wird durch die folgende lautlose Übung für die linke Hand angesprochen (die notierten Tonhöhen sind nur als ungefähre Anweisungen zu verstehen). Am Anfang sollte diese Übung sehr langsam ausgeführt werden, wobei die Finger die Saiten so leicht wie

resistance against the string, making a graceful and accurate shift all but impossible. This problem is addressed by the following silent exercise for the left hand alone (notated pitches are approximate only). It is to be practiced very slowly at first and with the fingertips touching the string as lightly as possible. Pay particular attention to those registers where the finger repeatedly "falls" from the string onto the fingerboard. Do not look at the left hand! All the joints of the arm should follow smooth pathways without discontinuities or "corners" (see figs.7a,b).

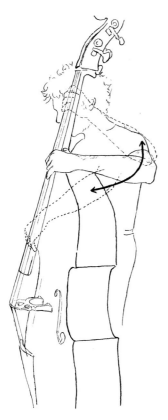 

Abb. 7a, b: Sanfte (links) und ungleichmäßige (rechts) Wege des linken Arms während des Lagenwechsels

Figs. 7a, b: Smooth (left) and discontinuous (right) paths of the left arm during shifting

möglich berühren sollen. Besonders auf die Register achten, bei denen der Finger wiederholt von der Saite auf das Griffbrett abrutscht. Nicht auf die linke Hand schauen! Alle Armgelenke sollten sich sanft und gleichmäßig ohne „Ecken" oder Diskontinuitäten bewegen (s. Abb. 7a, b). Beide Schultern sollten auf gleicher Höhe bleiben. Nicht den Kopf vorstrecken. Auf allen vier Saiten wiederholen.

Avoid dropping one shoulder lower than the other or sticking the head out in front of the bass. Repeat on all four strings.

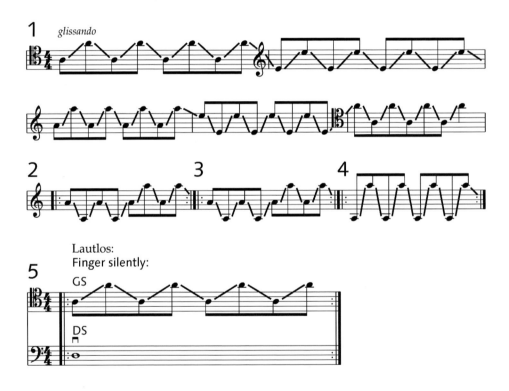

7.2 Der „kurze" Lagenwechsel

Der „kurze" Lagenwechsel besteht aus mehreren aus dem Vibrato abgeleiteten Fingerbewegungen (s. Abschnitt 8.2, Vibrato), dem Heben und Fallenlassen der

7.2 The "Short" Shift

The "short" shift is composed of bending motions of the fingers derived from vibrato (see Vibrato, Section 8.2), lifting and dropping the fingers (see Left

Finger (s. Abschnitt 4.5, Finger der linken Hand) und der Unterarm-Streckung und Rotation (s. Abschnitt 4.3). Er wird gebraucht, um tonleiterähnliche Legato-Passagen auf einer Saite zu spielen. Er wird ausgeführt, indem man die Finger in die Nähe der Zieltöne innerhalb benachbarter Lagen bringt und sie mit einer leichten Drehung des Unterarms fallen lässt.

Beim Aufwärtswechsel wird der Ausgangsfinger wie beim Vibrato so weit wie möglich nach vorn gerollt. Dabei ist der Finger gebeugt, und die Saite sollte Kontakt neben dem Fingernagel auf der dem Daumen abgewandten Seite haben (s. Abb. 8c und 8h). Dann wird in einer schnellen, eleganten Bewegung der Zielfinger unter dem Ausgangsfinger gestreckt, indem er mit einer leichten Drehung des Unterarms auf die Saite fallengelassen wird (s. Abb. 7c, d). Nun beugt sich der Zielfinger und bringt den nächsten Finger mit der Saite in Kontakt und bereitet so den folgenden „kurzen" Lagenwechsel vor. Der Arm selbst setzt seine Bewegung sanft entlang des Halses fort, und die Finger werden entspannt gehoben und fallengelassen, wie bei einem Triller, wo nur das leichte Vor- und Zurückschwingen des Unterarms den Lagenwechsel erkennen lässt.

Der Lagenwechsel zurück in die tieferen Lagen ist die genaue Umkehrung des oben beschriebenen Vorgangs. Der einzige Unterschied dabei ist, dass der Ausgangsfinger nicht mehr von dem Zielfinger weggeschoben wird, wenn er zu langsam ist, sondern sich nun aktiv

Hand Fingers, Section 4.5) and the lower arm extension/rotation motion (see Section 4.3). It is indispensable in performing legato scale-like passages on one string and functions by bringing the fingers into the vicinity of the notes in neighbouring positions, allowing them to drop with a light twist of the lower arm.

In shifting upwards, the old finger is rolled forward as far as possible, as in vibrato, with the finger bent and the string making contact alongside the nail on the side away from the thumb (see figs. 8c and 8h). Then, in one swift and graceful motion, the new finger is extended beneath the old, dropping onto the string with a slight twist of the lower arm (see figs. 7c,d). The new finger now bends, bringing the next finger in contact with the string, thus preparing for the following short shift. The arm itself progresses smoothly alongside the neck and the fingers are dropped and lifted in a relaxed manner, identical to a trill, with only the subtle rocking back and forth of the lower arm to reveal the presence of the shift.

The shift back into the lower positions is precisely the reverse of the above procedure. The only difference is that, whereas the old finger would have been previously pushed aside by the new if it were too slow, now the old must actively bend and pull itself out from underneath (see fig. 7e).

Because of the feathered motion of the upper arm, it is possible to execute a rapid succession of "short" shifts

131

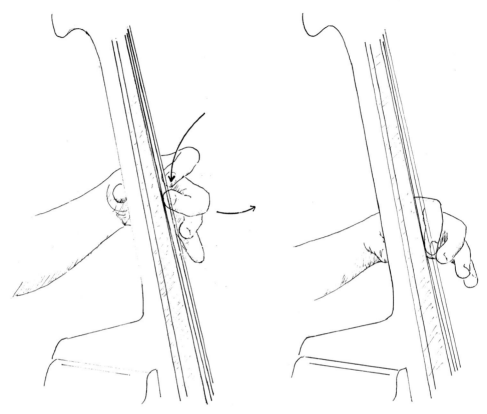

Abb. 7c, d: Handhaltung, die einem aufwärtsgehenden „kurzen" Lagenwechsel vorausgeht (links) und folgt (rechts). (Vom 2. zum 1. Finger)

Figs. 7c, d: Hand position preceding (left) and following (right) an ascending „short" shift (from 2nd to 1st finger)

beugen und sich selbst von unten heraus-ziehen muss (s. Abb. 7e).

Aufgrund der federnden Bewegung des Oberarms ist es möglich, eine schnelle Folge „kurzer" Lagenwechsel auszuführen, die zwei oder drei Töne pro Lage enthalten. Dies macht es jedoch erforderlich, dass der Ausgangsfinger zwischen dem Zielfinger und Zielton liegt. Jegliche Begrenzungen, die auf diese fingertechnische Einschränkung zurückzuführen

containing two or three notes per position. This requires, however, that the old finger preceding the shift always has a higher number than the new (that is, the old must lie between the new finger and the new note). Any limitations due to this fingering restriction are vastly outweighed by the superior agility afforded by the shift. Shifting to a note closer to the new finger than the old, or one without a finger change at all,

sind, werden bei weitem aufgewogen durch die von diesem Lagenwechsel ermöglichte Agilität. Der Lagenwechsel zu einem Ton, der näher beim Zielfinger liegt als beim Ausgangsfinger oder ein Lagenwechsel ohne jegliche Fingerveränderung erfordert eine „Sperrstange" – ähnliche Bewegung des Arms und wird unter Langer Lagenwechsel näher erläutert.

Beim Spielen der folgenden Übungen ist es sehr wichtig, dass das volle Gewicht des entspannten linken Arms durch die zwei Finger getragen wird, etwa so als ob man „hinkend" gehen würden. Langsam beginnen, die Geschwindigkeit des Lagenwechsels selbst allmählich erhöhen, dabei die punktierten Noten so halten, als ob sie mit tenuto markiert wären. Erst später das Gesamttempo erhöhen.

Eine andere sehr nützliche Variante des „kurzen" Lagenwechsels ist der Austausch-Fingersatz. Er ist dadurch gekennzeichnet, dass der Ton vor und nach dem Lagenwechsel derselbe bleibt (s. Abschnitt 6.8).

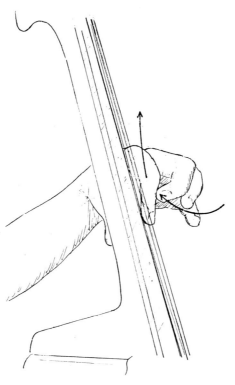

Abb. 7e: Abwärtsgehender „kurzer" Lagenwechsel (vom 1. zum 2. Finger)

Fig. 7e: Descending „short" shift (from 1st to 2nd finger)

involves a ratchet-like motion of the arm and is discussed further under "Long" Shifts.

When practicing the patterns on page 134, it is very important that the full weight of the relaxed left arm is supported by the two fingers in much the same manner as if they were "walking with a limp". Begin slowly, gradually increasing the speed of the shift itself, while continuing to hold out the dotted notes as if each were marked tenuto. Only later should the overall tempo be increased.

Another ex-tremely useful variation of the "short" shift is called replacement fingering; it is unique in that the note before and after the shift remains the same (see Section 6.8).

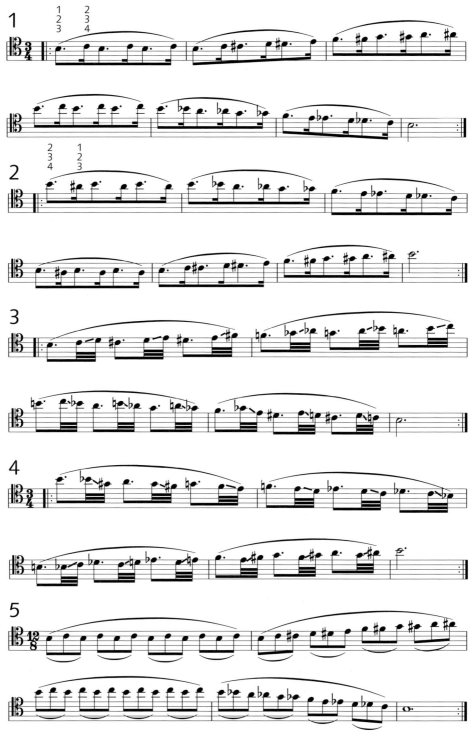

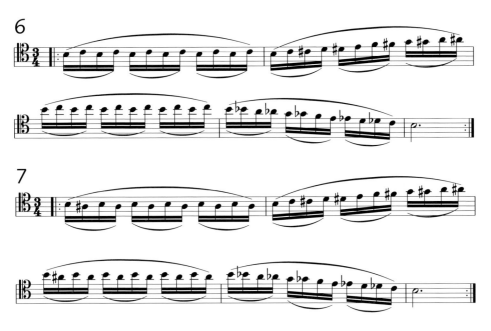

7.3 „Langer" Lagenwechsel

Der „lange" Lagenwechsel wird charakterisiert sowohl durch eine stark führende Rolle des Bogens als auch einen vibratoähnlichen Impuls des linken Arms. Unabhängig von der Richtung des Lagenwechsels ist die anfängliche Bewegung vom Ausgangston weg immer abwärts, und der neue Ton muss vor dem Schlag von unten erreicht werden (s. Abb. 7f, g), wodurch ein mikrotonaler Leitton erzeugt wird. Dadurch wird nicht nur das notwendige Moment erzeugt, um große Entfernungen schnell und elegant zurückzulegen, sondern es schafft auch eine Art musikalischer Spannung unmittelbar vor dem Lagenwechsel, die die natürlichen Tendenzen der menschlichen Stimme nachahmt. Darüber hinaus wird der Anfang

7.3 The "Long" Shift

The "long" shift is characterized by both a strong dependency on bow control and a vibrato-like impulse from the left arm. Regardless of the direction of the shift, the initial motion away from the old note is always downwards and the new note must be approached before the beat from below (see figs. 7f,g), creating a microtonal leading tone. This not only provides the necessary momentum to cover large distances gracefully and quickly, but creates a type of musical tension directly before the shift which mimics the natural tendencies of the human voice. Furthermore, unless specifically altered for musical effect, the beginning of each note becomes technically independent of the previous note's pitch.

jedes Tons, wenn er nicht extra für einen musikalischen Effekt geändert wird, technisch unabhängig von der Tonhöhe der vorausgehenden Note.

Das augenfälligste Charakteristikum des „langen" Lagenwechsels ist die führende Rolle des Bogens, besonders wenn dabei größere Entfernungen zurückgelegt werden. Hier wird es im Gegensatz zum „kurzen" Lagenwechsel sogar physisch unmöglich, einen Finger bereits über den Zielton zu platzieren, während der Ausgangston noch gespielt wird. Außerdem stellt schon die Größe des Intervalls an sich ganz andere Anforderungen an das Streichen beider Töne.

Die vier Phasen eines Lagenwechsels sind in Abbildung 7h graphisch dargestellt und nachstehend beschrieben.

1. Abbremsen des Bogenstrichs

Der Lagenwechsel wird – gegen die Intuition – mit dem rechten Arm durch eine plötzliche Reduzierung der Bogengeschwindigkeit eingeleitet. Das damit zusammenhängende Nachlassen des Widerstandes der Saite ist auf die daraus resultierende ungeeignete Anpassung zwischen Tonhöhe und Bogengeschwindigkeit zurückzuführen.

2. Impuls des linken Arms

Wenn der Punkt des minimalen Widerstands erreicht ist, wird der Finger der linken Hand gestreckt und der Arm entweder nach oben geschwungen oder man lässt ihn zu einem tieferen Ton zurückschwingen. Je nach der gewählten Stärke des minimalen Widerstands kann das daraus folgende glissando entweder übertrieben

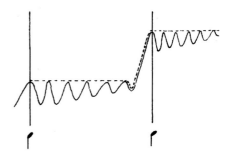

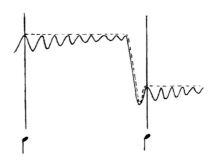

Abb. 7f, g: Tonhöhenprofil eines aufsteigenden Lagenwechsels (oben) und eines absteigenden Lagenwechsels (unten); durchgehende Linie mit Vibrato, unterbrochene Linie ohne Vibrato

Figs. 7f, g: Pitch profile of upward (above) and downward shift (below); solid line is with vibrato, broken line without vibrato

The most prominent feature of the "long" shift is the leading role played by the bow, particularly so when covering larger distances. Here, it becomes physically impossible to have a finger poised over the new note while still playing the old, as was the case with the "short" shift, and more importantly, the sheer size of the interval is bound to impose completely different bowing requirements on the two notes.

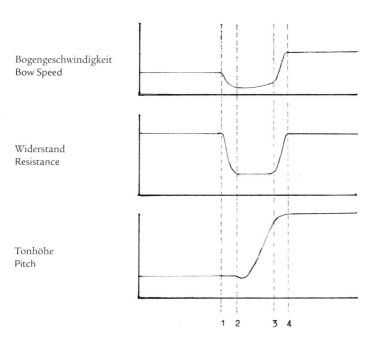

Bogengeschwindigkeit
Bow Speed

Widerstand
Resistance

Tonhöhe
Pitch

1   2   3   4

Abb. 7h: Vier Phasen des Lagenwechsels: 1) Abbremsen des Bogenstrichs, 2) Impuls des linken Arms, 3) Beschleunigung des Bogens und 4) Artikulation einer neuen musikalischen Silbe

Fig. 7h: Four stages of a shift: 1) braking of the bow stroke, 2) impetus from the left arm, 3) acceleration of the bow and 4) articulation of a new musical syllable

oder unhörbar gemacht werden. Wenn ein Bogenwechsel an diesem Punkt erfolgt (am Beginn des glissandos), handelt es sich um den sogenannten Französischen Lagenwechsel. Findet dabei auch ein Fingerwechsel statt, erfolgt er normalerweise vor dem glissando, das dann mit dem Zielfinger ausgeführt wird. Der sich daraus ergebende Klang verleiht dem Lagenwechsel eine überzeugende singende Qualität, aber durch seine ausgesprochen romantische Ausprägung ist er oft ungeeignet für andere musikalische Stile.

3. Beschleunigung des Bogens
Kurz bevor der neue Ton erreicht wird, beginnt der Bogen eine plötzliche

The four stages of a shift are graphically depicted in figure 7h, and consist of:

1. Braking of the bow stroke
The shift is , counter-intuitively, initiated by the right arm with a sudden reduction in bow speed; a corresponding drop in resistance from the string is due to the mismatch between pitch and bow speed.

2. Impetus from the left arm
As the point of minimal resistance is approached, the left-hand finger is extended and the arm is either flung upwards or allowed to swing back to a lower note. The presence of the ensuing glissando can be exaggerated or rendered inaudible,

137

Beschleunigung mit einem entsprechenden Anstieg in Widerstand und Lautstärke.

4. Artikulation einer neuen musikalischen Silbe

Das gleichzeitige Erreichen des Zieltones und die Wiederherstellung des maximalen Bogenwiderstandes schaffen die Illusion einer musikalischen Silbe, die modifiziert werden kann, um eine breite Palette konsonanter Laute hervorzurufen. Eine plötzliche Beschleunigung der Bogengeschwindigkeit erzeugt einen Effekt, der dem von gesprochenen Wörtern, die mit t oder p beginnen, ähnelt und sich besonders gut für den Gebrauch beim Französischen Lagenwechsel eignet. Ein Bogenwechsel am Beginn oder kurz vor einer neuen Silbe ist ein Kennzeichen des Deutschen Lagenwechsels. Sollte ein Fingerwechsel nötig sein, begleitet er normalerweise den Bogenwechsel. Dies führt dazu, dass das glissando hier mit dem Ausgangsfinger ausgeführt wird.

Durch die Übung auf Seite 140 erlernt man die Beherrschung der Führungsrolle des Bogens während des Lagenwechsels und die Kontrolle des Widerstandes durch die Zuordnung präziser Bogenlängen zu verschiedenen Phasen des Lagenwechsels. Dazu muss der Bogen mit einem kleinen Stück Klebeband in etwa zehn Zentimeter Entfernung vom Frosch markiert werden (ø). Diese Marke zeigt die Stelle an, an der der Bogenwechsel erfolgt. Dann eine zweite Markierung etwa zwanzig Zentimeter weiter an der Stange anbringen (s. Abb. 7i). Beim Üben des Deutschen Lagenwechsels in Beispiel A auf der folgenden Seite den Bogen in einem Spiegel beobachten und

depending on the chosen level of minimal resistance. If a bow change occurs at this point (at the beginning of the glissando) the shift is refered to as a French shift; should a finger change also take place, it typically is made in advance of the glissando, which is then executed using the new finger. The resulting sound imparts a powerful singing quality to the shift, but its pronounced romantic quality renders it inappropriate for other musical styles.

3. Acceleration of the bow

Shortly before reaching the new note, the bow begins a sudden acceleration with a corresponding increase in resistance and volume.

4. Articulation of a new musical syllable

The simultaneous arrival at the new pitch and reestablishment of maximum bow resistance creates the illusion of a musical syllable which can be modified to invoke a wide variety of consonant sounds. A sudden acceleration of the bow speed produces an effect similar to that of spoken words beginning with the letter t or p, and is particularly well-suited for use with a French shift. A bow change at the beginning (or slightly ahead) of the new syllable is the earmark of a German shift. Should a finger change be necessary, it normally accompanies the bow change, the glissando thus being executed with the old finger.

In the exercise on page 140, the mastery of the bow's leading role during the shift and the control of resistance are acquired by allocating precise lengths of bow to the various stages of the shift. The bow is to be marked with a small piece of

mit dem Abbremsen beginnen, sobald die 20cm-Marke passiert hat. Der Lagenwechsel erfolgt kurz danach und geht sanft und ohne Unterbrechung in die neue Lage über. Bei ø wird der Bogen gewechselt und die Geschwindigkeit des Bogens wiederhergestellt. Alle Veränderungen der Bogengeschwindigkeit werden ausschließlich von den größeren Muskelpartien des Schultergürtels und des Rückens vorgenommen. Dann das zweite Stück Klebeband noch dichter an ø platzieren und die Übung wiederholen. In den Beispielen 2 und 3 wird der Lagenwechsel selbst allmählich schneller, es muss jedoch stets darauf geachtet werden, immer mit dem Bogen zu führen. Alle oben beschriebenen Übungen können auch mit umgekehrten Bogenstrichen durchgeführt werden. Dazu die Marke ø dicht an die Spitze und die zweite Marke in die entsprechende Entfernung von der ersten setzen. Falls nötig, in den oberen Registern mehr Bogen als angezeigt benutzen. Wenn man das Feingefühl für den Lagenwechsel allmählich erworben hat, sollte man sich auch immer mehr nach dem Klang selbst richten, um den gewünschten Bewegungsablauf zu erzeugen. Alle Übungen sollten auch mit größeren Intervallen und auf allen vier Saiten geübt werden.

tape about 10 cm from the frog (ø) which indicates where the bow change occurs, a second piece being placed 20 cm further down the stick (see fig. 7i). When practicing the German shift in example A on the next page, use a mirror to observe the bow, braking as soon as the 20 cm tape is passed. The shift follows shortly thereafter and continues smoothly and uninterrupted to the new pitch. At ø, the bow is changed and the bow speed is restored. All bow speed changes are regulated exclusively by the large muscles of the shoulder girdle and back. Repeat, placing the second piece of tape ever closer to ø. In examples 2 and 3, the shift itself becomes progressively faster, but care must be taken always to lead with the bow. All the above may also be practiced with the bowings reversed by placing the piece of tape marking ø near the tip and the second tape at the appropriate distance from ø. Use more bow than indicated in the upper registers, if necessary. As the feel of the shift becomes more familiar, the proper sound should also be used as a cue in producing the desired sequence of events. All patterns should also be practiced using larger intervals and repeated on all four strings.

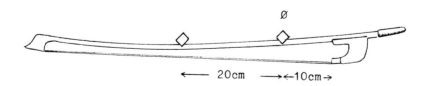

Abb. 7i: Zuordnung der genauen Bogenlängen für die verschiedenen Phasen des Lagenwechsels

Fig. 7i: Allocation of precise lengths of bow for each of the various stages of a shift

139

Middle = Mitte   Shift = Lagenwechsel
Brake = Bremsen   Half bow = Halber Bogen

Variationen:
Variations:

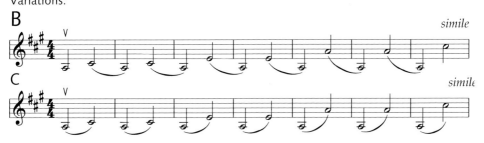

Der Französische Lagenwechsel kann in ähnlicher Weise geübt werden:

The French shift can be practiced in a similar manner.

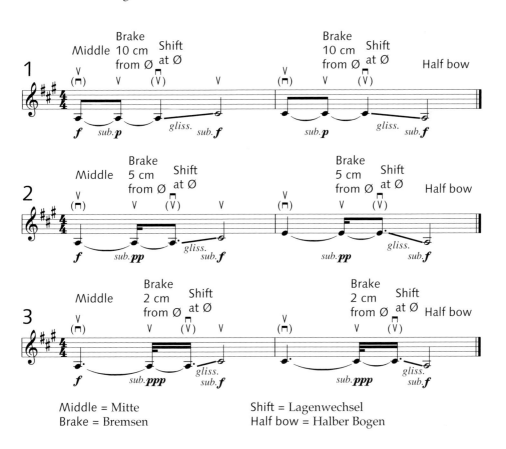

Middle = Mitte
Brake = Bremsen

Shift = Lagenwechsel
Half bow = Halber Bogen

Lagenwechsel, bei denen die Bogenge-schwindigkeit oder das Gewicht so dras-tisch reduziert werden, dass es zu einer tatsächlichen Unterbrechung der Linie kommt, müssen entweder durch reine Tastorientierung (s. Abschnitt 11.3) oder durch das empfundene Moment geführt werden. So wie man in einem Bruchteil einer Sekunde, nachdem ein Ball geworfen wurde, sagen kann, wo er landen wird, ist es möglich, den linken Arm anhand sub-tiler hörbarer Andeutungen am Beginn des Lagenwechsels zu führen, selbst wenn diese Signale dann unterbrochen werden. Wenden Sie die Abbildungen unten auch bei der „Langer"-Lagenwechsel-Übung A auf Seite 140 an.

Shifts, in which the bow speed or weight is so radically reduced that an actual break in the line occurs, must be guided either by a pure tactile orientation (see Section 11.3) or by the use of per-ceived momentum. Just as one can accu-rately judge within a fraction of a second after a ball is thrown where it will land, it is possible to guide the left arm using subtle audible cues at the beginning of a shift, even when they are subsequently interrupted. Also apply the figures below to the "long" shift exercise A on page 140.

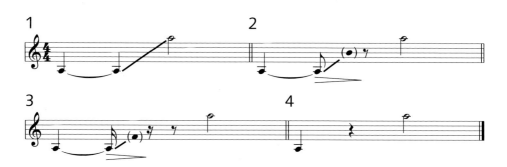

Eine schnelle Folge von Lagenwech-seln auf einem einzelnen Finger, die eine „Sperrstange"-ähnliche Bewegung er-zeugt, unterscheidet sich vom Vibrato nur in der Hinsicht, dass die Entfernun-gen bei der Abwärts- und der Aufwärts-bewegung nicht gleich sind (s. Abb. 7j). Außer dem Gebrauch in virtuosen Pas-sagen, wie zum Beispiel chromatischen

A rapid succession of shifts on a single finger, producing a motion which resem-bles a ratchet, distinguishes itself from vibrato only in the fact that the distances pivoted downwards and upwards are not symmetrical (see fig.7j). Besides its use in virtuostic passages, such as chromatic octaves, the ratchet shift can be extremely useful in many rapid triplet passages,

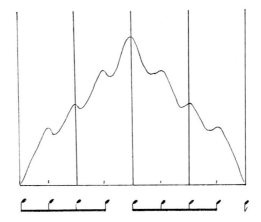

Fig. 7j: Ratchet shift

Abb. 7j: „Sperrstange"-
Lagenwechsel

Oktaven, kann der Sperrstange-Lagen-wechsel in schnellen Triolen-Passagen äußerst nützlich sein, wo er durch konsekutive Koordinationsübungen mit den Fingerwechseln synchronisiert werden muss (s. Abschnitte 9.3 und 9.4).

7.4 Ablangen

Eine Variation des „langen" Lagenwechsels ist das Ablangen eines Tones, der sich in einer Nachbarlage befindet. Diese Bewegung beinhaltet eine übertriebene Schwingbewegung wie beim Vibrato. Sie wird entweder ohne oder mit einem Fingerwechsel, bei dem der Zielfinger dichter am Zielton ist als der Ausgangsfinger, ausgeführt. Sie unterscheidet sich außerdem dadurch, dass der Daumen oder gelegentlich einer der Finger seine Position während des Lagenwechsels nicht verändert. Sie bietet auch eine brauchbare Alternative zu vielen unergiebigen weiten Lagen. Hier einige Beispiele des Ablangens (die durch einen Pfeil gekennzeichnet sind):

where it must be synchronized in a consecutive coordination pattern with the finger changes (see Sections 9.3 and 9.4).

7.4 "Borrowed" Notes

A variation of the "long" shift is the borrowed note from a neighbouring position. It involves an exaggerated pivotal swing similar to vibrato, either with a finger change (where the new finger is closer to the next note than the old) or without. It is also distinguished by the fact that the thumb (or occasionally one of the fingers) doesn't change position during the shift. It also provides a viable alternative to many unwieldy extensions.

Here are some examples of borrowed notes (as indicated by an arrow):

143

Abschnitt acht: Vibrato
Section eight: Vibrato

8.1 Analyse

Ein Vibrato kann drei Elemente des Tons variieren: die Tonhöhe, den harmonischen Gehalt und die Lautstärke. Das Vibrato einer Flöte zum Beispiel ändert hauptsächlich die Obertöne, d. h. den harmonischen Gehalt, und das einer elektrischen „Kino"-Orgel seine Lautstärke. Auch wenn das Vibrato eines Saiteninstrumentes hauptsächlich die Tonhöhe moduliert, spielen doch die beiden anderen Elemente der Lautstärke und des harmonischen Gehalts eine nicht unbedeutende Rolle.

8.1 Analysis

Vibrato can modulate three tonal elements: pitch, harmonic content and loudness. The vibrato of a flute, for instance, principally alters the predominance of its overtones (that is, its harmonic content) and that of an electric theater-organ, its volume. Although the vibrato of a stringed instrument relies to a greater extent on pitch modulation, the additional contributions of harmonic content and volume also play a critically important role.

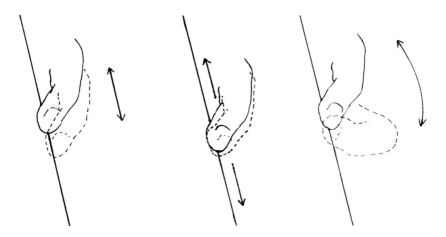

Abb. 8a–c: Gleiten des Fingers entlang der Saite (links), Deformation des Polsters an der Fingerspitze (Mitte), Rollen auf der Fingerspitze (rechts).

Figs. 8a–c: Sliding of the finger along the string length (left), deformation of the pad of the fingertip (middle) and rolling on the fingertip (right)

Die erforderliche Veränderung der Tonhöhe kann durch eine Veränderung der Saitenlänge oder -spannung hervorgerufen werden. Die Änderung der Spannung, die sehr häufig von Gitarristen praktiziert wird, erfordert das Dehnen der Saite zu einer Seite hin und kann auch von Bassisten für ein Vibrato auf Flageoletttönen benutzt werden. Die Saitenlänge kann durch eine von drei möglichen Bewegungen der Fingerspitzen der linken Hand verkürzt und verlängert werden: Gleiten, Deformation oder Rollen (s. Abb. 8a–c). Das Gleiten der Fingerspitze entlang der Saite erzeugt die größte Veränderung der Tonhöhe und wird von Jazz-Bassisten gern benutzt. Der daraus entstehende Ton dieses Vibratos ist jedoch im Allgemeinen zu unscharf, um für das Spielen mit Bogen in Frage zu kommen. Eine geläufigere Vibrato-Technik ersetzt das ungenaue Gleiten durch die Deformation der dicken, fleischigen Polster der Fingerspitzen. Der Nachteil hierbei ist, dass selbst ein sehr hoher Energieaufwand des linken Arms eine enttäuschend kleine Veränderung der Tonhöhe hervorruft. Nur das Rollen auf den Fingerspitzen bietet beide Vorteile gleichzeitig, nämlich eine starke Veränderung der Tonhöhe und eine gut kontrollierbare und widerstandsfreie Bewegung, die für ein müheloses Vibrato unbedingt erforderlich ist.

Die Tatsache, dass die starke Veränderung der Tonhöhe durch das flexible Beugen und Strecken der Finger hervorgerufen wird, stellt für den Bassisten einen wesentlichen Vorteil gegenüber der Unterarmverdrehung mit steifen Fingern

The required change in pitch can be achieved by altering the string length or its tension; the latter, used extensively by guitarists, involves stretching the string to one side and can also be used by double bassists for vibrating on harmonics. The string length can be shortened and lengthened by one of three motions of the left hand fingertips: sliding, deformation or rolling (see figs.8a–c). Sliding the fingertip along the length of the string produces the greatest pitch modulation and is popular among jazz bassists, but the resulting vibrato is generally too unfocused for use with a bow. A more common vibrato technique replaces the inaccuracy of sliding with the deformation of the thick fleshy pads of the fingertips. The disadvantage here is that even a relatively high energy expenditure by the left arm results in a disappointingly small change in intonation. Only rolling on the fingertips offers the benefits of precision, a large variation in pitch and the precision and resistance-free motion indispensable to an effortless vibrato.

The large change in pitch realized by flexibly bending and stretching the fingers is an important advantage for bassists over the use of a lower arm twist with stiff fingers. Because the prefered motion is also indistinguishable from those used in shifting and fingering, it can be integrated very effectively into a consistent and cohesive left hand technique, and is, moreover, unique in providing a finely controllable impetus to the bow. By virtue of the shortening and lengthening of the string length through

dar. Da sich die vorzuziehende Bewegung eigentlich nicht von der beim Lage- und Fingerwechsel unterscheidet, kann sie sehr effektiv in eine zusammenhängende, konsequente Technik der linken Hand eingebunden werden. Außerdem gibt sie als einzige dem Bogen einen ausgezeichneten kontrollierbaren Impuls. Durch das Verkürzen und Verlängern der Saitenlänge durch das Vibrato, verändert sich das Register der Kontaktstelle, obwohl sie in einem konstanten Abstand zum Steg bleibt, weil sich der Bruchteil der Saitenlänge, der sich zwischen Bogen und Steg befindet, ändert. Das Ergebnis ist ein Vibrato mit einem harmonischen Gehalt, der in einem zunehmenden Maße hörbar wird, je näher man am Steg spielt. Dieser Effekt wird dadurch verstärkt, dass komplexe natürliche Resonanzfrequenzen eines bestimmten Instruments dafür sorgen, dass sich die Stärke der verschiedenen Obertöne eines Tons bei jeder noch so geringen Veränderung in der Tonhöhe dramatisch verändert. Damit lässt sich erklären, warum ein Vibrato auf manchen Instrumenten besser klingt als auf anderen.

Variationen im Bogengewicht (harmonischer Gehalt) und in der Bogengeschwindigkeit (Lautstärke), die in winzigen Anteilen effektiv vom linken Arm zu den entspannten Schultern und dem Rücken weitergeleitet werden können, führen zu dem sogenannten Bogenvibrato, das als starkes Mittel zur Intensivierung der Klangfarbe genutzt werden kann.

Eine unbefriedigende Form des Vibratos des harmonischen Gehalts (das häufig

vibrato, the bow, though remaining a constant distance from the bridge, is effectively changing its register (the fraction of the string length which finds itself between the bow and the bridge). The result is a vibrato of harmonic content which becomes increasingly noticeable as one plays closer to the bridge. This effect is intensified by the fact that complex natural resonant frequencies of a particular instrument cause the strength of the various overtones of a note to change dramatically with even surprisingly minute changes in its pitch This helps to explain why vibrato sounds better on some instruments than on others.

Variations in bow weight (harmonic content) and speed (volume), which can be effectively transferred in minute quantities from the left arm through the relaxed shoulders and back, result in the so-called bow vibrato, a potent means to intensify the tone color.

An unsatisfactory form of harmonic content vibrato (which is frequently mistaken for a pitch vibrato) results from a brief reduction of pressure by the finger stopping the string during the lower half of the vibrato cycle. Although the perceptible alternation between the pure and the muffled tone is, in fact, a modulation of harmonic content, its detrimental effect on pitch modulation and projection, not to mention its unpleasant sound, render it unacceptable.

147

als ein Tonhöhenvibrato missverstanden wird) ergibt sich aus einer kurzen Reduzierung des Drucks, den der Finger auf die Saite ausübt, während der unteren Hälfte des Vibrato-Zyklus. Obwohl die wahrnehmbare Änderung zwischen dem reinen und dem gedämpften Ton tatsächlich eine Modulation des harmonischen Gehalts ist, ist sie wegen ihrer nachteiligen Auswirkung auf die Tonhöhenmodulation und die Tragfähigkeit des Klanges, ganz von der Wirkung auf seine Schönheit zu schweigen, nicht brauchbar.

8.2 Ausführung

Die Vibrato-Bewegung in der tieferen Lage besteht aus der Ober- und Unterarmbewegung (s. Abschnitt 4.2) und einer Streckung der Finger. Jede dieser beiden Bewegungen kann die benötigte aktive Schubkraft erzeugen, die Armmuskeln sind jedoch aufgrund ihrer Größe besser dazu geeignet.

Die richtige Bewegung der Finger kann auf folgende Art passiv hervorgerufen werden. Den Hals des Basses zwischen Daumen und einem der vier Finger halten. Nach oben ziehen, so als ob Sie den Bass vom Boden heben wollten, bis die Hand mit ausgestrecktem Finger langsam in Richtung Schnecke rutscht. Dann nach unten drücken, als ob Sie den Stachel des Basses in den Boden stechen wollten, und den Finger sich passiv beugen lassen, bevor die Hand in Richtung des Klangkörpers rutscht. Dann die Übung wiederholen, ohne die Fingerspitze entlang der Saite rutschen zu lassen (s. Abb. 8d).

8.2 Execution

In the lower positions, the vibrato motion consists of the upper arm/lower arm motion (see Section 4.2) combined with the extension of the fingers; either one can provide the active thrust, although the arm muscles are perhaps better suitable for the task due to their larger size.

The proper motion of the fingers can be passively evoked in the following manner. Hold the neck of the bass between the thumb and one of the four fingers. Begin pulling upwards, as if trying to lift the bass from the ground, until the hand slowly slips towards the scroll with the finger extended. Then push downwards, as if attempting to shove the endpin into the floor, allowing the finger to passively bend before the hand begins to slip towards the body of the bass. Repeat without letting the fingertip slip along the string (see fig. 8d). Be absolutely certain to maintain the orientation of the left hand, with the palm always pointing slightly downwards at the same angle, and avoid turning the lower arm with a rotational motion (see Section 3.3, Lower Arm)!

This vibrato motion can be precisely duplicated using an active extension of the fingers. Begin with the finger fully bent, as in the second half of the previous description. Leaving the arm and hand essentially motionless, push the fingertip along the string until the finger is fully extended (see fig. 8e). The final curvature of the finger, when either extended or bent, should be identical for both the active and passive means of producing the motion; the only

Achten Sie unbedingt darauf, die Ausrichtung der linken Hand beizubehalten, wobei die Handfläche immer leicht im gleichen Winkel nach unten zeigt, und vermeiden Sie eine Drehbewegung des Unterarms (s. Abschnitt 3.3 Unterarm)!

Diese Vibrato-Bewegung kann durch eine aktive Streckung der Finger exakt verdoppelt werden. Mit völlig gebeugtem Finger beginnen, wie in der zweiten Hälfte der vorigen Beschreibung. Den Arm und die Hand im Wesentlichen bewegungslos lassen, die Fingerspitze entlang der Saite schieben, bis der Finger völlig gestreckt ist (s. Abb. 8e). Der Endzustand des Fingers (gebeugt oder gestreckt) sollte sowohl bei der aktiven als auch bei der passiven Art der Bewegungserzeugung gleich sein. Der einzige Unterschied sollte der Referenzraum sein, d. h. der Punkt auf dem Griffbrett, an dem der Finger zur Ruhe kommt.

Die Geschwindigkeit des Vibratos wird bestimmt durch den Abstand des Drehpunktes im Unterarm vom Ellbogen (s. Abschnitt 2.2, Wahl des Drehpunktes und Eigenfrequenz). Dies kann zuerst lautlos geübt werden, indem man eine Faust macht oder ein kleines Gewicht in der linken Hand hält. Dann die geöffnete Hand über das Griffbrett schwingen und sie dabei langsam schließen, bis der Daumen und die Finger leicht über den Hals streichen (s. Abb. 8f). Allmählich die Größe der schwingenden Bewegung reduzieren, bis Daumen und Finger aufhören

thing that should differ is the frame of reference, that is, the point along the neck upon which the fingertip comes to rest.

The speed of the vibrato is determined by the distance of the fulcrum in the lower arm from the elbow (see Fulcrum Placement and Inherent Frequency, Section 2.2). This can be practiced silently at first while making a fist or holding a small weight in the left hand. Next, swing the open hand over the fingerboard, slowly closing it until the thumb and fingers lightly brush over the neck (see fig. 8f). Gradually reduce the size of the swinging motion until the thumb and one of the fingers cease to slip and begin to bend (as in the preceding two exercises). Finally, bring the weight of the arm to bear upon the string, pressing it firmly to the fingerboard without hindering the elasticity of the movements.

Vibrato in the higher registers of the thumb position is produced solely by the lower arm extension/rotation motion (See

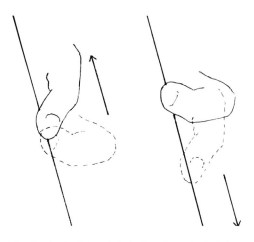

Abb. 8d, e: Passive (links) und aktive Streckung (rechts) des Fingers

Figs. 8d, e: Passive (left) and active extension (right) of the finger

zu rutschen und anfangen, sich zu beugen (wie in den beiden vorhergehenden Übungen). Schließlich das Gewicht des Arms auf die Saite bringen und sie fest gegen das Griffbrett drücken, ohne die Elastizität der Bewegungen zu verlieren.

Ein Vibrato in den höheren Daumenlagen entsteht nur durch Streckung und Drehung des Unterarms. (s. Abschnitt 4.3) Durch leichtes Heben des Handgelenks in der Daumenlage ist es möglich, die Bewegungsarten für das Vibrieren auf die Hälfte zu reduzieren, von vier auf zwei, wodurch die Bewegung wesentlich einfacher und dadurch schneller und eleganter wird. Es spielt keine Rolle, dass hierdurch die Breite des Vibratos beeinträchtigt werden könnte, der verbleibende Bereich ist mehr als ausreichend. Doch wenn der linke Arm allmählich in die unteren Lagen zurückkehrt, wird die Bewegung des Arms langsam zu einer Bewegung des Oberarms/Unterarms, und jede Lage bewirkt einen anderen Winkel in Bezug auf die Richtung dieser Bewegung. Es kann also notwendig werden, die Weckerübung (s. Abschnitt 4.2) bei allen erforderlichen „Stunden" (etwa von 9:00-3:00 bis 12:00-6:00 „Uhr") zu wiederholen. Wenn der Daumen nicht gerade selber die Saite drückt, sollte er in allen Registern entspannt bleiben und sich passiv beugen, falls er mit dem Bass in Kontakt ist.

Section 4.3). By slightly raising the wrist in the thumb position, it is possible to reduce the number of modes of articulation needed to vibrate by half, from four down to two, thus greatly simplifying the motion and making it more graceful. That this might compromise the width of the vibrato is unimportant; the range which remains is much more than sufficient. However, as the left arm gradually moves back to the lower positions, the motion of the arm slowly becomes an upper arm/lower arm motion, and each position will impose a different angle on the direction of this motion. It may, therefore, be necessary to practice the clock exercise (see Section 4.2) at all the required "hours" (approximately from 9:00-3:00 to

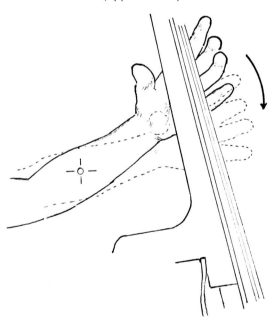

Abb. 8f: Drehpunkt der Schaukelbewegung des Ober- und Unterarms während des Vibratos

Fig. 8f: Fulcrum of the upper arm/lower arm pivotal motion during vibrato

Benutzen Sie die folgenden Übungen, um die erforderliche Flexibiliät der Finger zu erwerben und die Koordination zwischen aktiven und passiven Elementen des Vibratos zu verbessern.

1:00–7:00). When not stopping the string itself, the thumb should remain relaxed in all registers, bending passively while in contact with the bass.

Use the following pattern to develop the required flexibility of the fingers and to improve the coordination between the active and passive elements of vibrato.

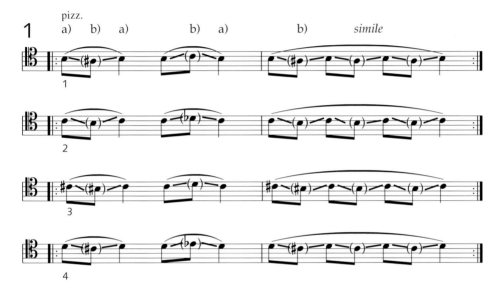

Variationen:
Variations:

a) = Finger gebeugt / Finger bent
b) = Finger gestreckt / Finger extended
( ) = Ungefähr notierte Tonhöhen / Approximate pitch

151

Wann immer Sie Vibrato üben, beachten Sie die folgenden wichtigen Regeln:

1. Die größtmögliche Veränderung der Tonhöhe wird dadurch erzielt, dass die Fingerspitze so weit wie möglich gerollt wird.
2. Bemühen Sie sich um die größtmögliche Veränderung bei der Beugung der Finger (nicht nur um eine Richtungsänderung eines steifen Fingers).
3. Vermeiden Sie es, die Saite mit dem Fingernagel zu berühren; wenn der Finger gebeugt ist, lassen Sie die Saite auf der dem Daumen abgewandten Seite längs des Fingernagels passieren (s. Abb. 8g).
4. Vermeiden Sie jede verdrehende Bewegung der Handfläche und des Handgelenks in den tieferen Lagen.
5. Die Saite muss immer fest niedergedrückt bleiben. Pizzicato-Töne sollten ungedämpft ausklingen können.
6. Ändern Sie den Winkel („Stunde") der Streck- und Drehbewegung des Unterarms ständig von Lage zu Lage, anstatt zu versuchen, sie auf wenige Winkel zu beschränken, indem Sie bei einem Lagenwechsel nach oben die linke Schulter zusammen mit der linken Hand senken, den linken Ellbogen beim Spiel in den Daumenlagen immer im gleichen hohen Winkel halten bzw. alle plötzlichen Änderungen in der Vibrato-Bewegung bzw. Lage des Arms zwischen zwei benachbarten Lagen vornehmen (insbesondere beim Wechsel von tieferen Lagen zu den Daumenlagen).
7. Das Erlernen des Vibratos ist nicht nur von der Ausbildung von Hornhaut

Whenever practicing vibato, the most important guidelines to observe are:

1. Maximize change in pitch by rolling the fingertip as far as possible.
2. Strive for maximum change in curvature of the finger (not just a reorientation of a rigid finger).
3. Avoid striking the string with the fingernail; when the finger is bent, let the string pass alongside the nail on the side away from the thumb (see fig. 8g).
4. Curb any twisting motion of the palm and wrist when vibrating in the lower positions.
5. The string must always remain firmly pressed down. Pizzicato notes should be able to ring out undamped.
6. Be certain to allow the angle ("hour") of the lower arm extension/rotation motion to constantly change from position to position, rather than attempting to constrain it to a few

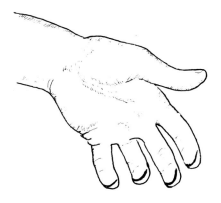

Abb. 8g: Weg der Saiten über die Fingerspitzen und entlang der Fingernägel

Fig. 8g: Path of the strings over the fingertips and alongside the nails

begleitet, sondern auch von einer physischen Transformation des Fleisches an den Fingerspitzen. Wer trotz heftiger Schmerzen übereifrig übt, riskiert Schäden an Nerven und Gewebe. Dies gilt auch für fortgeschrittene Schüler, die, wenn sie zum ersten Mal probieren, die Fingerspitzen an der Saite entlang zu rollen, feststellen müssen, dass die bisher unbenutzten Hautpartien auf der Seite ihrer Fingerkuppe sehr schnell empfindlich werden. Es ist daher ratsam, den Bass so zu stimmen, dass er von einem Halbtonschritt bis zu einer Quarte unter seiner normalen Stimmlage liegt, und langsam in die normale Lage zurückgestimmt wird, sobald die Empfindlichkeit der angegriffenen Hautpartien etwas nachlässt. Dadurch wird zusätzlich die unbewusste Anspannung der Muskeln gegen die Schmerzen vermieden.

8.3 Vibrato und Lagenwechsel

Die Armbewegungen, die Vibrato mit seinem aktiven Impuls versehen, sind nicht anders als diejenigen, die den Arm während eines Lagenwechsels führen. Diese Tatsache kann für die Entwicklung und Koordination dieser Bewegungen verwendet werden. In der Übung auf Seite 153 erzeugt man zuerst einen vibratoähnlichen Klang als Klangvorbild, indem man einen mikrotonalen Triller mit zwei Fingern spielt. Die oben beschriebenen Bewegungen des Ober- und Unterarms werden dann eingesetzt, um die

angles by lowering the left shoulder alongside the left hand when shifting upwards, always holding the left elbow at the same high angle when playing in the thumb positions, or making any sudden changes in the vibrato motion or position of the arm between two neighbouring positions (particularly when changing from the lower to the thumb positions).

7. The acquisition of vibrato is accompanied not only by the development of callouses, but by a physical transformation of the flesh of the fingertips as well. Those who over-zealously practice, in spite of severe pain, risk incurring nerve and tissue damage. This also applies to advanced students who, in attempting for the first time to roll the fingertips along the string, find that the previously unused regions of skin on either side of their callouses become tender very quickly. It is therefore recommended that the bass be tuned anywhere from a half step to a fourth below concert pitch, slowly returned to pitch as the soreness of the fingertips subsides. This has the added benefit of helping to avoid the unconscious introduction of muscular tension due to pain.

8.3 Vibrato and Shifting

The motions of the arm which provide the active thrust for either vibrato or for shifting are indistinguishable; this fact can be exploited to assist their development

153

Klangmodelle durch einen zwischen die zwei Töne rutschenden Finger nachzuahmen. Die Saite sollte stets fest gegen das Griffbrett gedrückt werden, während sowohl Daumen als auch Finger hin- und herrutschen. Allmählich wird das mikrotonale Intervall des Trillers auf den kleineren Umfang eines etwas „geschmackvolleren" Vibratos begrenzt, bis Daumen und Finger schließlich aufhören zu rutschen und somit anfangen, passiv über den Hals zu rollen.

and coordination. In the following exercise, an "acoustical model" of vibrato is first created by a microtonal trill between two fingers. Next, this sound is imitated by quickly sliding on one finger between the two notes, using an upper arm/lower arm motion as described above. Here, the string should remain firmly pressed to the fingerboard and the thumb should be allowed to slide back and forth along with the finger. Finally, the microtonal interval is reduced until the sound begins to assume a somewhat more "tasteful" vibrato character and the finger and thumb are allowed to stop sliding and to begin passively rolling over the neck.

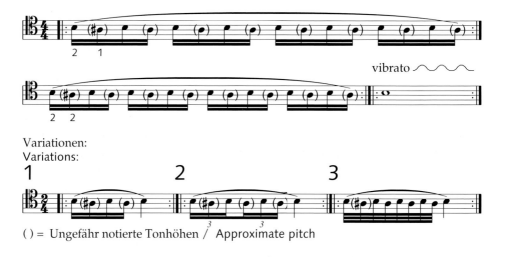

( ) = Ungefähr notierte Tonhöhen / Approximate pitch

Wenn es nicht bewusst zur Erzielung eines musikalischen Effektes geändert wird, beginnt ein Vibrato ebenso wie die Lagen- und Fingerwechsel immer mit einer Bewegung von unterhalb des Tones (als mikrotonaler Leitton), so dass der höchste Punkt des Tonhöhen-Zyklus

When not consciously altered for musical effect, vibrato, just as shifts and fingerings, always begins with a motion from underneath the note (as a microtonal leading tone), such that the peak, or highest pitch of the cycle, coincides with the beginning of the new note (see fig. 8h).

mit dem Beginn des neuen Tones zusammenfällt (s. Abb. 8h). Dieses Aufschwingen von unterhalb des Tones geschieht oft lautlos und wird zusammen mit dem Impuls in den Rückenmuskeln bewerkstelligt, der der Bewegung des Bogens vorausgeht. Die Bewegung kann dazu genutzt werden, den Arm in jedem Moment in eine andere Lage zu schwingen. Beim Wechseln in eine höhere Lage lässt man während der letzten Aufwärtsschwingung des Vibratos die Hand elegant fallen (s. Abb. 7f). Beim Abwärts-Lagenwechsel wird die Hand leicht über den Zielton vorbei „hinausgeschwungen". Dann lässt man sie wie zuvor von unten zurückfallen, indem man den Finger beugt, bis die korrekte Tonhöhe erreicht ist (s. Abb. 7g). Auf diese Weise wird der Anfang eines Tones völlig unabhängig von der Tonhöhe der vorausgegangenen Note. Alle technischen Mittel, die die Art, in der zwei Noten miteinander gebunden werden, festlegen (portamento, staccato, glissando, legato etc.), treten vor dem Taktschlag auf und dürfen nicht unbeabsichtigt das Vibrato am Beginn des neuen Tones verändern.

Wenngleich das tatsächliche Timing zwischen dem Impuls, der zum Lagenwechsel führt, und der Reaktion, die den neuen Vibrato-Zyklus einleitet, letztlich vorwiegend intuitiv ist, kann die Synthese der beiden mit der folgenden Übung erlangt werden. Achten Sie darauf, dass es selbst bei einem Lagenwechsel, der von einem Ton ohne Vibrato ausgeht (wie in den Beispielen 4, 5, 6, und 10), ein vorbereitendes Rückschwingen des Arms gibt, das von einer Streckung

This swinging up from below the note is often silent, in concert with the impulse in the back muscles which precedes the motion of the bow. The motion can be used to hurl the arm at any moment into another position. In shifting into a higher position the hand is gracefully allowed to fall during the last upward swing of the vibrato (see fig. 7f). When shifting downwards, the hand is swung slightly past the final position, and allowed to fall back by bending the finger until the correct pitch is reached, as before, from below (see fig. 7g). Thus, the way a note begins is strictly independent of the previous note's pitch. All technical effects which distinguish the way in which two notes are connected (portamento, glissando, staccato, legato, etc.) occur before the beat and may not be allowed to unintentionally alter the vibrato at the beginning of the new note.

Although the actual timing between the impulse which results in a shift and the rebound which initiates the new vibrato cycle ultimately is overwhelmingly intuitive, the synthesis of the two can be studied in its various stages in the following exercise. Note that even when shifting from a tone without vibrato (as in examples 4, 5, 6 and 10) there is a preparatory swinging back of the arm accompanied by an extension of the finger *before* the beat. The vibrato accent (ex.10) is usually performed by releasing the bow weight (or even by completely lifting the bow away from the string), thus allowing the latter half of each note to ring out in a chime-like manner (see Brush Stroke, Section 5.10).

155

Notiert
Notated:

Zeigt die Schwingungen des Vibratos an
indicates pulses of vibrato

Gespielt:
Played:

Die Tonhöhe der Noten in Klammern
sind nur als ungefähre Anweisung zu verstehen
the pitch of the notes in parentheses is approximate

Auch mit 2., 3. und 4. Finger
repeat with 2nd, 3rd and 4th finger

Variationen:
Variations:

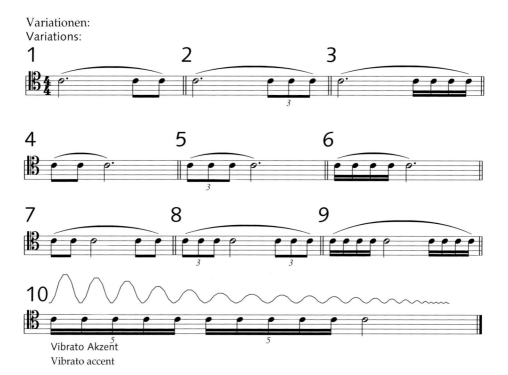

Vibrato Akzent
Vibrato accent

des Fingers vor dem Taktschlag begleitet wird. Der Vibrato-Akzent (vgl. Bsp. 10) wird normalerweise erzielt, indem man das Bogengewicht zurücknimmt (oder sogar den Bogen ganz von der Saite abhebt) und damit die zweite Hälfte des Tones in einem glockenähnlichen Klang ausklingen lässt (s. Abschnitt 5.10, „Brush Stroke").

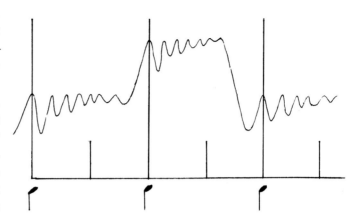

Abb. 8h: Tonhöhenprofil des Vibratos in der Funktion des mikrotonalen Leittons

Fig. 8h: Pitch profile of vibrato functioning as a microtonal leading tone

8.4 Vibrato und Fingersätze

Die vorbereitenden Vibrato-Bewegungen für einen Fingerwechsel innerhalb einer einzelnen Lage sind identisch mit denen für einen Lagenwechsel, d.h. das Zurückschwingen des Arms und die Streckung des alten Fingers. Der neue Finger, der auch gestreckt ist, übernimmt dann das Gewicht des Arms und beginnt, sich zu beugen und die Fingerspitze bis auf die gewünschte Tonhöhe zu rollen; all dies findet wie zuvor vor dem Schlag statt.

Die folgenden Übungen A bis D haben dieselbe Notation wie im vorigen Beispiel und sollten ebenso mit all diesen Variationen (1–10) durchgeführt werden.

8.4 Vibrato and Fingering

The preparatory vibrato motions for a pitch change within a single position are identical to those involving a shift, that is, the swinging back of the arm and extension of the old finger. The new finger, also extended, then assumes the weight of the arm and begins to bend, rolling the fingertip up to the desired pitch; this, as before, all takes place ahead of the beat.

The following exercises A through D use the same notation employed in the previous example, and should also be practiced with all the same variations (1–10).

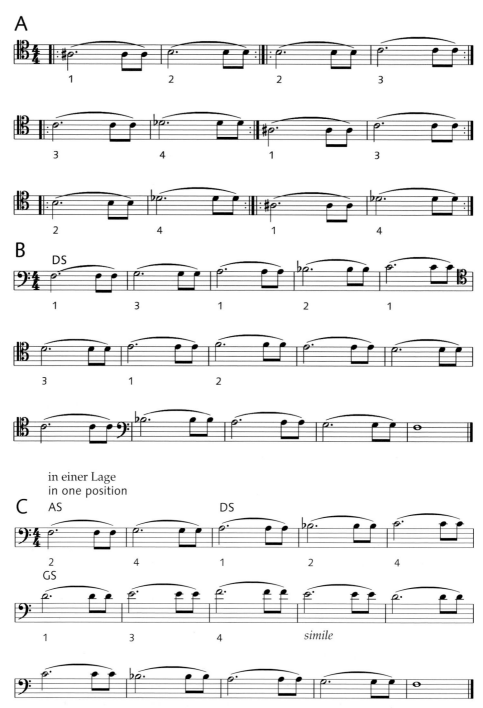

in einer Lage
in one position

8.5 Vibrato als Ausdrucksmittel

Die expressiven Eigenschaften des Vibratos werden bestimmt durch die Änderungen seiner Geschwindigkeit, seiner Breite und seines harmonischen Gehalts. Dadurch realisiert die linke Hand eine Fähigkeit, Klang in einer Weise zu gestalten, die normalerweise nur mit der rechten Hand assoziiert wird. Dies schließt Artikulation, rhythmische Betonung, Phrasierung, Akzente und Toncharakter ein.

Wenngleich das Vibrato letztlich ein höchst persönliches Ausdrucksmittel ist und auch regionalen und aktuellen Geschmacksvorstellungen unterworfen ist, können doch einige generelle Dinge festgehalten werden. Eine Regel ist, dass ein Vibrato um so schneller sein muss, je breiter es ist. Es mag gelegentlich auch

8.5 Vibrato as an Expressive Medium

The expressive qualities of vibrato are determined by changes in its speed, width and harmonic content. Through these qualities, the left hand realizes an ability to shape sound in a manner normally associated only with the right hand, including articulation, rhythmic stress, phrasing, accents and character of tone.

Although vibrato is ultimately a highly personal means of expression and subject to regional and current taste, some generalities can be made about its use. As a rule, the wider vibrato is, the faster it must be. There may also be an occasional musical justification for a fast narrow vibrato, but a slow wide vibrato is inappropriate in all cases where a tone of definite pitch is desired. That is to say,

159

eine musikalische Rechtfertigung für ein enges, schnelles Vibrato geben, aber ein langsames breites Vibrato ist in allen Fällen ungeeignet, in denen ein Ton mit festgelegter Tonhöhe gewünscht wird. Das heißt auch, dass ein Vibrato, je weiter es sich seiner langsamsten Grenze nähert, immer enger werden muss, bis die Schwankungen der Tonhöhe nicht mehr vorhanden sind und die Klangfarbe „rein" ist.

Ein Vibrato mit harmonischem Gehalt ist gut geeignet für sehr leise Passagen, besonders in den tieferen Lagen, wo ein breites Vibrato die Kontrolle des Bogens beeinträchtigt. Beginnen Sie damit, ein tiefes G pianissimo und ohne Vibrato zu spielen. Allmählich anfangen zu vibrieren, zunächst aber sehr langsam und eng. Achten Sie dabei nicht so sehr auf die Veränderung der Tonhöhe, sondern eher auf die sanfte Bewegung des Bogens. Wenn die Intensität des Vibratos leicht erhöht wird, werden sich die Auf- und Abbewegungen des Rückens und der Schulter als winzige Impulse längs des Bogens auswirken. Sobald diese Impulse hörbar werden, ist das Vibrato breit genug, um eine angenehme, feine Klangfarbe zu erzeugen. Wenn es zu breit wird, bricht das Vibrato in eine Reihe separater Pulsschläge auseinander, und der Bogen beginnt, seinen Kontakt mit der Saite zu verlieren. Vibrato des harmonischen Gehalts passt natürlich ebensogut in lauteren Passagen und klingt dann sowohl bei niedrigen als auch bei hohen Geschwindigkeiten gut. Es ist besonders geeignet für musikalische Stile, in denen ein übertriebener romantischer Klang vermieden werden soll.

as vibrato approaches its slowest limit, it must become increasingly narrow, until the pitch change approaches zero and the tone becomes pure.

A vibrato of harmonic content is especially suitable for very quiet passages, particularly in the lower positions, where a wide vibrato tends to interfere with bow control. Begin by playing a low G pianissimo and without vibrato. Gradually begin vibrating, at first very narrowly and slowly. Do not pay particular attention to the pitch change, but rather to the smooth motion of the bow. As the intensity of the vibrato is slightly increased, the undulations in the back and shoulder will begin to appear as minute pulses along the bow. As soon as these pulses become audible, the vibrato is wide enough to produce a pleasing and subtle tone color. If it becomes too wide, the vibrato will break up into a series of separate pulses and the bow will begin to lose its contact with the string. Harmonic content vibrato is, of course, also practical in louder passages and sounds well at both slow and fast speeds. It is particularly well-suited for musical styles where an exaggerated romantic sound is to be avoided.

Many musicians mistakenly believe that vibrato automatically improves the singing quality of their tone. In fact, the introduction of a poorly controlled vibrato into a legato passage frequently serves to interrupt the line, precisely in those moments when just the opposite is desired. It is not enough to be able to modify vibrato independently of shifts and fingerings; it must be purposefully used to create a musical tension which enhances rather than

Viele Musiker glauben irrtümlicherweise, dass Vibrato automatisch die singende Qualität ihres Tons verbessert. Es ist jedoch so, dass eine schlecht kontrolliertes Vibrato in einer legato-Passage häufig die Linie unterbricht, und zwar genau in den Momenten, in denen das Gegenteil erwünscht ist. Es reicht nicht, vibratounabhängig von Lagenwechseln und Fingersätzen modifizieren zu können; es muss zielgerichtet eingesetzt werden, um eine musikalische Spannung zu erzeugen, die die Kantilenen-Wirkung einer Linie verstärkt, anstatt von ihr abzulenken. Ein sehr häufiger Fehler ist es, der „natürlichen", aber irrigen Tendenz zu folgen, dann am stärksten zu vibrieren, wenn Töne, die sonst besonders auffallen, gespielt werden, wie etwa Dissonanzen, lange Noten unter kurzen, überraschende Modulationen und Töne nach großen Sprüngen folgen. Ein wesentlich stärkeres Mittel, die Wirkung solcher Töne zu verstärken, ist es, Spannung im Voraus zu erzeugen, wobei der Höhepunkt des rhythmischen Impulses aufgrund des Vibratos unmittelbar dem Sprung, der Dissonanz, etc. vorausgeht.

detracts from the cantilena of the line. A very common mistake is to follow the "natural" but misled tendency to vibrate most intensively whenever playing notes that stand out in a striking way, such as dissonances, long notes amongst short ones, surprise modulations and notes following large leaps. A far more powerful means of intensifying their effect is to create tension *in advance*, with the peak of the rhythmical impetus due to vibrato arriving on the note directly preceding the leap, dissonance, etc.

161

Abschnitt neun:
Rechts/Links-Koordination
Section nine:
Left hand/right hand coordination

9.1 Analyse

9.1 Analysis

Da die beiden Hälften des Gehirns nur über einen Punkt, den corpus callosum cerebri, direkt miteinander kommunizieren können, erfordert die Koordination von Bewegungen der rechten und der linken Körperhälfte - anders als bei Bewegungen nur einer Körperhälfte - immer die

Because the two hemispheres of the brain can communicate directly only through one point, the corpus callosum cerebri, coordination between motions occurring on the left- and right hand sides of the body, unlike those found on only one side of the body, always involve the

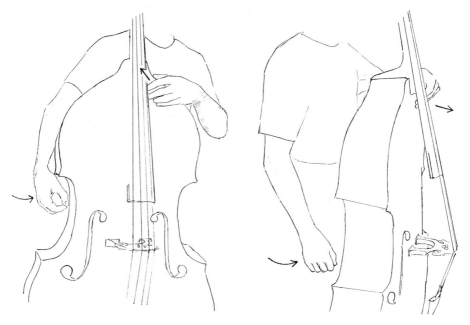

Abb. 9 a, b: Koordinierung der „Scheren"-Übung mit dem Handgelenk/Finger-Strich (links) und der Oberarm/Unterarm-Schaukelbewegung (rechts)

Figs. 9 a,b: Coordination of „scissor" exercise with the wrist/finger stroke (left) and the upper arm/ lower arm pivotal stroke (right)

Beteiligung höherer Zentren des Gehirns. Die sehr viel größere Komplexität der Nervenwege für die Koordination der linken und der rechten Seite kann für den Musiker zu einem Problem werden, da er ja in der Lage sein muss, das Timing einer ganzen Reihe gleichzeitiger Bewegungen sehr fein abzustimmen. Eine mögliche „Lösung" ist es, während des Spielens auf das Instrument zu schauen; da jedes Auge Impulse an beide Seiten des Gehirns sendet, wird hierdurch die Notwendigkeit, dass beide Gehirnhälften miteinander kommunizieren, umgangen. Wenn man sich jedoch nur auf optische Signale verlässt und die des Tastsinns völlig außer Acht lässt, kann dies zu einer Unterentwicklung der Nervenwege führen, die die beiden Großhirnhälften miteinander verbinden, und eine Abhängigkeit schaffen, die das gleichzeitige Spielen und Lesen von Noten sehr erschwert.

9.2 Fingersätze und Striche

Die natürliche Tendenz, die Finger der linken Hand in dem Moment fallen zu lassen, in dem der rechte Arm den Bogenstrich beginnt, führt dazu, dass die Fingerwechsel zu spät kommen. Die folgende lautlose Übung soll mit den unter Abschnitt 2.5, Sensorisches Training, aufgestellten Regeln geübt werden. Dabei sind die in der Scherenübung (s. Abschnitt 4.5) beschriebenen Bewegungen mit den Fingern der linken Hand durchzuführen. Gleichzeitig mit der rechten Hand mit einem Handgelenk/Finger-Strich (s. Abschnitt 4.4) oder mit einem Oberarm-/Unterarmstrich (s. Abschnitt 4.2) auf den Bass klopfen

participation of the higher centers of the brain. The considerably greater complexity of the neural paths for left hand/right hand coordination can pose a problem for the musician, who must be able to finely adjust the timing of a wide variety of simultaneous motions. One possible "solution" is to look at the instrument while playing; since each eye sends impulses to both sides of the brain, the need for the two hemispheres to communicate is effectively eliminated. Relying on visual cues to the exclusion of tactile ones, however, can result in the underdevelopment of the neural pathways connecting the left and right halves of the brain, creating at the same time a dependency which makes it difficult to play while reading music.

9.2 Fingering and Bowing

The natural tendency to drop the left hand fingers at the same instant that the right arm begins the bow stroke results in finger changes which are too late. The following silent exercise is to be practiced using the guidelines in Sensory Training (Section 2.5), using the motions as described in the scissor exercise (Section 4.5) for the left hand fingers and tapping with the right hand on the bass (as illustrated in figs. 9 a,b) using a wrist/finger stroke (Section 4.4) or upper arm/lower arm stroke (Section 4.2). Here, the click of the right hand signifies the beginning (not end!) of the bow stroke and coordinating the left hand taps to this rhythm assures that the string will already be depressed when the bowed note begins.

163

(s. Abb. 9 a, b). Bei dieser Übung signalisiert das Klopfen der rechten Hand den Beginn (nicht das Ende) des Bogenstrichs. Durch die Anpassung der Schläge der linken Hand an diesen Rhythmus erreicht man, dass die Saite bereits niedergedrückt ist, wenn der gestrichene Ton beginnt.

Notation: 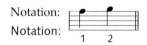 mit dem Fingernagel unter das Griffbrett klopfen (den Finger heben)

Notation: tapping with the nail under the fingerboard (lifting finger)

 mit den Fingern der linken Hand auf die Bassdecke klopfen (Finger fallen lassen)

tapping with the left hand fingers on the front of the bass (letting fingers drop)

 mit der rechten Hand auf die Rückseite (bzw. Seite) des Basses klopfen

tapping on the back (or side) of the bass with the right hand

A

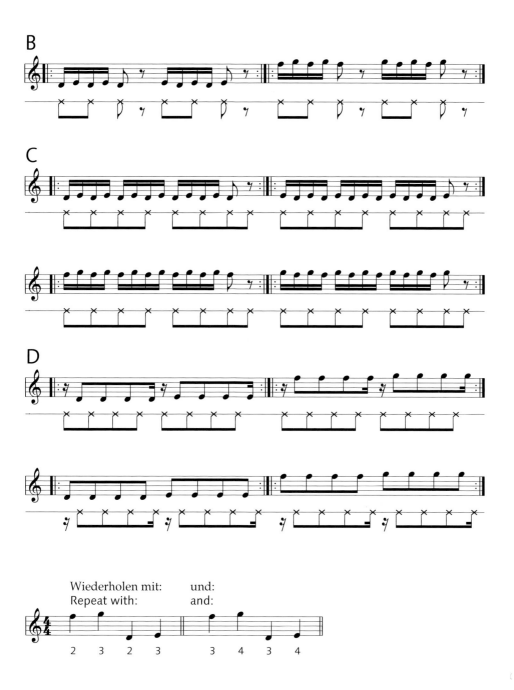

165

Die nächste Übung ist immer mit einem Metronom durchzuführen. Tempomarkierungen für jede Variation sollten mit Bleistift notiert werden und nur sehr allmählich erhöht werden. Jede Variation sollte auch auf allen vier Saiten und eine Oktave höher mit den Fingersätzen der Daumenlagen gespielt werden.

The following exercise is always to be practiced with a metronome. Tempo markings for each variation should be notated in pencil and advanced very gradually. Each variation should also be played on all four strings and one octave higher with thumb position fingerings.

Variationen:
Variations:

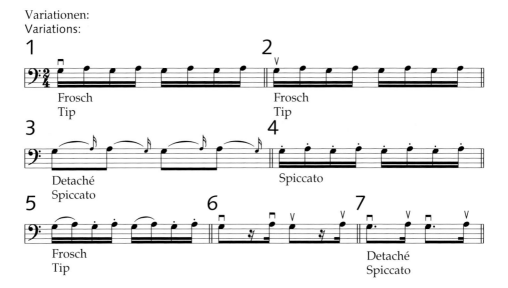

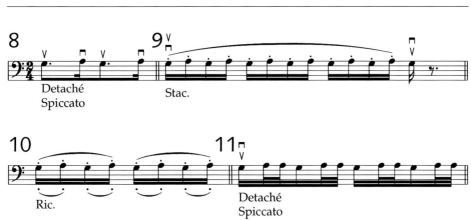

Detaché
Spiccato

Stac.

Ric.

Detaché
Spiccato

Detaché
Spiccato

Ric.

Ric.

In dieser Übung wird die Veränderung des Bogenwinkels mit den Bewegungen der Finger der linken Hand koordiniert. Akzente sollen nicht die Artikulation anzeigen, diese Töne sollten lediglich etwas lauter gespielt werden. Figuren, die nicht gebunden sind, sollten sowohl detaché als auch spiccato gespielt werden. Alle Übungen sollen auch so leise wie möglich geübt werden. Ein "X" zeigt eine Note an, die mit der linken Hand lautlos gegriffen wird.

In this exercise, the coordination of the bow angle change is integrated with the motions of the left hand fingers. Accents are not intended to indicate articulation; pitches so notated should merely be played somewhat louder. When not slurred, the patterns should be played both detaché and spiccato. They are also to be practiced as quietly as possible. An "X" indicates a note that is silently stopped with the left hand.

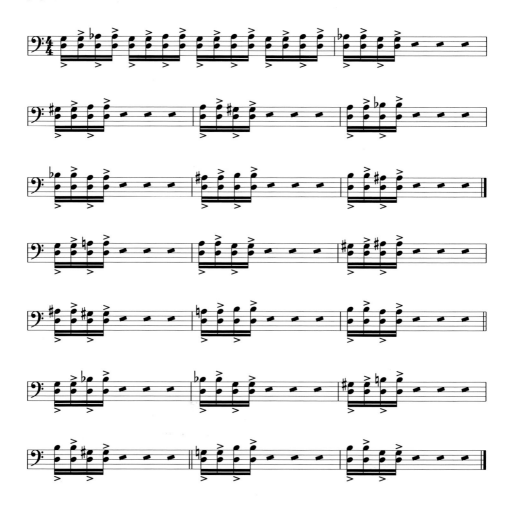

Variationen:
Variations:

In dieser Übung mit konsekutiven Koordinationsfiguren (s. Abschnitt 4.6) wird der Rhythmus abwechselnd von der linken Hand (Fingerwechsel) und der rechten Hand (Bogenwechsel) bestimmt .

In this exercise of *consecutive coordination patterns* (see Section 4.6), the rhythm is alternately determined by the left hand (finger change) and right hand (bow change).

Konsekutive Koordination

Consecutive Coordination

wird gespielt:

is played:

Variationen:

Variations:

Jede der folgenden Übungen ist wie oben beschrieben zu spielen

Each of the following patterns are to be practised as above

170

9.3 Lagenwechsel und Striche

9.3 Shifting and Bowing

Die folgende Übung, in der eine Reihe von Lagenwechseln auf einem Finger (s. Abschnitt 7.3, „Sperrstange"-Lagenwechsel) mit dem Bogenarm koordiniert wird, sollte zunächst langsam sowohl mit detaché- als auch mit spiccato-Strich geübt werden. Der Lagenwechsel sollte so erfolgen, dass dem Bogenwechsel ein deutliches glissando vorausgeht.

The following exercise, in which a series of shifts on one finger, or "ratchet shift" (see Section 7.3), is coordinated with the bow arm, is to be practiced slowly at first, using both a detaché and spiccato stroke. The shift should be made with a pronounced glissando preceding the bow change.

Variationen:
Variations:

9.4 Lagenwechsel, Fingersätze und Striche

9.4 Shifting, Fingering and Bowing

Der im folgenden Notenbeispiel, Abschnitt 1 dargestellte „Sperrstange-Lagenwechsel (s. Abschnitt 7.3) kann mit diversen Fingersätzen (Beispiele 2–5) kombiniert werden, um weitere konsekutive Koordinationsfiguren zu erhalten. Zusammen mit den verschiedenen Stricharten wird die Entwicklung des richtigen Timings von Lagenwechseln, Bogen- und Fingerwechseln gefördert. Alle Übungen sollten auch mit Bogenwechsel auf jedem Schlag durchgeführt werden.

The ratchet shift (see Section 7.3), as illustrated in exercise 1 below, can be combined with fingerings (examples 2-5) to produce further consecutive coordination patterns. Together with bowings, these promote the development of proper timing between the shift, bow and finger changes. All exercises should also be practiced with bow changes on every beat.

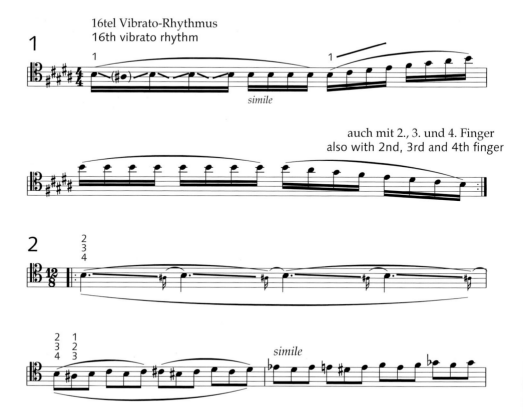

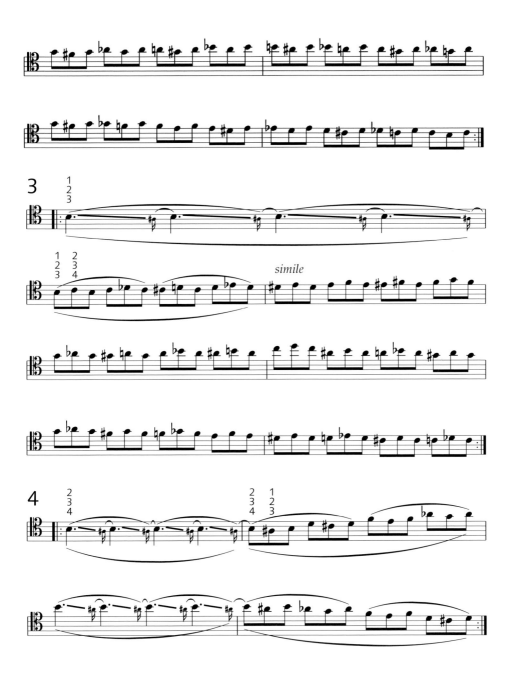

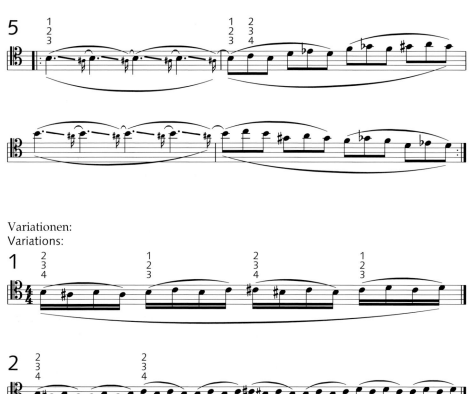

Variationen:
Variations:

Abschnitt zehn: Intonation
Section ten: Intonation

10.1 Analyse

Da im Rahmen dieser Arbeit nicht alle verschiedenen Systeme der Intonation erörtert werden können, mag es genügen, festzustellen, dass aufgrund der Vielfalt der Kriterien zur Bestimmung dessen, was sauber oder unsauber ist (ob pur oder temperiert, harmonisch oder melodisch etc.), die genaue Spanne einiger Intervalle der Interpretation überlassen ist. Wenngleich dies bei jeder Diskussion der Intonation zugegebenermaßen wichtig ist, besteht die Ironie darin, dass gerade die Intervalle subjektiver Natur die geringsten Probleme bereiten und dass die größere Gefahr häufig in den benachbarten, unveränderlichen Tonhöhen liegt. Ein klassisches Beispiel ist der Leitton, der als pure große Terz der Dominante etwas tiefer gespielt wird und von einem „engeren" (oder „melodischen") Halbtonschritt hinauf zu einer erschreckend tiefen Tonika gefolgt wird. Auch wenn man die Flexibilität der Terz, der Sexte und der Septime geschickt und bewusst ausnutzen sollte, so sollte dies aber nicht auf Kosten des unnachgiebigen Unisonos, der harmonischen Quarte, Quinte und Oktave geschehen. Besondere Vorsicht ist bei Modulationen geboten, bei denen ein „flexibler" Ton zu einem „unnachgiebigen" in einer neuen Tonart wird.

10.1 Analysis

It is not within the scope of this work to elucidate all of the different systems of intonation; suffice it to say that, due to the variety of criteria used among them to determine what is "in tune" and what isn't (whether pure or tempered, harmonic or melodic, etc.), the exact span of some of the intervals is open to interpretation. Although this is admittedly important in any discussion of intonation, the irony is that it is precisely these intervals which, due to their subjective nature, tend to pose the fewest problems, the greater danger much more often lying in the neighbouring pitches which are invariable. The classic example is the leading tone which, as the pure major third of the dominant, is played somewhat lower and is followed by a narrower (or "melodic") half step up to a horribly flat tonic. Given that the flexibility of the third, sixth and seventh should be intelligently and purposefully taken advantage of, one must nonetheless guard against doing so at the expense of the unyielding unison, harmonic fourth, fifth and octave. Care must especially be taken at modulations where a "flexible" note becomes an "unyielding" one in the new key.

Due to their artificial nature, one must go out of one's way to memorize the tempered intervals when playing with piano.

175

Aufgrund ihrer künstlichen Natur muss man die temperierten Intervalle auswendig lernen, wenn man mit Klavierbegleitung spielt. Jegliche Abweichungen von der temperierten Tonleiter, die sich nicht mit dem Klavier vertragen, werden von sich aus zu der angenehmer klingenden „puren Intonation" tendieren und müssen nicht absichtlich vermieden werden (mit Ausnahme der Modulationen, die immer in Tonarten gespielt werden müssen, die auf „temperierten" Tonhöhen basieren).

Einige Beispiele für häufige Übungsgewohnheiten, die die richtige Entwicklung einer guten Intonation behindern:

1. Das Vergleichen von Tönen mit Tonhöhen, die in der Endaufführung gar nicht vorkommen

Das ständige Unterbrechen einer Linie, um leere Saiten oder Flageoletttöne zu spielen, hält nicht nur von Vergleichen zwischen benachbarten Tönen ab, sondern kann sogar von einer kritischen Fehleranalyse ablenken, da es fast automatisch zu der Reaktion führt, auf jeden fragwürdigen Ton eine leere Saite folgen zu lassen, ohne überhaupt die Betrachtung anzustellen, ob er zu hoch oder zu tief war. Wenn man einen falschen Ton gespielt hat, ist es daher weitaus besser, zunächst zu versuchen, ihn zu korrigieren, indem man ihn im Geist mit den Harmonien der Begleitung oder mit unmittelbar vorausgegangenen oder anschließenden Tönen vergleicht. Mit dem nächsten Ton in der Phrase weitermachen, und nur dann zurückkehren, um die Originaltonhöhe anhand von

Any deviations away from the tempered scale which are not at odds with the piano will naturally tend towards the more pleasant sounding "pure intonation" and need not be deliberately avoided (with the exception of modulations, which must always be into keys based on "tempered" pitches).

Some examples of common practice habits which inhibit the proper development of good intonation include:

1. Comparing notes preferentially to pitches not present in the final performance

Constantly interrupting a line to play open strings or harmonics not only discourages comparisons between neighboring notes, but can actually detract from the critical analysis of mistakes by producing the almost automatic reaction of following every questionable note with an open string before one has even considered if it was too high or low. It is far better, having played a note out of tune, to try first to correct it, comparing it mentally to the harmonies of the accompaniment or the notes which directly precede or follow it. Continue on to the next note in the phrase, returning to check the original pitch against open strings only when still uncertain.

2. Compulsion to play harmonics as "pick ups"

The unthinking habit of preceding the opening note of every phrase which begins in the upper registers with a harmonic (making, for example, the "first" note of the Koussevitzky Concerto a G harmonic

leeren Saiten zu überprüfen, wenn immer noch Unklarheit besteht.

2. Der Zwang, Flageolettöne als „Auftakte" zu spielen

Die unreflektierte Gewohnheit, vor dem ersten Ton jeder Phrase, die in den höheren Registern beginnt, einen Flageolett-"Auftakt" zu spielen (zum Beispiel, dass man den „ersten" Ton des Koussewitzky-Konzertes mit dem Daumen zu einem G-Flageolett macht), hält den Spieler davon ab, die physikalische Gestaltung des Griffbrettes zu erlernen und macht solche Phrasen psychologisch entnervend. Das Spielen der gewünschten Tonhöhe um eine oder zwei Oktaven tiefer, bevor man die Passage beginnt, kann die Intonation ebenso gut etablieren wie ein Flageolett, beeinträchtigt jedoch nicht die richtige Entwicklung des Tastsinns.

3. Nachlässige Handposition bei Flageolettönen

Nimmt man beim Spielen eines Flageoletts eine ungenaue Handposition ein, nur weil die Intonation nicht unmittelbar darunter leidet, gefährdet dies nicht nur den unter dem Oberton liegenden Ton, falls dieser einmal gegriffen werden muss, sondern führt fast automatisch dazu, dass die folgenden Töne falsch gespielt werden, da ihre Platzierung von einem Punkt aus beurteilt wird, der an sich schon fraglich ist.

4. Nachlässigkeit bei „zu einfachen" Tönen

Töne, bei denen Intonationsprobleme fast undenkbar erscheinen, werden oft so

with the thumb) discourages one from learning the physical layout of the finger board and renders such phrases psychologically unnerving. Playing the desired pitch one or two octaves lower before beginning the passage can establish the intonation just as well as a harmonic can, but won't interfere with the proper development of tactile orientation.

3. Negligent hand position for harmonics

Allowing careless hand place ment when playing harmonics, simply because their intonation won't immediately suffer, not only jeopardizes the pitch lying under the harmonic, should it ever have to be fingered, but practically assures that the following notes will be out of tune, since their position must be judged in relation to a point which, itself, is questionable.

4. Carelessness whenever notes are too "easy"

Notes for which intonation problems seem almost unthinkable are often so neglected that they, in fact, become the most likely pitches to go astray. They include the second note following a long shift, repeated notes, notes alternating between two pitches, step-wise motion within one position and the return to the tonic.

5. Applying pitch corrections to different octaves

Although it is, of course, possible that intonation mistakes which occur in one octave will also appear in another, in general, specific pitch problems tend to

177

vernachlässigt, dass sie sogar zu den Tonhöhen gehören, die am wahrscheinlichsten falsch getroffen werden. Zu ihnen gehören der zweite Ton nach einem langen Lagenwechsel, wiederholte Töne, Töne die zwischen zwei Tonhöhen abwechseln, schrittartige Bewegungen innerhalb einer Lage und die Rückkehr zur Tonika.

5. Tonhöhenkorrekturen bei verschiedenen Oktaven

Obwohl es natürlich möglich ist, dass Intonationsfehler, die in einer Oktave auftreten auch in einer anderen gemacht werden, sind im Allgemeinen spezifische Tonhöhenprobleme auf eine einzige Oktave (oder auf eine Tonart) beschränkt. Daher ist es nicht ungewöhnlich, dass ein Ton selbst in langsamen Passagen, in denen er eher zu tief ist, plötzlich dazu neigt, zu hoch zu sein, wenn die Phrase in einer anderen Oktave wiederholt wird.

10.2 Einstimmen des Instrumentes

Wenn ein auf der D-Saite gegriffenes G zu hoch oder zu tief ist, würde man erwarten, dass man die Tonhöhe im Bruchteil einer Sekunde korrigieren könnte. Trotzdem ist es nicht ungewöhnlich, dass man mehrere Minuten vergeblich daran arbeitet, wenn man versucht, genau diese Tonhöhe beim Stimmen der G-Saite wiederzufinden. Die Behauptung, dass die G-Saite besser als das G auf der D-Saite gestimmt werden sollte, wird jedoch dem gegriffenen Ton nicht gerecht; die Forderung, dass beide gleichermaßen gut

be limited to one and only one octave (or key). Thus, it is not uncommon, even in slow passages, for a note which is prone to be too flat to suddenly display a tendency for being too sharp when the phrase is repeated in another octave.

10.2 Tuning the Instrument

If a fingered G on the D-string is too sharp or flat, it would be expected that one could correct the pitch within a fraction of a second, and yet, when seeking the very same pitch while tuning the G-string, it isn't uncommon to search for minutes on end. To maintain, however, that the G-string should be "better in tune" than a G on the D-string does the fingered note a great injustice; it certainly can't be called unreasonable to demand that both should be equally well in tune. The problem is compounded for the double bassist who, by tuning his or her instrument exclusively with harmonics, effectively isolates the techniques of tuning and fingering, and limits any possible benefits in ear training derived during tuning to improvements in the ability to hear the unison, an interval which hopefully all can discriminate easily without practice. The technical necessity to stop bowing harmonics while turning the tuning peg reduces the process of tuning to a series of time-consuming steps which slowly draw ever closer to the desired unison. How the bassists must look on with horror as the solo violinist, as his very last gesture before nodding to the conductor to begin the concerto, suddenly tunes one

gestimmt sein sollten, ist sicherlich nicht ungerechtfertigt. Das Problem wird für den Kontrabassisten zusätzlich erschwert, da er sein Instrument ausschließlich mit Flageolettönen stimmt und somit die Techniken des Einstimmens und des Greifens im Wesentlichen isoliert und jeglichen Vorteil der Gehörbildung, den er während des Einstimmens erzielt hat, begrenzt auf Verbesserungen seiner Fähigkeit, den Einklang zu hören, ein Intervall, das hoffentlich jeder ohne Übung erkennen kann. Die technische Notwendigkeit, das Streichen von Flageoletts zu unterbrechen, während man den Wirbel dreht, reduziert den Stimmvorgang auf eine Reihe von zeitraubenden Schritten, mit denen man sich dem gewünschten Einklang immer weiter nähert. Für einen Bassisten ist es unfassbar mitanzusehen, wie ein Soloviolinist, kurz bevor er dem Dirigenten mit einem Kopfnicken das Zeichen zum Beginn des Konzerts gibt, eine Saite plötzlich einen Ganztonschritt tiefer und dann schnell wieder zurückstimmt.

Die Art und Weise, mit der andere Streicher ihre Instrumente stimmen, stimmt nicht nur ihre Instrumente auf die richtige Tonhöhe ein, sondern bietet ihnen auch ein ständiges Training, Abweichungen von einer reinen Quinte zu erkennen. Die folgenden Übungen simulieren dieses Training:

Stimmen nach Quinten

1. Einen Flaschenkorken beim ersten Schwingknoten zwischen A- und E-Saite klemmen (s. Abb. 10a). Die leere D-Saite zusammen mit dem entstehenden

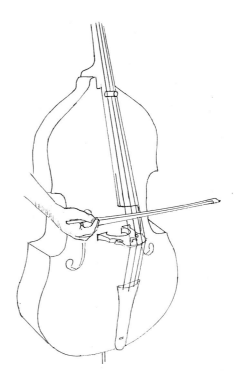

Abb. 10a: Erzeugen des ersten Obertones der A- und E-Saiten

Fig. 10a: Stopping the A- and E-strings at the first harmonic node

of his strings down a whole step and then quickly back to pitch!

The manner in which the other string players tune, not only brings their instruments into pitch, but provides constant training in accurately recognizing deviations from a pure fifth. The following exercises simulate this training:

Tuning by fifths

1. Place a wine cork between the A- and E-strings at the first harmonic node (see fig. 10a). Play the open D-string together with the resulting harmonic one fifth

179

Flageoletton eine Quinte höher auf der A-Saite als Doppelgriff spielen. Ohne einen der Töne mit irgendeinem anderen zu vergleichen, entscheiden, ob das Intervall zu groß, zu eng oder genau richtig ist und auf Genauigkeit überprüfen.

2. Den Wirbel der D-Saite drehen, bis das D zu tief ist, dann wieder zurückdrehen, bis es zu hoch ist. Drei- oder viermal hin- und herdrehen, dabei die Mitte mit allmählich kleiner werdendem Abstand passieren und schließlich bei der korrekten Tonhöhe anhalten. Wenn der Bass keine Wolfstöne hat, sollte das Intervall jetzt frei von allen Schwebungen sein.

3. Den Korken entfernen. Die leere G-Saite zusammen mit dem ersten Oberton eine Quinte höher auf der D-Saite spielen und sorgfältig auf die Tonhöhe des D hören. Obwohl es nun unmöglich ist, die Quinte weiterzuspielen und gleichzeitig einzustimmen, streichen Sie das leere G allein, stimmen Sie es wie oben beschrieben abwechselnd zu hoch und zu tief und vergleichen Sie es dabei im Geist mit dem vorgestellten Klang des D-Flageoletts. Schließlich die Intonation des Doppelgriffs überprüfen und wiederholen, bis sie rein ist.

Stimmen Sie die G-Saite nicht mit der Absicht, sich der korrekten Tonhöhe anzunähern, sondern eher mit der Intention, sie direkt zu erreichen. Bei jeder Wiederholung beginnen Sie, indem Sie die G-Saite mindestens einen Halbtonschritt zu tief stimmen, bevor Sie die richtige Tonhöhe suchen. Drehen Sie den Wirbel niemals, ohne die leere Saite zu streichen.

higher on the A-string as a double stop. Without comparing either note to any others, decide whether the interval is too wide, too narrow or exactly right and check for accuracy.

2. Turn the tuning peg from the D-string until the D is too low, then back until it's too high. Alternate 3 or 4 times, passing the middle by a progressively smaller distance until finally stopping at the correct pitch. If the bass has no "wolf" notes, the interval should be free of all beat frequencies.

3. Remove the cork. Play the open G-string together with the first harmonic one fifth higher on the D-string and listen carefully to the pitch of the D. Although it is now impossible to continue playing the fifth while tuning, bow the open G alone, tuning it alternately too low and too high as described above while mentally comparing it with the imagined sound of the D harmonic. Finally, check the intonation of the double-stop and repeat until pure. Do not tune the G-string with the intention of approaching the correct pitch, but, rather of going directly to it. With each repetition, begin by tuning the G-string at least a half step too low before seeking the proper pitch. Never turn the tuning peg without bowing the open string.

Tuning by fourths

1. Play the G and D open strings (or first octave harmonics) both separately and as a double-stop. Tune the D-string from below and above while bowing the open string(s), as previously described, until the

Stimmen nach Quarten

1. Die leere G- und D-Saite (bzw. die Obertöne der ersten Oktave) separat und als Doppelgriff spielen. Die D-Saite, wie schon beschrieben, von unten und von oben stimmen, während Sie die leere(n) Saite(n) spielen, bis die Quarte rein ist. Mit der A-Saite weitermachen. Danach die Intonation der Saiten mit Hilfe von Quinten prüfen.

2. Eine andere Methode ist es, mit einem leeren A zu beginnen, ein gegriffenes D auf der A-Saite eine Quarte höher zu suchen, bis sie sauber ist, und dann die D-Saite auf diese Tonhöhe zu stimmen. Mit der G-Saite weitermachen und danach die Tonhöhe aller drei Saiten überprüfen.

Stimmen nach Sekunden

1. Die G- und D-Saite mit Quinten einstimmen.

2. Ein leeres G spielen, dann ein gegriffenes A eine große Sekunde höher. Das A lediglich mit der leeren G-Saite vergleichen. Wenn es richtig gestimmt ist, dieselbe Tonhöhe beim ersten Oktav-Flageolett auf der A-Saite einstimmen. Dasselbe für die D- und E-Saite wiederholen und die Intonation der unteren drei Saiten mit Quinten überprüfen.

Wenn man allmählich die Fähigkeit erwirbt, genau zwischen den Abweichungen in den oben erwähnten Intervallen unterscheiden zu können, kann man die unteren Saiten ebenso mit der Quart- und Quintmethode stimmen. Letztlich können die verschiedenen Methoden in Kombination mit jeder anderen denkbaren

fourth is pure. Continue to the A-string. Afterwards, check the intonation of the strings using fifths.

2. An alternate method is to begin with an open A, seek a fingered D on the A-string one fourth higher until satisfied that it is pure, and then tune the D-string to this pitch. Continue to the G-string and subsequently check the pitch of the three strings.

Tuning by seconds

1. Tune the G- and D-strings using fifths.

2. Play an open G, followed by a fingered A, a major second higher. When satisfied that the A is in tune, comparing it only to the open G-string, tune the same pitch at the first octave harmonic on the A-string. Repeat for the D- and E-strings and check the intonation of the bottom three strings using fifths.

As one gradually acquires the ability to accurately discriminate between deviations in the above intervals, the methods of tuning by fifths and fourths can also be applied to the lowest strings. Ultimately, the various methods can be used in combination with every other imaginable manner of tuning, including the traditional ones at the unison and octave.

Art des Einstimmens, einschließlich der herkömmlichen mit Einklang und Oktaven, benutzt werden.

10.3 Gehörbildung und Ausbildung der Tastsinnes

Jedes Mittel zur Verbesserung der Intonation muss sich an wenigstens eine der beiden grundlegenden Übungsmethoden beinhalten: die Gehörbildung (das Unterscheiden feiner Intonationsabweichungen und das geistige Zurückbehalten vorangegangener Töne als Bezugspunkte) und das Tasttraining (das Beurteilen von Entfernungen längs der Saite ausschließlich anhand von Tastsignalen). Obwohl die Gehörbildung bis zu einem gewissen Grad daraus besteht, ständig die genaue Stellung der Finger zu überprüfen, sind viele Passagen zu schnell oder zu virtuos, um individuelle Korrekturen zu erlauben, und man ist im Grunde auf die Tonhöhen angewiesen, wie sie „augenblicklich" unter den Fingern liegen. Hier hat das Tasttraining, das die physischen Vorbereitungen trifft, bevor ein Ton gespielt wird, Vorrang vor der Gehörbildung, die Töne nur kontrollieren kann, nachdem sie bereits klingen.

1. Gehörbildung

Zunächst eine leere Saite spielen und lang aushalten, gefolgt von einem gegriffenen Ton (beginnen Sie mit einem Ton, deren Tonhöhe einfach und genau an der Quinte, dem Einklang oder der Oktave überprüft werden kann, wie zum Beispiel ein C auf der D-Saite oder ein A auf der

10.3 Ear and Tactile Training

Any means to improve intonation must address one or both of two basic practice techniques: ear training (distinguishing fine deviations in pitch and mentally retaining previously played pitches as points of reference) and tactile training (judging distances along the length of the string using tactile cues alone). Although ear training is, to some degree, constantly in use to check the exact placement of the fingers, many passages are too fast or virtuostic to allow for individual corrections, and one is basically committed to the pitches as they "happen" to lie under the fingers. Here, tactile training, which concerns the physical preparations occurring before a note is played, takes precedence over ear training, where notes are controlled after they've begun.

1. Ear training

Begin by playing a long open string followed by a fingered note (begin with one whose pitch can be easily and accurately checked at the fifth, unison or octave, such as a C on the D-string or an A on the G-string). Take as much time as needed to tune the second note, comparing it only to the first note and to no other. Ask yourself, "If this pitch were incorrect, would it be more likely to be too high or too low?" and then adjust the pitch until it becomes absolutely impossible to answer this question (at which point the accuracy of the intonation may be checked). Repeat, using the practice method to eliminate non-random mistakes (see Practice Techniques, Section 12.4).

G-Saite). Nehmen Sie sich so viel Zeit, wie Sie brauchen, um den zweiten Ton zu stimmen, indem Sie ihn nur mit dem ersten und keinem anderen Ton vergleichen. Fragen Sie sich selbst: „Wenn diese Tonhöhe nicht richtig sein sollte, ist sie dann eher zu hoch oder zu tief?" und stellen Sie dann die Tonhöhe so ein, dass es völlig unmöglich wird, diese Frage zu beantworten (an diesem Punkt kann die Genauigkeit der Intonation überprüft werden). Wiederholen Sie dies und

Use the above technique within a musical phrase, stopping intermittently to check intonation. Again, it is acceptable to search for the note as long as desired. Do not compare its pitch to any more than just one of the notes directly preceding it, or check the accuracy of its intonation until being as certain as possible that it is already correct. This method should also be applied to the paired figures below until open and fingered notes become indistinguishable.

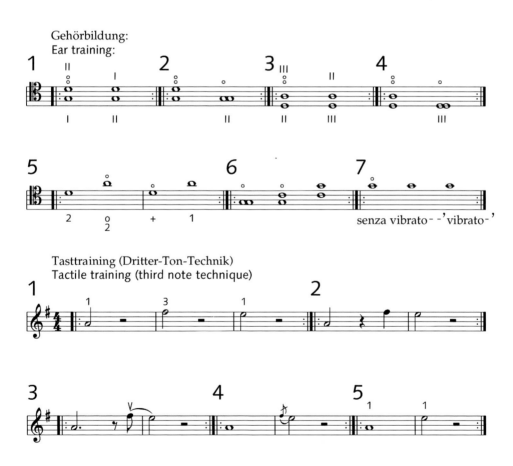

wenden Sie dabei die Übungsmethode zur Eliminierung nicht-zufälliger Fehler an (s. Abschnitt 12.4, Übungstechniken).

Die oben beschriebene Technik innerhalb einer musikalischen Phrase anwenden und zwischendurch unterbrechen, um die Intonation zu überprüfen. Auch hier ist es akzeptabel, so lange die Tonhöhe zu suchen, wie es nötig ist. Vergleichen Sie dabei ihre Tonhöhe mit nur einem einzigen vorausgehenden Ton und überprüfen Sie die Intonation erst dann, wenn Sie ganz sicher sind, dass sie sauber ist. Diese Methode sollte ebenso auf die Paarfiguren auf Seite 183 angewandt werden, bis leere und gegriffene Töne nicht mehr zu unterscheiden sind.

2. Tasttraining („stop and go")

Nach dem Spielen des ersten von zwei Tönen den Bogen auf der Saite stoppen (um jegliche hörbaren Signale zu verhindern) und mit der linken Hand lautlos zum zweiten Ton übergehen, der in derselben, aber auch in einer anderen Lage sein kann. Nehmen Sie sich so viel Zeit, wie Sie möchten, um zu entscheiden, wo Sie den Ton greifen sollen. Dafür dürfen Sie jedes physische Signal außer den optischen anwenden; zu diesen gehören (1) das Schätzen von Entfernungen anhand von Orienterungspunkten wie dem Halsende oder dem Korpus, (2) das Vergleichen von kleineren Entfernungen zwischen den Fingern mit der Größe von Dingen aus dem täglichen Leben, die man in der Hand halten kann, (3) die Vorstellung der Anzahl von Fingerbreiten bis zum nächsten Ton, (4) das Setzen von einem anderen Finger an die Stelle

2. Tactile training (stop and go)

After having played the first of two notes, stop the bow on the string (to prevent any audible cues) and proceed silently with the left hand to the second note, which may or may not be in the same position. Take as much time as desired to decide where to stop the string, using any physical cues at all except visual ones; these include (1) relating distances to the crook of the neck or the height of the shoulder, (2) comparing smaller distances within the hand to images of common hand-held objects, (3) imagining the number of "finger diameters" to the next note, (4) placing "new" fingers where "old" ones were, etc. As in ear training, ask yourself, "If this weren't right, would it be too high or low?" and adjust accordingly until the question becomes unanswerable. Finally, draw the bow and test the actual pitch. Use the practice technique to eliminate random errors as described in Section 12.4, being certain to make all necessary corrections by actually changing the distance between the fingers, and not just by rolling forward or backwards on the fingertips.

Just as violinists rely to a great extent on the octave to "establish" the shape of their left hand within a single position, the above technique should be applied on the double bass to the interval of the fifth. Begin with examples 1 and 3, above, and progress through the circle of fifths, fingering each interval with 1-3, 2-4 and, when appropriate, thumb-2. This should also be used to establish a number of tactile orientation points along the length of the string, particularly for notes which

vom Ausgangsfinger, etc. Fragen Sie sich wie bei der Gehörbildung selbst: „Wenn dies nicht richtig sein sollte, ist es dann zu tief oder zu hoch?" und korrigieren Sie den Ton so lange, bis die Frage nicht mehr zu beantworten ist. Ziehen Sie schließlich den Bogen und prüfen Sie die eingestellte Tonhöhe. Benutzen Sie diese Übungstechnik zum Eliminieren aller nicht-zufälligen Fehler (s. Abschnitt 12.4) und machen Sie alle notwendigen Korrekturen, indem Sie auch den Abstand zwischen den Fingern verändern und nicht nur auf den Fingerspitzen vor- und zurückrollen.

So wie Violinisten die Haltung ihrer linken Hand innerhalb einer Lage in hohem Maße von der Oktave bestimmen lassen, sollte die oben beschriebene Technik auf dem Kontrabass mit dem Intervall der Quinte angewandt werden. Beginnen Sie mit den Beispielen 1 und 3, oben, und setzen Sie die Übung durch den Quintenzirkel fort, indem Sie jedes Intervall mit 1–3, 2–4 und gegebenenfalls mit Daumen-2 greifen. Mit dieser Übung sollte gleichzeitig eine Reihe von Tast-Orientierungspunkten entlang der Saite etabliert werden, insbesondere für Töne, die häufig in der Solo-Literatur auftauchen, wie zum Beispiel das hohe H und E auf der G-Saite sowie Fis und H auf der D-Saite.

3. Tasttraining (Dritter-Ton-Technik)

Diese Übungstechnik hilft dem Spieler, sich beim Lagenwechsel über die benachbarten Töne eines jeden Tones Klarheit zu verschaffen und alle in einen größeren Kontext einer bestimmten Tonart

commonly appear in the solo literature, such as the high B and E on the G-string and F-sharp and B on the D-string.

3. Tactile training (third note technique)

This practice technique assists one to become consciously aware of the notes neighbouring each pitch when shifting and to place each fingered pitch within the greater context of all the notes of a given key. This latter point can be compared to the differing hand positions and mental images of a pianist when playing a C with the same finger in either D-flat major or in C major; for many bassists, however, a C is always played the same way for a given fingering, regardless of the key.

To practice a shift using the *third note technique*, first choose one of the notes lying directly under the fingers after shifting and which, for the moment at least, is not yet needed (preference should be shown to any pitches which actually follow the second note in the piece). This will be the "third note". If the shift is into the thumb position, decide whether a chromatic, whole tone or tetrachord hand position (see Section 6.5) best suits the key of the piece and the notes which are to follow. Using the "third note" as an intermediate between the first and second notes, employ the stop and go technique to practice proceeding from the first to the "third" and the "third" to the second note. Gradually shorten the length of the "third note" until it is no longer audible, using the rhythmic progression illustrated below as a guideline. Choose one of the remaining fingers to be the "third note" and repeat the exercise. In some cases,

185

einzuordnen. Der zweite Punkt kann mit den voneinander abweichenden Handhaltungen und technischen Vorstellungen eines Pianisten verglichen werden, der ein C in Des-Dur oder in C-Dur mit demselben Finger spielt. Für viele Bassisten bleibt jedoch die Art und Weise, ein C mit einem bestimmten Finger zu spielen, immer gleich, unabhängig von der Tonart.

Um einen Lagenwechsel mit Dritter-Ton-Technik zu üben, wählen Sie zuerst einen der Töne, der sich nach dem Lagenwechsel direkt unter Ihren Fingern befindet und der – zumindest in diesem Moment – noch nicht gebraucht wird (bevorzugt Tonhöhen, die tatsächlich auf den zweiten Ton im Stück folgen). Dies ist dann der „dritte Ton". Wenn es sich um einen Lagenwechsel in die Daumenlage handelt, entscheiden Sie, welche der Griffarten – chromatisch, Ganzton oder Tetrachord (s. Abschnitt 6.5, Daumenlage) – sich für die Tonart des Stücks und die folgenden Töne am besten eignet. Nehmen Sie den dritten Ton als Zwischenstufe zwischen dem ersten und dem zweiten und wenden Sie die „stop-and-go"-Technik an, um den Übergang vom ersten zum dritten sowie vom dritten zum zweiten Ton zu üben. Allmählich die Länge des dritten Tons verkürzen, bis sie nicht mehr hörbar ist. Dabei den unten dargestellten rhythmischen Verlauf als Richtschnur nehmen. Einen der verbleibenden Finger als dritten Ton benutzen und die Übung wiederholen. In einigen Fällen kann es auch nützlich sein, einen der Töne vor dem Lagenwechsel als „dritten Ton" auszuwählen.

it may also be useful to pick one of the notes in the position preceding the shift to be the "third note".

As the "third notes" are eliminated, it is no longer necessary to continue holding the fingers directly over the spot where they were, but the left hand should, nonetheless, always remain poised, as if prepared to play them at a moment's notice, and actively using them to orient the position of the hand.

This method is also particularly useful for practicing seemly "virtuostic" shifts, such as to a B on the G-string with the thumb, when one of the possible "third notes", in this case the D with the third finger, has the appearance of being much "easier".

Wenn der dritte Ton eliminiert wird, ist es nicht länger notwendig, die Finger direkt über dem Punkt zu halten, an dem sie waren, aber die linke Hand sollte trotzdem in einer Stellung bleiben, in der sie jederzeit bereit wäre, die Finger wieder einzusetzen und sie aktiv als Orientierungshilfe für die Position der Hand zu nutzen.

Diese Methode ist auch besonders hilfreich, um „virtuose" Lagenwechsel zu vollführen, wie zum Beispiel mit dem Daumen zu einem H auf der G-Saite, wo einer der möglichen „dritten Töne", hier das D mit dem 3. Finger, viel einfacher erscheint.

Abschnitt elf: Tonleitern und Modi
Section eleven: Scales and modes

11.1 Tetrachord-Fingersätze

11.1 Tetrachord Fingerings

Man kann die sich wiederholenden Intervall-Muster in Tonleitern beschreiben, indem man sie als eine Reihe von Tetrachorden (vier aufeinanderfolgende Töne) definiert. Die fünf gebräuchlichsten Tetrachorde und ihre Symbole sind:

One of the possible means of describing the repeating patterns found in scales is to define them as a series of tetrachords (four consecutive notes). The five most common tetrachords and the symbols that represent them are:

Dur ☐

Major ☐

Moll ☐ m

Minor ☐ m

Lokrisch ☐ loc

Locrian ☐ loc

Übermäßig ☐ aug (or ☐ +)

Augmented ☐ aug (or ☐ +)

Vermindert ☐ dim (or ☐ o)

Diminished ☐ dim (or ☐ o)

Ihre Fingersätze in der chromatischen, Ganzton- und Tetrachord-Griffart (s. Abschnitt 6.5) sind hier aufgeführt:

Their fingerings in the *chromatic, whole tone* and *tetrachordal* hand positions (see Section 6.5) are as follows:

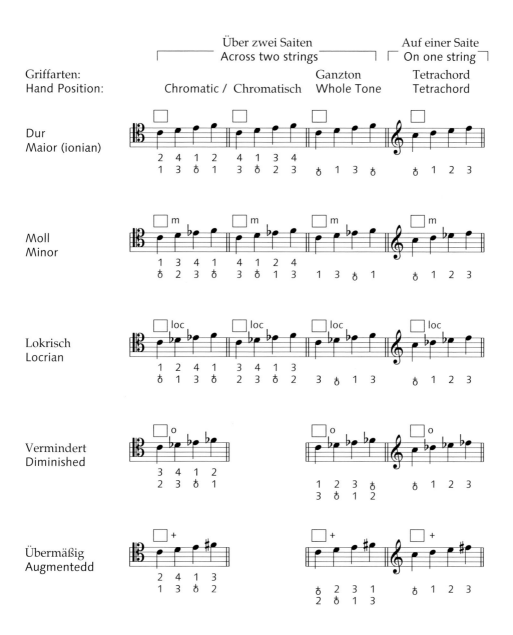

11.2 Modale Fingersätze in den tieferen Lagen

11.2 Modal Fingerings in the Lower Positions

Alle Kirchentonarten können innerhalb einer Lage über drei Saiten gespielt werden:

The modes can be played across three strings in the lower positions with the following fingerings:

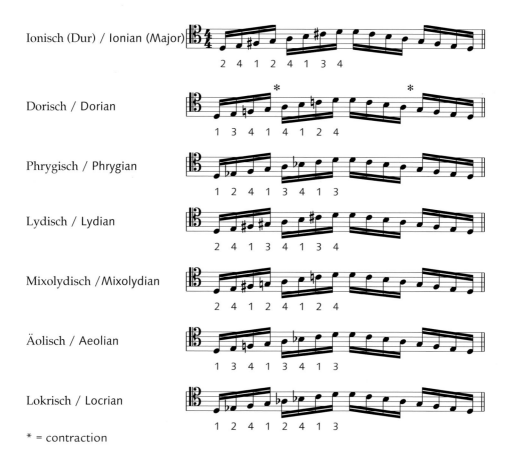

Ionisch (Dur) / Ionian (Major)
2 4 1 2 4 1 3 4

Dorisch / Dorian
1 3 4 1 4 1 2 4

Phrygisch / Phrygian
1 2 4 1 3 4 1 3

Lydisch / Lydian
2 4 1 3 4 1 3 4

Mixolydisch / Mixolydian
2 4 1 2 4 1 2 4

Äolisch / Aeolian
1 3 4 1 3 4 1 3

Lokrisch / Locrian
1 2 4 1 2 4 1 3

* = contraction

Andere Tonleitern sind:

Other scales include:

Harmonisches Moll
Harmonic minor

1 3 4 1 3 4 2 3

Melodisches Moll
Melodic minor

1 3 4 1 4 1 3 4 4 1 4 3 1 4 3 1

Ganzton
Whole tone

2 4 1 2 4 1 3 2 4 1 4 1 3

* = contraction
^= extension

In allen o.g. modalen Fingersätzen können Saitenwechsel jederzeit durch Lagenwechsel ersetzt werden, ohne das Grundmuster ändern zu müssen. Auf diese Weise kann derselbe Fingersatz verwendet werden, um entweder auf einer Saite entlang oder über viele Saiten zu spielen:

In all the above modal fingerings, string crossings may be replaced by shifts at any time, without having to change the basic pattern. In this manner, the same fingering can apply either to playing up and down on one string or to playing across many strings:

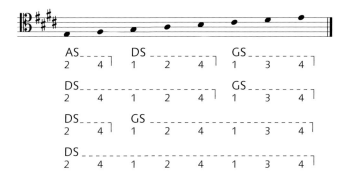

191

11.3 Modale Fingersätze in der Daumenlage

11.3 Modal Fingerings in the Thumb Position

Wie in den unteren Lagen können Tonarten in der Daumenlage mittels der in Abschnitt 11.1 aufgeführten chromatischen Fingersätze auch über drei Saiten gespielt werden. Diese Fingersätze können direkt in den Daumenlagen

As in the lower registers, modes in the thumb position can also be played across three strings using the chromatic fingerings cited in Section 11.1.

These can be directly applied to the thumb positions by substituting ☉, 1,

* = Kontraktion / contraction

angewandt werden, indem die vier in den unteren Lagen verwendeten Finger durch ȏ, 1, 2, und 3 ersetzt werden.

Die geringeren Abstände in den oberen Lagen machen es auch möglich, modale Fingersätze durch Verwendung von Ganzton-Griffarten einzusetzen:

Diese Beispiele veranschaulichen die modalen Fingersätze in der Daumenlage unter Verwendung der chromatischen und der Ganzton-Griffart. Jeder Takt ist in einer Lage über den Saiten zu spielen.

2, and 3 for the four fingers used in the lower positions.

The smaller distances involved in the upper registers also make it practical to include modal fingerings using whole tone fingering patterns:

These examples illustrate the modal fingerings in the thumb position using the chromatic hand position and the whole tone hand position. Each bar is to played in one position across the strings.

Chromatische Griffart
Chromatic Hand Position

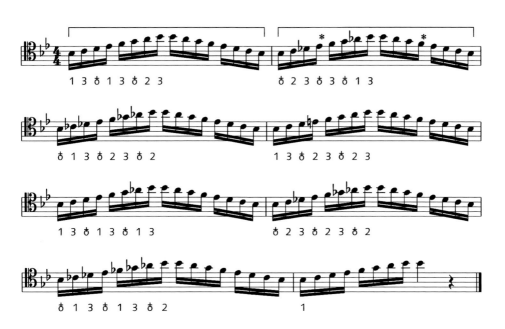

Ganzton-Griffart
Whole Tone Hand Position

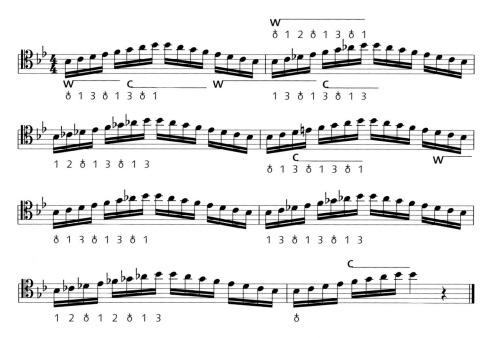

In den Daumenlagen können Tetrachorde auf einer Saite und in einer Lage gespielt werden, wodurch es möglich ist, wie auf der Violine Tonleitern über eine Oktave auf zwei Saiten zu spielen. Dadurch, dass die Finger direkt über einer Vielzahl von Noten liegen, wird die Intonation verbessert und es ist möglich, lange schnelle Läufe in den obersten Lagen auszuführen. Da der Kontrabass allerdings in Quarten gestimmt ist, ist es notwendig, eine „Übergangslage" einzuführen, die zum Zeitpunkt der Saitenwechsel die linke Hand in eine höhere oder tiefere Lage versetzt, so dass die Fingersätze so wirken

In the thumb positions, tetrachords can be played on one string and in one position, making it possible to play one octave scales across two strings, as on the violin. By placing a great number of notes directly under the fingers, intonation is improved and it becomes feasible to execute long agile runs into the highest registers. Since the double bass, however, is tuned in fourths, it becomes necessary to introduce a "transition position" which, at the time of the string crossing, effectively shifts the left hand higher or lower, allowing the fingerings to function as if the strings were tuned in fifths.

194

können, als wären die Saiten in Quinten gestimmt. Die Übergangslage für eine Dur-Tonleiter (ionische Tonart) wird beispielsweise wie folgt geschaffen:

1. Die Tonleiter beginnt mit einem Dur-Tetrachord auf der D-, A- oder E-Saite. Die ersten beiden Noten werden mit dem Daumen und 1. Finger gespielt.
2. Sobald der dritte Ton der Tonleiter erreicht wird (gespielt vom 2. Finger), bewegt sich der Daumen um einen ganzen Ton nach oben und der 1. Finger um einen Halbton. Auf diese Weise wird eine chromatische Lage mit dem Daumen auf dem zweiten Ton der Tonleiter geschaffen. (Nicht alle Übergangslagen sind chromatisch; bei denen für die lydische und lokrische Tonart handelt es sich um Ganzton-Griffarten.)
3. Wenn der vierte Ton der Tonleiter erreicht wird (gespielt vom 3. Finger), kann sich der Daumen direkt zur nächsten Saite auf den fünften Ton der Tonleiter begeben. Sobald auch dieser Ton gespielt wird, kann die Übergangslage verlassen werden, wobei sich der 1., 2. und 3. Finger nach oben zu ihren betreffenden Tönen eines Dur-Tetrachords auf der neuen Saite begeben.

Um die Notation zu vereinfachen, sind die Übergangslagen durch ein Sternchen gekennzeichnet. Obwohl dieses Symbol normalerweise eine Kontraktion anzeigt (und streng genommen, sind Übergangslagen keine Kontraktionen), ist dies eine geeignete Möglichkeit, darauf hinzuweisen, dass die Finger der linken Hand enger zusammengebracht werden müssen.

The transition position for a major scale (ionian mode), for example, is created in the following way:

1. The scale begins with a major tetrachord on the D, A or E-string. The first two notes are played with the thumb and first finger.
2. As soon as the third note of the scale is reached (played by the second finger), the thumb is moved up a whole tone and the first finger, a semitone, creating a chromatic position with the thumb on the second note of the scale. (Not all of the transition positions are chromatic; those for the lydian and locrian modes are whole tone positions.)
3. As the fourth note of the scale is reached (played with the third finger), the thumb can now move directly over to the next string, onto the fifth note of the scale. As soon as this note is also played, the transition position may be exited, with the first, second and third fingers all moving upward to their respective notes of a major tetrachord on the new string.

To simplify the notation, the transition positions are marked by an asterisk. Although this symbol would normally indicate a contraction (and strictly speaking, transition positions are not contractions), it is a convenient way to indicate that the fingers of the left hand must be pulled closer together.

195

Tetrachord-Fingersätze über zwei Saiten: Tetrachord fingerings across two strings:

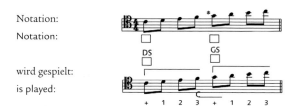

Notation:

Notation:

wird gespielt:

is played:

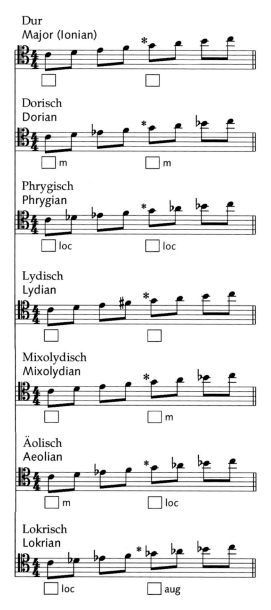

Dur
Major (Ionian)

Dorisch
Dorian

Phrygisch
Phrygian

Lydisch
Lydian

Mixolydisch
Mixolydian

Äolisch
Aeolian

Lokrisch
Lokrian

11.4 Überblick über modale Fingersätze

Der folgende Überblick stellt die gebräuchlichsten modalen Fingersätze in allen Lagen dar. Diese Fingersätze berücksichtigen auch das Drei-Finger-System in den tiefen Lagen, in denen 1-2-4 und 1-3-4 ersetzt werden durch 1-2-Lagenwechsel-4 bzw. 1-Lagenwechsel-2-4. Vermeiden Sie dabei, die Finger auseinander zu spreizen, da dies sogar in der Vier-Finger-Technik vermieden wird.

1-2-Lagenwechsel-4
1. Finger, 2. Finger fallen lassen, durch einen Lagenwechsel den 2. Finger auf die Stelle des 4. Fingers setzen und schließlich den 4. Finger fallen lassen.

1-Lagenwechsel-2-4
1. Finger, durch einen Lagenwechsel den 1. Finger auf die Stelle des 2. Fingers setzen, 2. Finger fallen lassen und schließlich den 4. Finger fallen lassen.

Das heißt allerdings nicht, dass es nicht auch andere Möglichkeiten gäbe, 3 Noten pro Saite mit dem Drei-Finger-System zu spielen, aber dieser Vorschlag besitzt den Vorteil, Lagenwechsel von und zu demselben Finger zu vermeiden. Sonst wäre es wahrscheinlicher, einen unregelmäßigen Klang zu erzeugen, da in einigen dieser „Fingerwechsel" gar keine Finger gewechselt werden, wie z. B. in 1-1-4. Darüber hinaus kann der Daumen der linken Hand hier ohne Weiteres auf einer Stelle liegengelassen werden, während sich die Hand über zwei verschiedenen Positionen frei bewegen kann.

11.4 Overview modal fingerings

The following is an overview of all the most common modal fingerings in all registers. Fingerings are included for the three-finger system in the lower registers, in which 1-2-4 and 1-3-4 are replaced with 1-2-shift-4 and 1-shift-2-4, respectively. Avoid "stretching", as this is not even used in the four-finger technique (see Section 6). These should be executed as follows:

1-2-shift-4:
first finger, drop second finger, shift second finger to position of fourth finger and finally, drop the fourth finger.

1-shift-2-4:
first finger, shift first finger to position of second finger, drop second finger and finally, drop the fourth finger.

This is not meant to suggest that there is no other way to play three notes per string using the three-finger system, but the above has the advantage of avoiding shifts to and from the same finger, such as 1-1-4. This would clearly be more likely to produce an uneven sound, since some of the "finger changes" would not involve a change of finger at all. Additionally, the left hand thumb could easily be left on one spot, as the hand freely pivots between the two positions.

Tiefe Register (chromatisch Handhaltung)
Lower Register (chromatic hand-position)

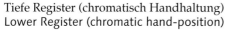

Drei-Finger-System
three-finger system

1 4 1 2 4 1 2 4

1 2 4 1 4 1 2 4

Vier-Finger-System
four-finger system

2 4 1 2 4 1 3 4

*
1 3 4 1 4 1 2 4

Phrygisch / Phrygian

1 2 4 1 2 4 1 4
1 2 4 1 3 4 1 3

Lydisch / Lydian

1 4 1 2 4 1 2 4
2 4 1 3 4 1 3 4

Mixolydisch / Mixolydian

1 4 1 2 4 1 2 4
2 4 1 2 4 1 2 4

Äolisch / Aeolian

1 2 4 1 2 4 1 4
1 3 4 1 3 4 1 3

Lokrisch / Locrian

1 2 4 1 2 4 1 4
1 2 4 1 2 4 1 3

Mittlere Register (chromatische und Ganztonhandhaltung)
Middle Register (chromatic and whole-tone hand-position)

Ionisch / Ionian

1 3 ð 1   3 ð 2 3
chromatische Handhaltung
chromatic position

ð 1 3 ð 1 3 ð 1
Ganzton- (und chromatische) Handhaltung
whole-tone (and chromatic) position

198

Dorisch / Dorian

Ø 2 3 Ø 3 Ø 1 3
*

Ø 1 2 Ø 1 3 Ø 1

Phrygisch / Phrygian

Ø 1 3 Ø 2 3 Ø 2

1 2 Ø 1 3 Ø 1 3

Lydisch / Lydian

1 3 Ø 2 3 Ø 2 3

Ø 1 3 Ø 1 3 Ø 1

Mixolydisch / Mixolydian

1 3 Ø 1 3 Ø 1 3

Ø 1 3 Ø 1 3 Ø 1

Äolisch / Aeolian

Ø 2 3 Ø 2 3 Ø 2

1 3 Ø 1 3 Ø 1 3

Lokrisch Locrian

Ø 1 3 Ø 1 3 Ø 2

1 2 Ø 1 2 Ø 1 3

Hohe Register (Tetrachord Handhaltung)
Upper Register (tetrachord hand ·position)

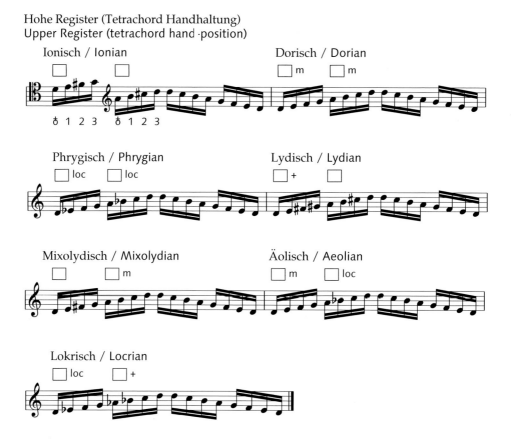

11.5. Tonleiter-Studien

Die folgenden Tonleiter-Studien verwenden chromatische, Ganzton- und Tetrachord-Fingersätze. Jede einzelne Oktave ist ohne Lagenwechsel zu greifen. Die Übung sollte auch in anderen Tonarten und Oktaven sowie einen Halbton tiefer als notiert gespielt werden. Die Fingersätze jeder Tonart sollten auch auf andere Tonarten angewandt werden. Die Notierung der Tetrachord-Fingersätze wurde durch Weglassen der Kontraktionszeichen (*) vereinfacht.

11.5 Scale Studies

The following scale studies make use of chromatic, whole tone and tetrachord fingerings. Each one octave mode is to be fingerd without shifting. The exercise should also be practiced in other keys and octaves, as well as a semitone lower than notated. The fingerings of each key should be appied to various other keys as well. The notation of the tetrachord fingerings has been simplified by omitting the contraction (*) symbols.

D major

2 4 1 2 4 1 3 4   4   2   1 3 4 1 4 1 2 4   4   1

1 2 4 1 3 4 1 3   3   1   2 4 1 3 4 1 3 4   4   2

or ♭ 1 3 ♭ 1 3 ♭ 1   1   ♭   1 3 ♭ 1 3 ♭ 1 3   3   1
   1 3 ♭ 1 3 ♭ 1 3   3   1

3 ♭ 1 3

W 1 2 ♭ 1 2 ♭ 1 3   3   1 ♭ 2 1 ♭ 2 1   2 ♭ 1 2

W 3 1 ♭ 2 1 ♭ 2 1

W

W 2 1 ♭ 3 1 ♭ 3 1   1   3   1 ♭ 3 1 ♭ 3 1 ♭   ♭   1
                        or 3 1 ♭ 3 1 ♭ 3 1   1   3

4 3 1 4 3 1 4 2   2   4   3 1 4 3 1 4 2 1   1   3

4 2 1 4 1 4 3 1   1   4   4 3 1 4 3 1 4 2   2

E♭ major

F major

G major

A major

B♭ major

C major

11.6 „Kurze-Lagenwechsel"-Tonleitern

Eine andere Methode, Tonleitern auf einer Saite zu spielen, besteht darin, eine Reihe von „kurzen" Lagenwechseln (s. Abschnitt 7.2, Lagenwechsel), die in regelmäßigen Abständen vorkommen, mit modifizierten Triller-Fingersätzen zu verbinden. Eine Durtonleiter ergibt sich, wenn entweder das Intervall des Trillers oder das des Lagenwechsels konstant gehalten wird, während das andere zwischen einem Ganz- und einem Halbtonschritt abwechselt. Daraus ergeben sich die beiden folgenden Fingersätze:

11.6 Short Shift Scales

An alternative means of fingering scales on a single string combines a series of short shifts (see Shifting, Section 7.2) occurring at regular intervals with modified trill fingerings. A major scale results when the interval of either the trill or shift is held constant while the other alternates between a whole and half step. The two possible resulting fingerings are as follows:

1. Konstanter Lagenwechsel / wechselnder Fingersatz
   Constant Shift / Alternating Fingering

2. Konstanter Fingersatz / wechselnder Lagenwechsel
   Constant Fingering / Alternating Shift

WT = Ganztonschritt / Whole step shift
HT = Halbtonschritt / Half step shift

11.7 Triolenfiguren

Immer, wenn eine Tonleiter mit Trio-
len-Rhythmen gespielt wird, jede Dreier-
Gruppe, die eine große Terz umfasst,
erfordert entweder eine weite Lage (Beispiel 1) oder ein Saitenwechsel. Saitenwechsel führen zu einem sehr zufrie-
denstellenden Ergebnis, wenn zwei der
Töne als Doppelgriff gegriffen werden.
Da der erste der beiden in dieser Weise
gegriffenen Töne wahrscheinlich länger
nachklingt als ihr notierter Wert und
somit eine leichte harmonische Betonung vermittelt, empfiehlt es sich, von
den unten angegebenen Fingersätzen das
zweite Beispiel (4-1-3) dem dritten (2-4-1)
vorzuziehen.

11.7 Triplet Patterns

When playing scales with a triplet rhythm,
any group of three notes spanning a major
third must either be played with an extension (example 1) or a string crossing. The
latter produces a very satisfactory result
when two of the notes are fingered as a
double-stop. Since the first of the two
notes fingered in this manner will tend
to ring out longer than its notated value,
thereby imparting a slight harmonic stress,
it is recommended that, of the fingerings
indicated below, 4-1-3 (example 2) be
shown preference over 2-4-1 (example 3).

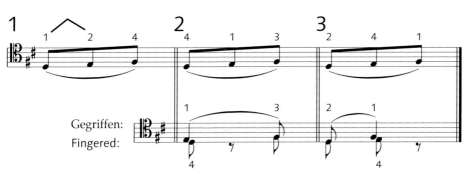

Die modalen Fingersätze können wie
folgt direkt auf Triolenfiguren angewandt werden. Dadurch können Akzente
oder die Bindungen auf jeden beliebigen
Schlag verschoben werden können:

The modal fingerings can be directly
applied to triplet patterns, allowing the
stress or slur to fall on any beat, as follows:

209

Abschnitt zwölf: Üben
Section twelve: Practicing

12.1 Physiologische Lernbasis

12.1 Physiological Basis of Learning

Der Lernprozess beginnt mit Reizen, die von den Sinnesorganen an die äußersten kortikalen Gehirnbereiche, die sensorische Hirnrinde, geleitet werden. Diese Eindrücke von Intensität, Orientierung und Qualität werden dann mit weiteren sensorischen Eingaben, die gleichzeitig ankommen, an eine Reihe von Bearbeitungszentren, die sogenannten kortikalen Stationen, weitergegeben. Bei jedem folgendem „Stadium" wird die Komplexität der Information erhöht, (zunächst werden einfache Formen und Strukturen unterschieden und später solche Charakteristika wie gefährlich, essbar etc.), bis schließlich die Aktivierung von einer kleinen Zellenanzahl die vollständige Darstellung der wahrgenommenen Welt ergibt. (Scherzhaft spricht man von der Suche nach einer „Großmutter"-Zelle – eine einzige Nervenzelle, die, wenn sie aktiviert wird, eine vollständige Darstellung der eigenen Großmutter erzeugt). Diese Zellen auf der höchsten Ebene sind wiederum durch das Vorderhirn in einem geschlossenen Kreis mit genau dem Punkt, bei dem die sensorischen Impulse zuerst eingegangen sind, verbunden und sind durch diese Verbindung in der Lage, strukturelle Veränderungen in den

The process of learning begins with the arrival of stimuli from the sense organs at the outermost cortical layers of the brain, or sensory cortex. These impressions of intensity, location and quality are then further processed along with other sensory input arriving at the same time and is passed along to a chain of processing centers called cortical stations. At each successive "stop" the complexity of the information admitted increases, (distinguishing simple shapes and textures at first, advancing later to such characteristics as being dangerous, edible, etc.), until, at the highest levels, the activation of a relatively small number of cells produces a complete representation of the perceived world. (One speaks whimsically of the search for the „grandmother cell", a single nerve cell which, when innervated, synthesizes the complete depiction of one's grandmother.) These cells at the highest level are, in turn, linked through the forebrain in a closed loop to the *very point where the sensory impulses first arrived*, and through this link, are capable of producing structural changes in the nerve cells of the sensory cortex itself. These structural changes are the physical manifestation of what we call memory.

Nervenzellen der sensorischen Hirnhaut selbst zu erzeugen. Diese strukturellen Veränderungen sind der physische Ausdruck dessen, was wir Gedächtnis nennen.

Die Tatsache, dass der Sitz des Gedächtnisses mit dem Eingangspunkt unserer Sinneseindrücke identisch ist, ist für den Musiker in vieler Hinsicht von Bedeutung. Das Wichtigste für uns liegt in der Erkenntnis, dass die Aneignung neuer Fähigkeiten die Art und Weise, wie wir die Welt wahrnehmen, verändert. Wir alle haben diese Erfahrung schon gemacht, wenn wir uns unsere alten Tonbandaufnahmen angehört haben; was wir heute hören, klingt ganz anders als das, was wir damals gehört haben. Das Wesentliche ist, dass man so sensibel gegenüber diesen Veränderungen der Wahrnehmung werden muss, dass sie schon nach einigen Übungsminuten auffallen.

Die enge Beziehung zwischen unseren Sinneseindrücken und dem Lernprozess spricht deutlich für die Verwendung von Vorbildern. Bei dauerndem Vergleich mit dem, was wir beim Üben hören und fühlen, und dem, was uns aus dem täglichen Leben bekannt ist (wie etwa Schwimmen, Gehen, Ziehen von schweren Gegenständen etc.), können wir die umfangreichen sensorischen Modelle verwenden, die in unserem Gedächtnis bereits vorhanden sind und dazu dienen, neue Modelle hervorzubringen – sogar noch, bevor eine neue Technik erlernt wurde. In gleicher Weise ist es wichtig, so viele Gehirnzentren wie möglich einzubeziehen: das Fühlen der Armbewegung und das Berühren der Saite mit den Fingerspitzen auf der Saite, die Vorstellung, wie es klingen

The fact that the seat of memory is identical to the point of entry of our sensory impressions has many implications for the musician, the most important of which is the recognition that *the acquisition of new skills will actually change the way in which we perceive the world*. We have all experienced this when listening to a tape recording of an old performance; what we hear now suddenly sounds utterly different from what we had heard at that time. The key is to become so sensitive to these changes in perception that they become apparent even after a few minutes of practice.

The close correlation between our sensory impressions and the learning process makes a strong case for the use of models. By constantly comparing what we hear and feel while practicing to that of other events that are familiar to us (such as swimming, walking, pulling heavy objects, etc.), we can use the vast supply of sensory patterns which already inhabit our memories to help create new ones even before a new technique is mastered. It is equally important to involve as many centers of the brain as possible: feeling the motion of the arms and the touch of the fingertips on the strings, imagining how it should sound, looking in a mirror and at the music, singing along while playing and, of course, listening while playing and listening to recordings.

211

sollte, das Schauen in einen Spiegel und auf die Noten, das Singen während des Spiels und natürlich das Hören während des Spiels und das Anhören von Aufnahmen.

12.2 Der Lernprozess

Die irreführende Idealvorstellung, dass der Lernprozess eine allmähliche, gleichmäßige Verbesserung im Laufe der Zeit darstellt, kann frustrierend sein, besonders in solchen Augenblicken, wenn erst kürzlich erworbene technische Fortschritte scheinbar ganz nach Belieben kommen und gehen. Die Verbesserung ist zwar progressiv, aber nicht in dem Sinne, dass sie aus einer gleichmäßigen Verbesserung des motorischen Nervennetz-„Programmes" besteht, sondern dass sie die langsame Verlagerung der Dominanz zwischen zwei nebeneinander bestehenden „Programmen" dem alten und neuen, dokumentiert:

1. Erster Kontakt
Es ist ein Moment der Hochstimmung, wenn ein zuvor unmöglicher Teil der Technik plötzlich hervorragend gelingt. Auch wenn man beim ersten Eindruck glaubt, es endgültig geschafft zu haben, so ist eine bescheidenere (und realistischere) Einschätzung diejenige, dass es nun endlich einmal geklappt hat, nachdem man es „lebenslang" versucht hat.

2. Verkürzen der Zwischenzeit
Obwohl das Stadium nach dem ersten Kontakt meistens sehr enttäuschend

12.2 The Learning Process

An inaccurate picture of the learning process, one which is imagined to consist ideally of a gradual and constant improvement over time, can lead to frustration, particularly at those moments when it seems that recent advances in technique have a habit of coming and going at will. In fact, the improvement is a progressive one, but, rather than consisting of the continuous improvement of a motor pattern, it documents the slow shift in dominance between two coexisting patterns, the old and the new:

1. Initial contact
This is that moment of elation when a previously impossible bit of technique suddenly comes off brilliantly. Although the first impression is to believe that it has finally been conquered, a more modest (and realistic) assessment would be that, after having attempting it for a "lifetime", it has succeeded one time.

2. Shortening of interim period
The often disappointing successor to the initial contact represents, in fact, an improvement over it. Although renewed attempts to repeat the earlier success might well fail at first, the new technique does finally reappear. The time which elapses between successes continues to shorten, until eventually, the technique can be repeated as a matter of course after an hour or so of concentrated effort.

wirkt, stellt es eigentlich eine Verbesserung dar. Auch wenn erneute Versuche, den früheren Erfolg zu wiederholen, zunächst scheitern, so taucht doch endlich die neue Technik irgendwann einmal wieder auf. Die Zeit zwischen den Erfolgen wird immer kürzer, bis die Technik schließlich nach etwa einer Stunde konzentrierten Bemühens regelmäßig wiederholt werden kann.

3. Eliminierung von Einspielzeit

Die Einspielzeit, die man benötigt, bis eine neue Technik einmal reibungslos funktioniert, verringert sich ständig, bis sie eines Tages beim allerersten Mal gelingt.

4. Sichern der Beständigkeit

„Erfolgen beim ersten Versuch" werden allmählich immer häufiger, bis sie mit hoher Verlässlichkeit eintreten. Dies ist wahrscheinlich eine der frustrierenden Phasen, da bei der Aufführung nur „der erste Versuch" ins Gewicht fällt. Die übliche Klage nach Aufführungen, dass die schwierige Passage „gestern im Übungsraum viel besser ging" lässt außer Acht, dass die „bessere" Version wahrscheinlich der zweite oder dritte Versuch war.

Die biologischen Veränderungen im Gehirn, die das Lernen begleiten, beinhalten körperliche Veränderungen in der Synapsen zwischen den Nervenzellen. Erst nach langer Zeit, in der die Synapse nicht aktiviert wurde, verliert sie ihre Empfindlichkeit und fängt an zu degenerieren. Während dieser Zeit genügt eine einzige Aktivierung, um einen beträchtlichen Teil ihrer früheren Stärke wiederherzustellen.

3. Elimination of "warm-up"

The amount of practicing time required before the new technique can be performed once, continues to decrease until one day it succeeds the very first time it's attempted.

4. Assured consistency

The rate of "first time successes" continues to improve until they occur with great reliability. This is possibly one of the more frustrating stages, since in performance, it is only the first time that matters. The common complaint after performances that a difficult passage "sounded much better yesterday in the practice room" doesn't take into account that the "better" version was probably the second or third attempt.

The biological changes in the brain which accompany learning involve physical changes in the connections, or synapses, between nerve cells. Only after long periods of disuse does a synapse begin to lose its sensitivity and degenerate. During this time, even a single activation is capable of returning a substantial measure of its former strength. Only with the strictest avoidance of the former motor patterns, especially during the above mentioned interim periods, can the new neural pathways begin to dominate over the old.

213

Nur wenn die alten motorischen Vorgänge strikt vermieden werden, dies gilt besonders für die oben genannten Zwischenzeiten, kann der neue Nervenweg über den alten dominieren.

12.3 Übungsprinzipien

1. Die Risiken der Wiederholung

„Alles, was man zweimal macht, wird besser." Die unausweichliche Konsequenz der Wiederholung besteht darin, dass das Wiederholte verbessert und sicherer wird. Dies trifft nicht nur auf die gewünschten technischen Verbesserungen zu, sondern auch auf Fehler, Grimassen, Schimpfen, Unterbrechen nach Fehlern, „Rausfliegen", etc. Auch eine einzige Wiederholung desselben Fehlers muss ernst genommen werden, als eine Sache, die auf jeden Fall vermieden werden muss durch enorme Konzentration und sorgfältig gesetzte Ziele. Das Übungsmaterial muss hohe geistige Anforderungen stellen und doch sofortige Ziele bereithalten, die erreichbar und realistisch sind.

Eine weitere Gefahr bei Wiederholungen besteht darin, dass man mit der Zeit dazu neigt, seine Perspektive zu verlieren. Nach Jahren endloser Wiederholung der ersten acht Sekunden des Koussewitzky Konzertes, kann man nicht mehr beurteilen, wie die Phrase auf einen Zuhörer wirkt, der es zum ersten Mal hört. Daher ist es äußerst wichtig, dass man sich bei Technikübungen vom emotionalen Gehalt distanziert und Musikstücke aus einer möglichst frischen Perspektive

12.3 Practice Principles

1. The risks of repetition

"Everything done twice becomes better." The inescapable consequence of repetition is that something has, as a result, been improved or become more secure. This applies not only to the desired technical improvements, but, also to mistakes, grimaces, swearing, stopping after mistakes, losing one's place, etc. Even a single repetition of the same mistake must be treated as a serious matter, something to be avoided at all costs through intense concentration and carefully chosen goals. The difficulty of the practice material must demand an extreme mental effort and yet provide immediate goals which are both accessible and realistic.

A further hazard of repetition is that, with time, one tends to lose one's perspective. After years of endlessly repeating the opening 8 seconds of the Koussevitzky Concerto, for example, one becomes utterly incapable of assessing its impact on the listener hearing it for the first time. A painstaking effort must therefore be made to distance oneself from emotional content when practicing technique and to view pieces with the freshest possible musical perspective when preparing them for performance.

sieht, wenn man sie für eine Aufführung vorbereitet.

2. Annäherung an ein Ziel von allen Seiten

Ist ein Ton immer zu tief, zu spät oder zu weit entfernt vom Steg und ist er nie zu hoch, zu früh oder zu nah am Steg, so ist dies kein Fehler, sondern stellt eine neue Bearbeitung des Musikstückes dar. Bei Verwendung moderner Notationen für mikrotonale Tonhöhen, nicht-metrische Rhythmen oder nicht-traditionelle Klangfarben könnte man sogar diese „nicht beabsichtigte Bearbeitung" in die Noten hineinschreiben. Als Fehler zu werten ist jedoch eine unvorhersehbare Abweichung von der eigenen Absicht. Zur Beschreibung von Übungstechniken, bei denen man gezwungen ist, sich einem Ziel von allen Seiten zu nähern und dabei nicht-zufällige Fehler zu eliminieren, s. Abschnitt 12.4.

3. Der Weg von der Musik zur Technik

Trennt man für Übungszwecke die reine Technik von ihrem musikalischen Rahmen, so besteht die Gefahr, dass man ihre relative Wichtigkeit aus dem Auge verliert. Nur weil etwas technisch schwierig ist, bedeutet dies nicht unweigerlich, dass es unbedingt übenswert ist. Entscheiden Sie zuerst bezüglich des geeigneten musikalischen Effektes und suchen Sie erst dann die einfachsten technischen Mittel, um ihn zu erreichen. Trainiert man eine schwierige motorische Übung ohne eine klare musikalische Basis für ihre Verwendung, so wird das Musizieren zur reinen Akrobatik.

2. Approaching goals from all sides

If a note is always too flat, too late or too far from the bridge and never is too sharp, early or close to the bridge, then it is not a mistake at all, but constitutes a newly composed version of the piece. Using modern notation for microtonal pitches, non-metrical rhythms or non-traditional tone colors, one could, in fact, write this "unintentional edition" into the music. A mistake, on the other hand, is an unpredictable deviation from one's intention. For the description of a practice technique in which one is forced to approach a goal from all sides, thereby eliminating non-random mistakes, see Section 12.4.

3. Progression from music to technique

When separating pure technique from its musical setting for the purpose of practicing, the danger exists that one can lose sight of their relative importance. Just because something is technically difficult doesn't necessarily mean that it is worth practicing. Decide first on the appropriate musical effect, then proceed to the simplest technical means to achieve it. Practicing a difficult motor skill without a clear musical basis for its use reduces music-making to an acrobatic skill.

At the outset of learning a new piece, the complete score, and not just the bass part, must be thoroughly examined. Should the piece then prove to be technically too demanding, the piece must be set aside and another chosen. The benefits of this important first step, which should require no more than an hour or

Beginnt man mit dem Erlernen eines neuen Stückes, muss die gesamte Partitur und nicht nur die Bassstimme genau durchgegangen werden. Erweisen sich die technische Anforderungen als zu anspruchsvoll, muss ein anderes Musikstück ausgesucht werden. Die Vorteile dieses wichtigen ersten Schrittes, der ungefähr eine Stunde in Anspruch nimmt, sind enorm wertvoll, wenn man bedenkt, wie viel Zeit sonst beim Üben sinnlos verloren ginge.

4. Der Weg von der Technik zur Musik
Die technischen Elemente erscheinen, obwohl sie häufig auf Gleichmäßigkeit hin geübt werden, selten in dieser statischen Form in einem musikalischen Rahmen. Man kann jedoch die genau kontrollierten Veränderungen bzw. Profile dieser technischen Parameter im Laufe der Zeit so üben, dass es wieder möglich wird, die gewünschte musikalische Struktur (Form) und Richtung (Spannung / Spannungsauflösung wiederzugeben. Dies beinhaltet nicht nur Profile von Lautstärke (crescendo/diminuendo) und Geschwindigkeit (ritardando/ accelerando), sondern auch Farbe (hell/dunkel), Artikulation (legato/staccato, etc.) und Charaktere (weiblich/männlich, singend/tanzend ...), um nur einige Beispiele zu nennen. In all diesen Fällen lautet die entscheidende Frage nicht nur, wie groß war die Veränderung, sondern vielmehr wie wurde sie erreicht?

5. Natürliche Tendenzen täuschen
Kontrabassisten bezeichnen oft die eine oder andere Art zu spielen als "natür-

so, are of immense value, when one considers the many hours of practice which might otherwise be wasted.

4. Progression from technique to music
The elements of technique, although often practiced with uniformity as a goal, seldom appear in this static form in a musical setting. It is, however, also possible to practice the technique of creating profiles, or finely controlled changes of any of a number of technical parameters over time, which convey the desired musical structure (form) and direction (tension/ resolution). This includes not only profiles of volume (crescendo/diminuendo) and speed (ritardando/accelerando), but also of color (bright/dark), articulation (legato/staccato, etc.) and character (feminine/masculine, singing/dance-like, etc.), to name but a few examples. In all cases, however, the essential question is not only how much of a change took place, but also, over which route did this change occur?

5. The deceit of natural tendencies
Double bassists often speak of one way or another of playing as being "more natural". This may be so, (or, at least as "natural" as the pulling of sap-covered horse hairs over the dried entrails from a cow spanning a disfigured tree can be). The danger is, however, that the natural tendencies are frequently also the least musical and technically productive ones. They include:

216

licher". Das mag sein bzw. so "natürlich" wie das Ziehen eines harzbedeckten Pferdeschweifes über die auf einen missbildeten Baum gespannten Eingeweide einer Kuh überhaupt sein kann. Die Gefahr besteht darin, dass natürliche Tendenzen häufig musikalisch und technisch unproduktiv sind. Sie beinhalten:

1. Beschleunigen des Bogens während eines Lagewechsels
2. Die Finger der linken Hand erst dann aufzusetzen, wenn sich der Bogen schon zu bewegen beginnt.
3. Nach vorne lehnen und den rechten Arm bei *ff*-Passagen beugen (und dadurch das Gewicht des Arms verringern).
4. Bei Unsicherheit die Arme näher an den Körper heranziehen, wodurch Lagewechsel zu hohen Tönen oft zu tief werden und der Bogen vom Steg weggeführt, anstatt ihm näher gebracht wird.
5. Langsames Vibrato wird breiter statt enger.
6. Auf die Hände schauen während des Spiels.
7. *pp*-Töne zu spät und mit kleinem Crescendo am Beginn eines jeden Tones spielen.
8. Schneller werden bei Crescendi.
9. Kurze Töne lauter spielen als lange – besonders bei unsymmetrischen Taktarten, wie etwa 3/4 Takt.
10. Triller, gebundene, punktierte und lange Töne zwischen kurzen zu lang aushalten.
11. Langsamer werden bei wiederholten Töne.
12. Das Intervall zwischen dem Leitton und der Tonika enger machen, indem man die Tonika tiefer spielt.

1. Speeding up the bow during a shift.
2. Not dropping the left hand fingers until the bow begins to move.
3. Leaning forward and bending the right arm in *ff* passages (thereby reducing weight to the arm).
4. Drawing the arms closer to the body when anxious, resulting in shifts to high notes often being too flat with the bow actually being pulled away from the bridge instead of towards it.
5. Slower vibrato becoming wider instead of thinner.
6. Looking at hands while playing.
7. Playing *pp* notes too late and with a small crescendo at the beginning of each note.
8. Getting faster during crescendos.
9. Playing short notes louder than long ones (particularly in unsymmetrical meters such as 3/4 time).
10. Holding trills, slurs, dotted notes and long notes among shorter ones too long.
11. Slowing down during repeated notes.
12. "Tightening" the interval between the leading tone and the tonic by lowering the tonic.

6. Avoidance of physical pain

Although it is to be expected that muscles will occasionally become fatigued, pain anywhere in the body other than the fingertips is a dangerous sign of poor technique. Even pain in the fingertips will completely subside as the flesh near the bone undergoes a gradual transformation. Before this has occurred, strings of less tension should be used (see Vibrato, Section 8.2). Furthermore, when

6. Vermeidung körperlicher Schmerzen

Obwohl damit gerechnet werden muss, dass die Muskeln gelegentlich ermüden, sind körperliche Schmerzen – von Schmerzen in den Fingerspitzen abgesehen – ein gefährliches Zeichen schlechter Technik. Selbst die Schmerzen in den Fingerspitzen werden stark nachlassen, wenn sich das Gewebe über dem Knochen allmählich ändert. Bevor dies geschehen ist, sollten Saiten mit wenig Spannung verwendet werden (Abschnitt 8.2, Vibrato). Darüber hinaus sollte der Bass zunächst tiefer gestimmt werden, wenn körperlich anstrengende Passagen in hohen Registern gespielt werden; dies gilt auch für Anfänger beim Spielen in allen Registern. Schmerzen setzen nicht nur die Konzentrationsfähigkeit herab, sondern äußern sich auch in unbewussten Versuchen des Körpers, sich Erleichterung zu verschaffen, wie etwa ein „Abbrechen" des Vibratos, sobald man sich auf etwas anderes konzentriert.

7. Einhaltung von regelmäßigen Übungsstunden

Obwohl reine Kraft und große Konzentration äußerst wichtig sind, sind sie jedoch wertlos, wenn sie nicht über längere Zeit aufrechterhalten werden können. Übt man weiter, obwohl die Muskeln zu ermüden beginnen und die Konzentration nachlässt, so werden bestenfalls die Übungsergebnisse beeinträchtigt und schlimmstenfalls kommt es zu körperlichen Schäden. Um dies zu vermeiden und größere Ausdauer zu erlangen, sollten die Übungsstunden nicht mehr als eine halbe Stunde länger oder kürzer sein als die vom Vortag.

practicing physically demanding passages in the upper register, the bass should at first be tuned lower; this also applies to beginners' playing in all registers. Pain not only hinders concentration, but results in unconscious attempts by the body to afford relief, such as the "shutting down" of vibrato as soon as one's attention is turned to something else.

7. Maintaining regular practice hours

Although sheer strength and intensity of concentration are essential qualities, they are of little value if they cannot be maintained over longer periods of time. Practicing beyond the point where muscles begin to tire and concentration falters can, at best, impair results and, at worst, cause physical damage. To help avoid this and encourage the development of greater endurance, practice hours shouldn't exceed or fall short of those of the previous day by more than a half hour.

8. Üben oder Aufführung?

Effektives Üben bedeutet, die Probleme an der Wurzel zu packen und sich intensiv mit ihnen zu befassen: Verbesserung der Intonation mit Tonleiter- und Intervalletüden, Entwicklung einer guten Griff- und Saitenwechseltechnik unter Verwendung von Doppelgriffen bei den nächsten Noten, Transposition von Passagen in benachbarte Tonarten, um gute Fingersätze zu finden, Vorwärts- und Rückwärtsspielen, um Lagenwechsel zu üben, Spiel mit verschiedenen Fingersätzen und Bogenführungen, um neue Klangmodelle zu entwickeln, Änderung der Reihenfolge der Noten in einer Lage, um sich zu vergewissern, dass alle Noten leicht und mühelos im Einklang gespielt werden können usw. Kurz gesagt, je effektiver ein Stück geübt wird, desto weniger hört es sich wie das Stück selbst an. Wenn ein zufälliger Zuhörer problemlos sagen kann, welches Stück Sie gerade üben, besteht die Gefahr, dass Sie es nur für sich „aufführen", aber nicht üben. So etwas ist nur zulässig, wenn Sie sich in den letzten Phasen der Vorbereitung auf eine Aufführung befinden (s. Abschnitt 13.2 Übergang von Üben zu Aufführung).

12.4 Übungstechniken

1. Bewegliche Fenster

Häufig ist es hilfreich, eine schwierige Passage in kleine Teile, oder „Fenster", zu unterteilen, die einzeln geübt werden können. Dies ist besonders nützlich, wenn ein Strich erforderlich ist, wie etwa Sautillé und Ricochet, der nur bei einer

8. Practice or performance?

Effective practice involves getting to the root of problems and dealing with them in an intense way: improving intonation with scales and interval studies, developing good fingering and string crossing technique using double stops of forthcoming notes, transposing passages to neighbouring keys to find good fingerings, playing both forwards and backwards to practice shifts, playing with different fingerings and bowings to develop new sound models, changing the order of notes within a position to assure that all notes can be easily and effortlessly played in tune, etc. In short, the more effective the practice is, the less it sounds like the piece itself. If a casual listener can easily tell which piece you are practicing, there is a danger that you are only performing it, not practicing it. This is only acceptable in the final stages of preparing for a performance (see Section 13.2 Transition from Practice to Performance).

12.4 Practice Techniques

1. Movable windows

It is often very effective to divide a difficult passage into small portions, or "windows", which can then be practiced in tempo separately. This is particularly useful when a bowing is called for, such as sautillé or ricochet, which only functions above a certain speed, or when one is deciding upon fingerings before being able to play the entire phrase in tempo. A window taken from the beginning of the phrase is allowed to advance in small

219

bestimmten Geschwindigkeit erzeugt werden kann, oder wenn man sich für einen Fingersatz entscheiden muss, bevor man in der Lage ist, die gesamte Phrase im Ziel-Tempo zu spielen. Man nimmt ein Fenster vom Anfang der Phrase und lässt es in kleinen Schritten, die die halbe Länge des Fensters nicht überschreiten sollten, „weiterrücken" bis die gesamte Passage abgedeckt ist (s. Beispiel A unten). Der ursprüngliche Strich muss natürlich erhalten bleiben. Den Vorgang wiederholen, wobei die Größe des Fensters jedes Mal erhöht werden muss, bis es schließlich so lang ist, wie die Phrase selbst.

Als Variation dieser Methode kann die Passage in eine Reihe von Fenstern gleicher Länge eingeteilt werden, die durch längere Töne oder Pausen getrennt sind

steps not to exceed half its own length until the entire passage has been covered (see example A below). The original bowing must, of course, be preserved. The process is then repeated, increasing the length of the window each time until it finally is as long as the phrase itself.

In a variation of this method, the passage is divided into a row of windows of equal length which are separated by longer notes or rests (the simplest form of this is a dotted rhythm). They are then practiced as a group and, eventually, the length of the windows is also increased (see examples B through E). In B and C, the windows are two notes long; the eight other patterns used include windows which are 4 and 8 notes long, not counting the repeated notes which overlap.

A 1

2

(die einfachste Form hiervon ist ein punktierter Rhythmus). Diese werden dann ohne Unterbrechung geübt, und schließlich wird die Länge der Fenster erhöht (s. Beispiele B bis E). Bei B und C sind die Fenster zwei Noten lang; die acht anderen Beispiele beinhalten Fenster, die vier und acht Noten lang sind, wobei die wiederholten Schlusstöne nicht gezählt werden.

2. Auseinandernehmen und Wiederaufbau

Schwierige Passagen können in ihre einzelnen Teile zerlegt werden (Fingersätze, Lagenwechsel, Bogenstriche und Saitenwechsel), wodurch wesentliche technische Schwächen leichter zu entdecken und anzusprechen sind. Die Teile können dann in verschiedenen Kombinationen wieder zusammengefügt werden, wodurch bestehende Koordinationsprobleme zwischen zwei Teilen isoliert und gefunden werden können. In den folgenden Beispielen werden weite Lagen (s. Abschnitt 6.6) mit einem umgekehrten „V", überbrückte Töne (s. Abschnitt 6.10) mit Doppelstrichen, abgelangte Töne (s. Abschnitt 7.4) mit einem Pfeil und Noten, die nur eine ungefähre Tonhöhe andeuten, mit einem „X" angezeigt. Die ersten vier Beispiele sollten auch lautlos nur mit der linken Hand geübt werden.

2. Isolation and reuniting

Difficult passages can be broken down into their component parts (fingering, shifting, bowings and string changes), making it easier to discover and address fundamental technical weaknesses. The components can then rejoined in different combinations to help isolate coordination problems between any two. In the following examples, extensions (see Section 6.6) are indicated by an inverted "V", bridged notes (see Section 6.10) by double lines, borrowed notes (see Section 7.4) by an arrow and approximate pitches by an "X". The first four examples should also be practiced silently with the left hand alone.

A

Fingersätze:
Fingering:

Fingersätze (mit weiter Lage und Ablangen):
Fingering (with extensions and borrowed notes):

Fingersätze und Lagenwechsel:
Fingering and shift:

Fingersätze, Lagen- und Saitenwechsel:
Fingering, shift and stringchange:

Striche:
Bowing:

Saitenwechsel:
String change:

223

Fingersätze und Striche:

Fingering and bowing:

Fingersätze, Lagen-
wechsel und Striche:

Fingering, shift
and bowing

Fingersätze, Striche
und Saitenwechsel:

Fingering, bowing
and string change:

Fingersätze, Striche,
Saiten- und
Lagenwechsel:

Fingering, bowing, shift
and string change:

B

Lagenwechsel
und Striche:

Shift and bowing:

Fingersätze, Lagen-
wechsel und Striche:

Fingering, shift
and bowing:

Spielt man ein Paar der oben genannten technischen Bestandteile absichtlich unsynchronisiert und nähert sich dabei der richtigen Koordination von „beiden" Seiten des Schlages, so können Ungenauigkeiten des Timings schnell ausgeschaltet werden.

By playing the component pairs purposefully out of syncronization, thereby approaching the correct coordination from both "sides" of the beat, inaccuracies in their timing can be quickly eliminated.

Finger im Voraus:
Fingering in advance:

Bogen im Voraus:
Bowing in advance:

Zusammen:
Together:

3. Eliminierung nicht-zufälliger Fehler

In der folgenden Übungstechnik genügt es nicht, sich lediglich die Stelle zu merken, in der ein Fehler auftrat, sondern ebenso in welcher Richtung er auftrat: war der Ton zu spät, zu früh, zu tief, zu hoch usw. Der zweite Versuch muss in der entgegengesetzten Richtung fehlschlagen (oder richtig sein). Passiert es jedoch immer noch in der ursprünglichen Richtung, so muss es beim dritten

3. Elimination of non-random mistakes

In the following practice technique, it is not enough to notice where a mistake occurred but also in which direction the error was made; was the note too early or too late, too high or too low, etc. The second attempt must err in the opposite direction (or be correct). If, however, it should still be in the original direction, then by the third trial it must *absolutely and without exception* be in the opposite direction. Of course, after two errors in the

Versuch absolut und ohne Ausnahme in der entgegengesetzten Richtung geschehen. Natürlich wäre es nach zwei Fehlern in derselben Richtung klug, in der entgegengesetzten Richtung weit über das Ziel hinauszuschießen, um nicht das Risiko einzugehen, drei Fehler hintereinander in derselben Richtung zu machen. Der Prozess geht dann von der anderen Seite weiter – zurück und vorwärts – bis die Phrase wiederholt richtig gespielt wurde. Dies kann für alle erdenklichen Aspekte der Technik angewendet werden: Intonation, Bogenteilung, Bogenwinkel, Rhythmus, Artikulation usw.

4. Nulltoleranz

Keine Technik, wie beeindruckend sie auch sein mag, ist für einen Musiker wertvoll, wenn er sich nicht bei Aufführungen auf sie verlassen kann. Auch wenn jeder Takt in einem Stück in 90 % der Fälle perfekt gespielt werden kann, so liegen die Chancen, zehn Takte ohne Fehler zu spielen, bei 1:3, bei 30 Takten bei kaum noch 4 %. Die folgende Methode zur Verbesserung der Beständigkeit ist ein äußerst effektives Mittel, um zufällige Fehler und ein Nachlassen der Konzentration zu verhindern. Durch sie wird auch dem kleinsten Detail Aufmerksamkeit geschenkt, indem alle Fehler, ob groß oder klein, gleichermaßen streng bestraft werden. Es wird dabei eine Passage gewählt, die in den technischen Grenzen des Spielers liegt und nicht länger als vier oder fünf Zeilen ist. Dann wird der Ausschnitt mit einem Metronom bei halber Geschwindigkeit (oder langsamer) gespielt, bis er

same direction, it would be judicious to wildly overshoot the mark in the opposite direction and not take any chances on hitting three in a row. The process then continues from the other side, back and forth, until the phrase has been repeatedly performed correctly. This can be used for all imaginable aspects of technique: intonation, bow distribution or angle, rhythm, articulation, etc.

4. "Zero tolerance"

No technique, no matter how impressive, is of any use to a musician unless it can be counted on to work in performance. Even when every bar in a piece can be played perfectly 90 % of the time, the chances of playing even ten bars without a mistake are only one in three, for thirty bars, barely 4 %. The following method of improving consistency is an extremely fast and powerful means of eliminating random error and lapses in concentration. It assures attention to even the minutest details by creating a setting where all mistakes, big or small, are penalized equally severely. A passage is chosen which lies within the technical limits of the player and is no more than 4 or 5 lines long. It is then played with metronome at half tempo (or slower) until it's been repeated flawlessly three times. Here, a performance is considered "flawless" if every pitch, bowing, bow distribution, articulation, shift and string crossing is exactly as intended. The passage must be played every time to completion, even if a mistake occurs on the very first note. The incredible levels of concentration reached during the last

fehlerfrei dreimal hintereinander gespielt werden kann. Unter einem „fehlerfreien" Spiel versteht man hier, dass jede Tonhöhe, jeder Strich, jede Bogeneinteilung, jede Artikulation, jeder Lagen- und Saitenwechsel so ausfällt, wie es der Spieler beabsichtigt hatte. Die Passage muss jedes Mal vollständig gespielt werden, auch wenn ein Fehler bereits beim ersten Ton auftritt. Die unglaubliche Konzentration, die während der letzten Takte der dritten „perfekten" Version erreicht wird, bei der schon der kleinste Fehler noch eine weitere Wiederholung zur Folge hätte, ist ansonsten im Übungsraum nicht anzutreffen. Die Prozedur sollte ungefähr eine Stunde dauern; dauert sie sehr viel länger, dann ist entweder das Tempo zu schnell, die Passage zu lang oder überschreitet ganz einfach die technischen Fähigkeiten des Spielers. Wurde das Ziel, dreimal fehlerfrei zu spielen, erreicht, wird das Metronom vier „Klicks" schneller gestellt und von vorne begonnen. Nach drei „Erfolgen" wird die Geschwindigkeit immer weiter erhöht, bis das Tempo schließlich erreicht wird. Im Gegensatz zum ersten und langsamsten Durchgang, der ca. eine Stunde dauert, dauern die folgenden Durchgänge zusammen nicht länger als eine Stunde. Der letzte besteht häufig aus drei fehlerlosen Durchgängen – einer nach dem anderen!

Eine Variante der „Nulltoleranz" besteht darin, eine lange Passage zu verwenden (eine ganze Seite oder länger) und sie als „perfekt" zu betrachten, auch wenn ein bzw. zwei Fehler auftreten.

few bars of the third "perfect" version, where the slightest blemish would mean yet another repetition, are otherwise altogether unknown in the practice room. This should all last approximately one hour; if it takes much longer, then either the tempo is too fast, the passage is too long or it is simply beyond the technical limits of the player. Having reached the goal of three "perfect" performances, the metronome is set four "clicks" faster and all begins again, repeatedly being advanced to the next speed after three "successes" until tempo is finally reached. Whereas the first and slowest round takes about an hour, all of the subsequent rounds last no more than an hour together, the very last one often consisting of three flawless performances, one after the other!

Another variation of "zero tolerance" is to use much longer passages (a full page or more) and accept runs with one or two errors.

12.5 Hilfsmittel beim Üben

1. Metronom

Obwohl es oft angenommen wird, dass das Mitspielen mit einem Metronom unweigerlich zu einer Verbesserung der Integrität des eigenen Rhythmus führt, ist es eher so, dass man des Metronoms wegen Fehler im Rhythmus ungeachtet lässt. Eine einfache Möglichkeit, dies zu verhindern und sein eigenes inneres Gefühl für Rhythmus zu entwickeln, besteht darin, das Klicken des Metronoms auf die schwachen Schläge fallen zu lassen. Verwendet man folgende Rhythmusmodelle als Richtlinien, so nimmt auch der einfachste Rhythmus eine neue Vitalität an und die kleinste Ungenauigkeit beim Spiel führt zu einem sofortigen Wechsel der Klicks des Metronoms zurück zu den Hauptschlägen.

Verlässt man sich ständig auf das Metronom, um das richtige Tempo eines Stückes zu gewährleisten, so kann dadurch das eigene innere Tempo-Gefühl behindert werden. Versuchen Sie immer, die richtige Geschwindigkeit zu schätzen, bevor Sie das Metronom einschalten. Nehmen Sie längere Teile eines Stückes auf Band auf und verwenden Sie erst beim Abspielen das Metronom, um die Integrität des Rhythmus zu überprüfen.

12.5 Practice Aids

1. Metronome

It is often assumed that playing along with a metronome serves to improve the integrity of one's rhythm; it is, in fact, more likely to actually hide rhythmic flaws. One of the simplest ways to avoid this, and to develop one's *internal* sense of rhythm instead, is to allow the click from the metronome to fall on the weak beat. Using the following patterns as a guideline, even the simplest rhythms take on a new vitality and the slightest inaccuracies in performance result in the immediate shifting of the metronome clicks back to the strong beats.

Constantly relying on the metronome to provide the proper tempo of a piece can also inhibit the development of one's internal sense of tempo. Always try to estimate the proper speed before turning on the metronome. Also try recording longer portions of a piece at a constant tempo, using the metronome only during the playback to check for rhythmic integrity.

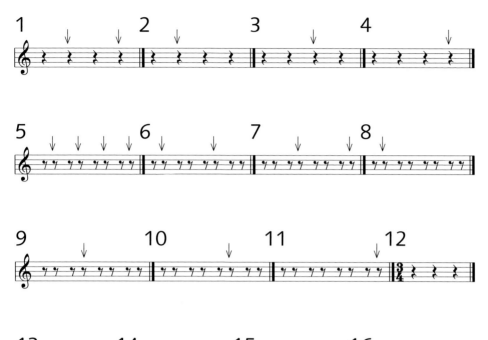

2. Tonaufnahmen

Die Aufnahme ist für den Musiker ein äußerst wertvolles Hilfsmittel, das vielseitig verwendet werden kann. Seine einfachste Funktion ist die eines laufenden „Logbuches". Auf ein Katalogband oder eine -disk werden einmal pro Woche einige Minuten Musik aufgenommen – mit Datum, Position und Titel (oder Übungsnummer) – so dass der Schüler einen vollständigen Überblick über seine Fortschritte im Laufe der Jahre hat. Diese Methode kann auch hilfreich sein, um mit Frustrationen (oder Selbstüberschätzung)

2. Recordings

Recordings are one of the most valuable practice aids of the musician and can be applied in a wide variety of ways. Perhaps its simplest function is to provide a running "log book"; here, a weekly entry of a few minutes of music is recorded on a catalogue tape or disc and the date, position and title (or exercise number) is noted, thereby providing the student with a complete overview of his or her progress over the course of the years. This can also be quite valuable in combatting frustration (or overconfidence) at times when

zu einem Zeitpunkt zurechtzukommen, wenn man nicht mehr genau weiß, wie man noch vor kurzem geklungen hat.

Weitere Übungstechniken sind: eine Passage in zwei verschiedenen Oktaven aufzunehmen und dann zusammen mit der Aufnahme in parallelen Oktaven zu spielen, das Mikrophon während einer Probe nahe am (bzw. im) Klavier anzubringen, um eine Aufnahme zu machen, die „nur Begleitung" enthält und die dann später im Übungsraum Anwendung findet und – natürlich – lediglich zum Aufnehmen und Abhören. Es kann auch sehr aufschlussreich sein, ungefähr einen Tag mit dem Abhören des Bandes zu warten, damit man vergisst, wie man klingen wollte und nun hört, wie man eigentlich geklungen hat.

Andere Anwendungen von Tonaufnahmen, die bereits in der vorliegenden Arbeit behandelt wurden, beinhalten Methoden zur Verbesserung der Dynamik (Abschnitt 5.8), der Kontinuität (Übergang vom Üben zur Aufführung, Abschnitt 13.2) und Rhythmus (s. oben, Metronom).

Oft haben Aufnahmegeräte eine automatische Lautstärkenkontrolle, die alles automatisch aussteuert, so dass alle Aufnahmen beim Playback die gleiche Lautstärke haben. Jedes Modell, bei dem diese Funktion nicht abgestellt werden kann, ist weniger für das Üben geeignet.

Aufnahmen mit einem PC haben viele zusätzliche Vorteile und können das Üben auf vielerlei Weise erleichtern, was sonst nicht möglich wäre:

1. Es ist möglich, sich kleinere Audioausschnitte anzuhören, wie z. B. einzelne

one has an inaccurate impression of how one sounded in the recent past.

Further practice techniques include: recording a passage in two different octaves and playing along with the recorded version in parallel octaves, placing the microphone near (or inside) the piano during a rehearsal to make an "accompaniment only" tape for use later in the practice room, and, of course, just taping and listening. It can also be very revealing to wait a day or so before listening to a recording, during which time one has the chance to forget what one wanted to do and hears only what one, in fact, really did.

Other applications using recordings which have already been described elsewhere in this work include methods to improve dynamic range (Section 5.8), continuity (Transition from Practice to Performance, Section 13.2). and rhythm (see metronome above).

Many recording devices have an automatic volume control, that will adjust all recordings to produce the same volume during playback. Any model, on which this function can not be turned off, is less suitable for practicing.

Recording with a personal computer has many additional benefits, and can aid practice in many ways that would not otherwise be possible:

1. It is possible to listen to smaller audio selections, such as single notes in a run, the beginnings or ends of notes, etc.
2. Recordings can be slowed down without changing pitch for analysis, or sped up to provide a sound model to copy

Noten in einem Lauf, Anfang und Ende von Noten usw.

2. Aufnahmen können zur Analyse ohne Änderung der Tonhöhe langsamer abgespielt werden oder auch schneller, um ein Klangmodell zu schaffen, das kopiert werden kann.

3. Die Umkehrung von Aufnahmen (von vorn nach hinten) kann dabei helfen, schlechte Artikulation zu erläutern.

4. Die Korrektur von Tonhöhe, Lautstärke oder Rhythmus bei gleichzeitiger unveränderter Beibehaltung aller anderen Komponenten ergibt eine klare Vorstellung davon, wie etwas klingt, sobald ein bestimmtes Problem gemeistert wurde.

5. Die Aufnahme kann in Kombination mit MIDI-Dateien der Begleitstimme abgespielt werden und ermöglicht so das Experimentieren mit den Auswirkungen unterschiedlicher Tonhöhen, Lautstärken und Rhythmen jeder einzelnen Stimme.

6. Die graphische Wiedergabe des Klangs liefert wertvolle Informationen über Artikulation, Dynamik und Vibrato.

3. Elektronisches Stimmgerät

Ein elektronisches Stimmgerät, der alle chromatischen Tonhöhen analysieren kann, kann im Übungsraum von großem Nutzen sein. Das Stimmgerät ist das für die Intonation, was das Metronom für den Rhythmus ist: ein Hilfsmittel, um die Genauigkeit zu überprüfen. In diesem Sinne arbeitet er wie ein allgegenwärtiger Lehrer mit einem absoluten Gehör, der immer bereit ist, sämtliche Mutmaßungen über Intonation beim Üben

3. Inverting recordings (front to back) can help to elucidate poor articulation

4. Correcting pitch, volume or rhythm while leaving all else untouched gives a clear model of how something will sound, once a particular problem is mastered

5. The recording can be played in combination with MIDI files of the accompaniment, allowing one to experiment with the effect of different pitch, volume and rhythm of each part separately.

6. The graphic display of the sound provides valuable information about the articulation, dynamics and vibrato.

3. Electronic tuner

An electronic tuner which can analyze any of the chromatic pitches can be a great asset in the practice room. It is, however, no more to intonation than what the metronome is to rhythm: a means to verify accuracy. In this sense, it functions as an ever present teacher with perfect pitch, ever prepared to eliminate all guesswork from practicing intonation. However, as soon as it is used as a prompter to direct instead of to verify, it is reduced to a visual „crutch" which effectively eliminates the critical analysis so necessary to ear training.

Tuners which can also produce the twelve tempered pitches can be extremely valuable as an aid, since it frees the bassist from the limited repertoire of pitches available through open strings and harmonics and allows one to compare notes to any of the pitches as they appear in the accompaniment.

231

auszuschalten. Wird er jedoch als Souffleur zum Richten anstatt zum Überprüfen verwendet, so wird er zu einer visuellen „Krücke" degradiert, die wirksam die für die Gehörbildung so wichtige kritische Analyse ausschaltet.

Ein Stimmgerät, das auch die zwölf temperierten Töne erzeugt, kann eine äußerst wertvolle Hilfe sein, da es den Bassisten von dem begrenzten Repertoire an Tonhöhen, die durch leere Saiten und Flageoletttöne verfügbar sind, befreit und dem Musiker die Möglichkeit gibt, seine Intonation mit beliebigen Tönen, z. B. die der Begleitung, zu vergleichen.

4. „Präpariertes" Klavier

Treten Sie das Fortepedal und klemmen Sie einen keilförmigen Gegenstand so ein, dass das Pedal in der Stellung gehalten wird. Akkorde, die auf einem so „präparierten" Klavier gespielt werden, klingen noch lange nach, nachdem sie gespielt wurden. Während dieser Zeit kann man lernen, seine Intonation auf die exakten Tonhöhen, der in der Begleitung verwendeten Akkorde bzw. auf jeden anderen gewünschten Akkord einzustellen.

5. Notizbuch

Die einfache Methode, seine Gedanken zu Papier zu bringen, ist auch die beste Möglichkeit, um sicherzustellen, dass man im Laufe der Jahre technische Fortschritte macht. Es werden sich nicht nur längst vergessene Vorschläge von Lehrern und Kollegen auch nach Jahren noch als wichtig erweisen, sondern auch die eigenen technischen Ziele werden über einen längeren Zeitraum hinweg klar und deutlich bleiben.

4. „Prepared" piano

Depress the sustain pedal of a piano and insert a wedge-shaped object to hold it in this position. Chords played on a piano „prepared" in this manner will continue to ring out long after they've been struck, during which time one can learn to adjust one's pitch in relation to the exact colors used in the accompaniment or of any other chord desired.

5. Notebook

The simple act of committing one's thoughts to paper is possibly the most effective means available to assure that one will continue to make technical progress over the course of many years. Not only will many of the long-forgotten suggestions of teachers and colleagues still be found to be relevant years later, but one's technical goals and aspirations will tend to remain clear and uncompromised, even over the long term.

Abschnitt dreizehn:
Vorbereitung für die Aufführung
Section thirteen: Preparing for performance

13.1 Üben im Gegensatz zur Aufführung

In vielerlei Hinsicht sind Üben und Aufführung völlig gegensätzlich:

Üben
Objektive Mittel zur Problemlösung
Größere Aufmerksamkeit gegenüber Fehlern
Konzentration auf Schwächen
Überwinden technischer Grenzen

Aufführung
Subjektive Mittel des künstlerischen Ausdrucks
Nichtbeachtung von Fehlern
Konzentration auf Stärken
Innerhalb technischer Grenzen bleiben

Im Übungsraum zum eigenen Vergnügen Stücke „aufzuführen", die man bereits spielen kann, ist sicher nicht der geeignetste Weg, auf längere Sicht technische Fortschritte zu erzielen. Andererseits kann ein ansonsten intelligentes Üben, das aber den Übergang vom Üben zur Aufführung außer Acht lässt, auf der Bühne sogar schädlich sein (wie aus der obigen Liste klar hervorgeht). Der frustrierende Zustand, dass „Aufführungen" im Übungsraum immer besser sind als die tatsächlichen Auftritte, ist häufig das unvermeidliche Ergebnis der

13.1 Practice vs. Performance

In many ways, practicing and performing are complete opposites:

Practice
Objective means of problem solving
Intensive attention to mistakes
Concentration on weaknesses
Crossing over technical boundaries

Performance
Subjective means of artistic expression
Ignoring mistakes
Concentration on strengths
Remaining within technical limits

Just as time spent in the practice room "performing" pieces that one can already play, purely for one's own pleasure, is hardly the most effective way to make technical progress over the long term, intelligent practice which ignores the transition from practice to performance skills can actually become detrimental on the stage (as is plainly evident in the above list). The frustrating situation, that the "performances" in the practice room are consistently better than those in concert, is often the inevitable result of the method of preparation and not a matter of human character or "nerves". Through the purposeful development of

Vorbereitungsmethode und hat nichts mit menschlichem Charakter oder „Nervenschwäche" zu tun. Durch die zweckmäßige Entwicklung von Aufführungsfähigkeiten und nicht nur von Übefähigkeiten, erhält der Musiker Selbstvertrauen, da er weiß, was er realistisch von sich selbst bei einer Bühnenaufführung erwarten kann und somit wird die Nervosität der Unsicherheit erspart.

13.2 Übergang vom Üben zur Aufführung

1. Kontinuität

Üblicherweise wird ein Programm ohne Unterbrechung vom Anfang bis zum Ende zum ersten Mal während der Aufführung durchgespielt. Es ist daher nicht verwunderlich, dass einige Stücke unter diesen ungeprobten Umständen klingen, als wäre der Spieler noch nicht eingespielt und andere darunter leiden, weil der Spieler ein unerwartetes Gefühl der Ermüdung empfindet. Dies kann leicht vermieden werden, indem Programmabschnitte ohne Unterbrechung geübt werden, wobei mit einzelnen Seiten begonnen wird und dann zu ganzen Sätzen, Stücken, Programm-Hälften und schließlich dem ganzen Abend übergegangen wird. Ein Live-Mitschnitt dabei zu machen, hilft nicht nur, die Atmosphäre einer Aufführung zu schaffen, sondern gibt dem Spieler auch die Möglichkeit, auf besonders störende Fehler später zurückzukommen, wodurch er besser der Versuchung widerstehen kann, sein Spiel

performance skills and not just practice skills, the musician is reassured by knowing exactly what he can realistically expect of himself while on the stage, sparing him from "nerves" due to uncertainty.

13.2 Transition from Practice to Performance

1. Continuity

The very first time that an entire program is usually played from beginning to end, without stopping, is in performance; it is hardly surprising that, under these unrehearsed conditions, some pieces feel as if one has not yet properly "warmed up" while others suddenly begin to suffer from an unexpected sense of fatigue. This is easily avoided if sections of the program are practiced without stopping, beginning with one page at a time and progressing to whole movements, pieces, halves of a recital and finally, the entire program. Making a live recording while doing this not only helps to create the atmosphere of a performance, but allows one to return to particularly disturbing mistakes, helping to resist the temptation to stop and correct them on the spot.

zu unterbrechen und die Fehler sofort zu korrigieren.

2. „'Rausfliegen" Üben
„Nicht immer mit dem Anfang anfangen"

Beginnt man beim Erlernen eines Stückes stets an verschiedenen Stellen, ganz gleich wie „unlogisch" sie auch sein mögen, so kann man problemlos mitten in einer Phrase wieder neu einsteigen, ohne dabei auf den nächsten „logischen" Anfangspunkt warten zu müssen. Sollten Sie bei der Vorbereitung für eine Aufführung „'rausfliegen", spielen Sie immer weiter, bis Sie irgendwie den Weg zurück ins Stück wiedergefunden haben. An dieser Stelle können Sie dann das Spiel unterbrechen. Wenn Sie nun die Passage nochmals spielen, bedenken Sie, dass, da Sie sich an dieser Stelle bereits einmal verspielt haben, dies leicht wieder an derselben Stelle passieren kann; wählen Sie daher einen Ton zwei oder drei Schläge weiter, bei dem man leicht wieder „einsteigen" kann und üben Sie den Fehler, auf den die unmittelbare Rückkehr zum Stück folgt. Beginnen Sie genau dort mit dem Üben, wo der Fehler aufgetreten ist; kehren Sie nicht zum Beginn des Takts oder der Phrase zurück. Allein schon der Gedanke, dass es nicht mehr „gefährlich" ist, den Fehler zu machen, genügt in der Regel schon, um ihn bei der Aufführung nicht auftreten zu lassen. Werden Sätze mit Rondoform (ABACA) auswendig gespielt, üben Sie auch das zweite Thema mit den ersten paar Tönen des dritten Themas und umgekehrt.

2. Practicing "losing one's place"
"Don't always begin at the beginning."

By starting at a variety of places while learning a piece, no matter how "illogical" they may be, it becomes second nature to jump back into the middle of a phrase, if necessary, without having to wait for the next "logical" starting point to arrive. If, while preparing for a performance, you should play a wrong note or make a "wrong turn", always continue playing until you've somehow found your place again, at which point you may then stop. Consider, when going back to play the passage again, that, having already lost your place once at this point, it is now more (not less!) likely to occur there again; choose a note one or two beats farther on, where one could conveniently "jump in", and practice the mistake followed by the immediate return to the piece. Begin practicing exactly where the mistake occurred; do not go back to the beginning of the bar or phrase. Just knowing that it is no longer "dangerous" to make the mistake is usually enough to prevent it from occurring in performance. When playing movements with a rondo form from memory, also practice the "B" section with the first few notes of the "C" section and visa versa.

3. Rückkehr in die eigenen technischen Grenzen

Es ist sehr viel besser, wenn sich die Zuhörer wundern, weshalb Sie nicht schneller spielen oder ein schwierigeres Stück ausgewählt haben, als ihnen genau zu zeigen, weshalb Sie es nicht getan haben. Nachdem Sie sich für realistische technische Grenzen entschieden haben, wenden Sie die Nulltoleranz-Methode an (s. Abschnitt 12.4), um die Beständigkeit Ihrer Technik noch weiter zu vervollkommnen.

4. Pausen üben

Anstatt beim letzten Ton jeder Phrase nach einem Stift, Wirbel oder dem Kolophonium zu greifen, sollten Sie üben, während Pausen ruhig zu stehen. Sollte es während einer Aufführung nötig werden, Bass, Bogen oder Noten einzustellen oder einen Dämpfer anzubringen, lassen Sie – falls möglich – einige Schläge der Pause verstreichen, bevor Sie „aus der Rolle" fallen.

5. Tempi „auswendig lernen"

Der Unterschied zwischen einer erfolgreichen und einer unbefriedigenden Aufführung ist häufig nur eine Frage des Tempos. Nachdem ein geeignetes Tempo gewählt und in den Noten vermerkt wurde, versuchen Sie beim Üben genau dieses Tempo zuerst ohne die Beihilfe eines Metronoms zu treffen. Erst anschließend sollte mit dem Metronom die Genauigkeit überprüft werden. Üben Sie kurz vor der Aufführung das Programm ein oder zwei „Klicks" langsamer als sonst, um die Auswirkung des Adrenalins etwas auszugleichen.

3. Retreating to within one's technical limits

It is much better to let the audience wonder why you didn't play faster or choose a more difficult work than to show them exactly why not. Having decided upon technical limits which are realistically attainable, use the zero tolerance practice method (see Section 12.4) to improve their reliability.

4. Practicing rests

Instead of lunging for the pencil, tuning peg or rosin after the last note of every phrase, practice standing quietly during rests. If it should be necessary in performance to adjust the bass, bow or music, or to put on a mute, allow a few beats of the rest to elapse, if possible, before "coming out of character".

5. "Memorizing" tempi

The difference between a successful and unsatisfactory performance is often simply a matter of tempo. Having chosen an appropriate tempo and made a note of it in the music, try to play the opening few bars of the piece exactly in tempo without listening to the metronome first, checking it only afterwards for accuracy. Shortly before the performance, practice the program one or two "clicks" slower than tempo to help counteract the effects of adrenaline.

6. Auswendig spielen

Das Gefühl der Sicherheit, mit dem man ein Stück ohne Zuhilfenahme von Noten spielen kann, wird beträchtlich erhöht, wenn möglichst viele verschiedene Gehirnzentren beim Erinnerungsprozess beteiligt sind. Es ist daher äußerst hilfreich, zumindest einen Teil der Übungszeit damit zu verbringen, ein Stück ohne Instrument auswendig zu lernen und sich die Fingersätze, Striche etc. nur vorzustellen. Stellen Sie sich dabei auch die Noten, wie sie auf dem Papier erscheinen, vor. Die Begleitung muss natürlich auch vollständig gelernt sein, bevor ein Stück auswendig gespielt werden soll. Für weitere Informationen siehe „'Rausfliegen" Üben.

7. Simulierung des Konzertes

Zusätzlich zu den oben erwähnten Methoden, im Übungsraum Konzertatmosphäre zu schaffen, ist es für den Musiker wichtig, jede Möglichkeit zu nutzen, um die bei einem Konzert herrschende Aufregung und die künstlerischen (und egoistischen) Belohnungen zu simulieren. Informelles Vorspielen vor einigen Freunden ist sicher eine ideale Vorbereitung, aber nicht immer möglich. Leichter ist es, den „Konzertbeginn" zu einer bestimmten Uhrzeit festzusetzen, das Tonband genau um diese Zeit einzuschalten und das Programm vollständig durchzuspielen. Dies kann beliebig oft wiederholt werden. Eine der besten Methoden, die einem Musiker zur Verfügung stehen, der sich für einen Auftritt vorbereitet, ist, durch Meditation im Geiste ein ganzes Programm „zu spielen" und sich dabei die Konzerthalle so lebhaft

6. Playing from memory

The sense of security with which one can perform a piece without using music is greatly enhanced by involving as many different centers of the brain as possible in the process of memorization. It is, therefore, extremely helpful to spend at least part of the time learning a piece from memory away from the instrument, mentally visualizing fingerings, bowings, etc. Involve the visual centers as well by memorizing the appearance of the notes as they are presented on the printed page. One should naturally be thoroughly familiar with the accompaniment before performing a piece from memory. For additional comments, see Practicing "losing one's place" above.

7. Simulating the concert setting

In addition to the above mentioned techniques to help attain a concert atmosphere in the practice room, it is important for the musician to use every means available to simulate the state of excitement and the artistic (and egotistical) rewards of performing. Informal recitals for a small group of friends are, of course, an ideal preparation, but are not always feasible. A more practical possibility, which can be repeated as often as desired, is to decide upon a time of day for the "concert" to begin, turning a tape or disc recorder on precisely at that hour and performing the program in full. One of the most powerful methods available to the performing artist preparing for a public appearance, second only to obtaining experience on the stage itself, is to learn to use hypnosis to mentally "play" through a program

vorzustellen, dass die sich daraus ergebenden psychologischen Vorteile nicht mehr von einer echten Aufführung zu unterscheiden sind. Diese Methode ist nach einer Aufführung selbst eine der besten Möglichkeiten, Erfahrungen zu sammeln.

Die Konzertbedingungen sollten auch im Übungsraum physisch so genau wie möglich simuliert werden. Dazu sollte man das Jackett tragen, das man bei Aufführungen trägt, den Notenständer nach links oder rechts ausrichten, wie es auf der Bühne erforderlich ist und – falls dies möglich ist – in einer Konzerthalle proben (oder zumindest in einem Raum, der ähnliche akustische Eigenschaften hat).

13.3 Entwicklung einer Musikphilosophie

Ist es möglich, eine sinnvolle und überzeugende musikalische Darbietung abzuliefern, die selbst die Zuhörer in der letzten Reihe erreicht und fesselt, wenn man selbst vom Zweck des Ganzen nicht tief und stark genug überzeugt ist? Kann vom Publikum erwartet werden, dass es unsere Sehnsüchte und Bestrebungen versteht, wenn wir selbst nicht sicher sind, was unsere Sehnsüchte und Bestrebungen sind?

Warum also führen wir Musik auf?

Ist es, weil wir unser Publikum mit unseren technischen Fähigkeiten beeindrucken wollen, weil wir ihm „zeigen" wollen, was wir können? Ist es unser Ziel, den Zuhörer zu unterhalten und zu amüsieren? Spielen wir vielleicht nur zugunsten derer, die

while visualizing the concert hall so vividly that the psychological benefits received become virtually indistinguishable from an actual performance.

The concert setting should also be simulated physically in the practice room as accurately as possible. This includes practicing while wearing the jacket from one's concert dress, setting the music stand to the left or right, exactly as will be required on the stage, and, of course, seeking access to the concert hall (or, at least, to a room with similiar acoustics) for rehearsals.

13.3 Developing a Philosophy of Music

Is it possible to create a meaningful and convincing musical performance, one that will reach right out to the last row and grip the attention of the listener, unless one's personal conviction of purpose is deep and powerful? Should the audience be expected to appreciate our aspirations when we, ourselves, are unsure what they are?

Why, then, do we perform music?

Is it because we want to impress our audience with our technical ability, to "show" them what we can do? Is our aim to entertain and amuse the listener? Do we play, perhaps, only for the benefit of those who "understand" music, or even worse, only for our other colleagues on the stage? Is an audience even necessary? If not, does practicing ,then, suffice as an art form; do we need to bother with the "inconvenience" of performing at all?

238

Musik „verstehen" oder, schlimmer noch, nur für unsere anderen Kollegen auf der Bühne? Ist ein Publikum überhaupt notwendig? Wenn nicht, reicht Üben dann als Kunstform aus; müssen wir uns wirklich mit dem „lästigen" Aufführen herumschlagen? Wenn in einem Wald ein Baum umfällt, während niemand da ist, um das zu bemerken, zufällig eine Stereoanlage trifft und eine Aufnahme von Mozart einschaltet, wäre das noch Kunst?

Soll eine musikalische Aufführung nur dem Zweck dienen, diese tiefen Gefühle zu wecken, die sich analytischem Denken verschließen? Sind Donnergrollen oder der Klang der Stimme einer Mutter auch als Kunstwerke anzusehen, weil auch sie Gefühle auf eine Weise wecken können, wie Worte es nicht vermögen?

Besteht der Zweck von Kunst darin, Schönheit zu erschaffen? Wäre dann auch eine sternenklare Nacht ein Kunstwerk?

Warum gibt es überhaupt Kunst?

Die Tatsache, dass wir diese Frage überhaupt stellen können, liefert uns gleich die Antwort: Von allen Lebewesen sind nur wir in der Lage, die Frage nach dem Warum zu stellen. Wir allein, die wir ausreichend zu essen haben und uns in der Sicherheit unseres Heims befinden, denken über das Universum um uns herum nach und gieren förmlich danach, die Antwort auf das Warum zu kennen. Diese Leere, dieser frustrierende Wunsch, das Warum zu verstehen, wird zum Teil durch die Kunst beantwortet.

Ein Kunstwerk ist ein Universum en miniature. Es ist eine in sich geschlossene Einheit, bestehend aus Regeln und Strukturen, die in sich stimmig sind. Es flößt

If the tree-which-fell-in-the-forest-while-nobody-was-there-to-hear-it accidentally hit a stereo and turned on a recording of Mozart, would it still be art?

Should a musical perfrmance solely serve to arouse those deeper emotions which are inaccessible to analytical thought? Are a crash of thunder or the sound of a mother's voice also to be considered works of art, because they, too, can stir emotions in a way that no words can?

Is the purpose of art to create beauty? Is, then, a starlit night also a work of art?

Why is there art at all?

The fact that we can even ask this question offers us the answer; of all the creatures, only we are capable of asking the question "why?". We, alone, having had our fill to eat, and resting in the security of our homes, ponder upon the universe about us and hunger to know *why*. This emptiness, this frustrating desire to know why, is, in part, answered by the arts.

A work of art is a universe in miniature. It is a complete entity within itself, composed of rules and structures which are internally consistent. It inspires awe and profound emotional responses from its observers through the structured use of beauty (and ugliness), and, most importantly, by providing a universe which, by virtue of its human creator, allows us to hope of conceiving its purpose. Through art, "why" becomes accessible.

Our purpose as artists, then, is to present our "universe" with the most thorough understanding and conviction possible. Although a certain level of technical proficiency is indispensable to

Ehrfurcht ein und ruft tiefe emotionale Reaktionen bei seinen Betrachtern hervor – durch den strukturierten Einsatz von Schönheit (und Hässlichkeit) und, was am wichtigsten ist, durch die Schaffung eines Universums, das uns kraft seines menschlichen Schöpfers die Hoffnung gibt, seinen Sinn und Zweck zu begreifen. Durch die Kunst wird das Warum zugänglich.

Unser Zweck als Künstler besteht also darin, unser „Universum" mit dem größtmöglichen Verständnis und der größtmöglichen Überzeugung zu präsentieren. Auch wenn ein gewisses Maß an technischen Fertigkeiten unerlässlich ist, um Ablenkungen zu vermeiden, die unsere Absichten sonst unverständlich machen würden, stellt ihre Beherrschung allein keine künstlerische Leistung dar, so wie ein Pinsel kein Bild ersetzen kann. Es muss möglich sein, unsere Aufführungen auf unzähligen verschiedenen Ebenen wahrzunehmen und zu würdigen – von der simpelsten kindlichen Freude über die Schönheit bis zur tiefsten Offenbarung.

Die Bedeutung der Gelassenheit und aufrichtigen Zuneigung gegenüber seinem Werk, die die Entwicklung einer persönlich befriedigenden Musikphilosophie begleitet, kann nicht überbetont werden; als Kollektiv hat das Publikum die Fähigkeit, in jeder Entfernung die sich ergebende Inspiration zu spüren. Und schließlich widmen nur wenige Menschen ihr Leben so ihrer Arbeit, wie wir es tun. Das Warum herauszufinden ist ein lebenslanger Prozess, der den Unterschied ausmachen kann, ob man nur ein Instrument spielt oder ob man ein wahrer Musiker ist.

prevent distractions which would otherwise render our intentions unintelligible, its mastery, alone, does not constitute an artistic achievement any more than a paint brush could substitute for the painting. It must be possible to appreciate our performances on any of a multitude of different levels, from the simplest childlike enjoyment of beauty to the most profound revelation.

The importance of the composure and genuine affection for one's work which accompanies the development of a personally satisfying philosophy of music cannot be overemphasized; collectively, an audience has the ability to sense the inspiration which results at any distance. And, after all, few people dedicate their lives as intensely to their work as we do. Discovering "why" is a life-long process which can make the difference between merely playing an instrument and being a musician.

Quellenverzeichnis der verwendeten Notenbeispiele
List of Music References

Komponist / Composer	Werk / Piece	Abschnitt/ Beispiel Section/ Example	Seite / Page
Franz Anton Hoffmeister	Soloquartett Nr. 2 (4. Satz, Rondo)	4.6 / 2	53
Henry Eccles	Sonate in g-moll (4. Satz, Vivace)	4.6 / 3	53
Giovanni Bottesini	Tarantella in a-moll	4.6 / 4	53
Johan Baptiste Vanhal	Konzert (3. Satz, Allegro moderato)	4.6 / 5	53
Domenico Dragonetti	Konzert für Kontrabass und Orchester (2. Satz)	6.5	111
Nicolo Paganini	„Moses"-Variationen	6.6 / 2	113
Georg Philipp Telemann	Sonate in D-Dur (4. Satz, Allegro)	6.6 / 3	113
Wolfgang Amadeus Mozart	Symphonie Nr. 39 (KV 543)	6.6 / 4	113
Bedrich Smetana	Die Verkaufte Braut (Ouvertüre)	6.10	118
Wolfgang Amadeus Mozart	Symphonie Nr. 40	6.10 / 3	120
Paul Hindemith	Sonate für Kontrabass und Klavier	6.10 / 4	120
Camille Saint-Saëns	Konzert Nr. 1 für Violoncello, Op. 33 (3. Satz, Alegretto con moto)	6.11 / 1	121
Jean Barrière	Sonata à deux	6.11 / 2	121
Giovanni Bottesini	Elegie	6.13	125
Wolfgang Amadeus Mozart	Symphonie Nr.40 (4. Satz, Allegro assai)	7.4 / 1	144
Franz Anton Hoffmeister	Soloquartett Nr. 2 (2. Satz, Menuett und Trio)	7.4 / 2	144
Franz Schubert	„Arpeggione"-Sonate (1. Satz, Allegro moderato)	7.4 / 3	144
Bedrich Smetana	Die verkaufte Braut (Ouvertüre)	12.4	220
Franz Schubert	„Arpeggione"-Sonate (1. Satz, Allegro moderato)	12.4 / A	224
Giovanni Bottesini	La Somnambula Fantasie	12.4 / B	224

Studienbuch Musik

Mit der Reihe
Studienbuch Musik
wird dem Bedarf
an Texten zum
Studium der Musik und
der Musikwissenschaft
in preisgünstigen
Ausgaben Rechnung
getragen.

Neben Neuerscheinungen
werden in der Reihe er-
folgreiche und bewährte
Titel des bisherigen Verlags-
programms, teilweise
in überarbeiteter und
ergänzter Form, neu
aufgelegt.

Für Schüler, Studenten,
Musikpädagogen und
Hochschullehrer, für
interessierte Laien zur
Fort- und Weiterbildung,
für das private Studium.

MA 3003-02 · 5/07

Anselm Ernst
**Lehren und Lernen
im Instrumentalunterricht**

Ein pädagogisches Handbuch für die Praxis
232 Seiten, broschiert, 17,0 x 24,0 cm
ISBN 3-7957-8718-1 (ED 8718)

Frank Hartmann
Qigong für Musiker

Die ganzheitliche Methode für
entspanntes und gesundes Musizieren
122 Seiten, broschiert, 14,8 x 21,0 cm
ISBN 3-7957-8728-9 (ED 8728)

Der kleine Hey

Die Kunst des Sprechens
Nach dem Urtext von Julius Hey
104 Seiten, broschiert, 14,8 x 21,0 cm
ISBN 3-7957-8702-5 (ED 8702)

Axel Jungbluth
Jazz-Harmonielehre

Theoretische Grundlagen
und praktische Anwendung
178 Seiten, broschiert, 17,0 x 24,0 cm
ISBN 3-7957-8722-X (ED 8722)

Renate Klöppel
Die Kunst des Musizierens

Von den physiologischen und psychologischen Grundlagen zur Praxis
288 Seiten, broschiert, 17,0 x 24,0 cm
ISBN 3-7957-8706-8 (ED 8706)

Gerhard Mantel
Einfach üben

185 unübliche Übe-Rezepte
für Instrumentalisten
186 Seiten, broschiert, 17,0 x 24,0 cm
ISBN 3-7957-8724-6 (ED 8724)

Andreas Mohr
**Handbuch der
Kinderstimmbildung**

246 Seiten, broschiert, 17,0 x 24,0 cm
ISBN 3-7957-8704-1 (ED 8704)

Konrad Ragossnig
**Handbuch der Gitarre
und Laute**

326 Seiten, broschiert, 17,0 x 24,0 cm
ISBN 3-7957-8725-4 (ED 8725)

Cornelius L. Reid
**Funktionale
Stimmentwicklung**

Grundlagen und praktische Übungen
84 Seiten, broschiert, 14,8 x 21,0 cm
ISBN 3-7957-8723-8 (ED 8723)

Margot Scheufele-Osenberg
Die Atemschule

Übungsprogramm für Sänger,
Instrumentalisten und Schauspieler
Atmung · Haltung · Stimmstütze
185 Seiten, broschiert, 14,8 x 21,0 cm
ISBN 3-7957-8705-X (ED 8705)

www.schott-music.com

Roberto Braccini

Practical Vocabulary of Music
Praktisches Wörterbuch der Musik

English – German – Italian – French
Englisch – Deutsch – Italienisch – Französisch

435 pages / Seiten – paperback
ISBN 3-254-08279-6 (SEM 8279)

People who are intensely involved in music will often find themselves faced with completely unknown terms in musical scores or literature. This book is meant to be a reliable guide that gives answers to such questions. The alphabetical index at the end of the book helps you, by means of reference numbers, to quickly locate the exact translation in the chosen language. A valuable aid to find one's way in the huge world of musical terminology.

Wer sich mit Musik beschäftigt, trifft mit großer Sicherheit in Noten und Büchern auf fremd-sprachige Wörter und Fachbegriffe, die ihm vollkommen unbekannt sind. Als zuverlässiger Helfer in solchen Situationen ist dieses Buch gedacht. Ein kurzer Blick ins Register und schon kann anhand des verwendeten Zahlensystems die richtige Übersetzung in die eigene oder die gewünschte Sprache gefunden werden. Eine unverzichtbare Hilfe, um sich in der Welt musikalischer Begriffe zurechtzufinden!

MA 3300-02 · 5/07

www.schott-music.com

Der Meisterkurs
für das Wohnzimmer

SCHOTT MASTER CLASS – CELLO

Maria Kliegel

Mit Technik und Fantasie
zum künstlerischen Ausdruck
Produziert von Wolf Seesemann

189 Seiten – Hardcover
mit 2 DVDs
ISBN 3-7957-0562-2 (ED 9987)   **DVD**

Die renommierte Cellistin Maria Kliegel geht einen
ganz neuen Weg, ihre Erfahrungen und ihr Wissen
weiterzugeben. Im Buch erläutert sie ausführlich
technische Probleme und gibt dazu Beispiele aus
dem Repertoire. Auf der DVD demonstriert sie die
richtige Technik und gibt Tipps, wie berühmte
Stellen aus der Konzertliteratur zu bewältigen sind
und wie effizient geübt werden sollte. Ein Muss
für den fortgeschrittenen Cellisten.

SCHOTT MASTER CLASS – GESANG

Christoph Prégardien

Technik, Interpretation, Repertoire
Produziert von Wolf Seesemann

144 Seiten – Hardcover   **DVD**
mit DVD
ISBN 3-7957-0540-1 (ED 9953)

In diesem Band widmet sich erstmals ein Meister
seines Faches, Christoph Prégardien, Fragen der
Gesangstechnik in Wort, Bild und Ton.
Filmbeispiele ermöglichen einen Einblick in die
Arbeitsweise des renommierten Sängers und
begleiten ihn in seinem Unterricht mit Meister-
schülern. Im Buchteil geht Prégardien darüber
hinaus auf weiterführende Fragen u. a. zur
Programmauswahl, zum richtigen Üben und
Einsingen, zur Konzertvorbereitung und zu
Stimmproblemen ein.

MA 3025-02 · 5/07

SCHOTT